U0721684

金融服务创新与经济发展研究

王利君　潘勇新　杨丽◎著

中国出版集团　现代出版社

图书在版编目（ＣＩＰ）数据

金融服务创新与经济发展研究/王利君,潘勇新,
杨丽著.––北京:现代出版社，2023.12

ISBN 978-7-5231-0673-0

Ⅰ.①金....Ⅱ①王...②潘...③杨...Ⅲ.①金融－
商业服务－服务业－研究Ⅳ.①F830

中国国家版本馆CIP数据核字(2023)第235295号

金融服务创新与经济发展研究

著　　者	王利君　潘勇新　杨　丽	
责任编辑	刘全银	
出版发行	现代出版社	
地　　址	北京市安定门外安华里 504 号	
邮政编码	100011	
网　　址	www.1980xd.com	
电子邮箱	xiandai@vip.sina.com	
印　　刷	廊坊市博林印务有限公司	
开　　本	180mm×260mm　　1/16	
印　　张	13　　　字　　数　　260 000	
版　　次	2024 年 6 月第 1 版　　2024 年 6 月第 1 次印刷	
书　　号	ISBN 978-7-5231-0673-0	
定　　价	78.00 元	

内容简介

观全球经济发展史，后金融危机时期通常是经济与金融改革、发展的战略机遇期，伴随着后金融危机时代的到来，中国需要做出一些思考及改变。本书围绕金融创新与经济发展的关联性研究这一主题，综合运用金融学、产业经济学、发展经济学、计量经济学等相关理论知识和方法，从理论与实证角度重点考察了三个问题：一是目前我国金融创新的现状；二是金融服务创新的路径与策略；三是金融创新与产业结构调整之间通过怎样的路径机制互相影响。

前　言

当今世界，人类社会又走到了大国兴衰交替的十字路口。新一轮信息科技革命孕育兴起，深刻影响着全球经济和政治的发展格局，也显著改变了人类的生产生活方式。各行各业正在经历全新的变革，金融科技迅猛创新，点燃了全球金融竞争的新火种。

新时代呼唤新金融。改革开放以来，我国金融进入了发展的快车道，取得了长足的进步，完成了从量的扩张到质的飞跃的转变。随着经济转型和深化改革不断推进，金融业的发展逐步由规模的增长向效率的提升转变；由依托金融机构的发展向注重金融功能的发挥转变；由金融业态的丰富向注重金融生态的优化转变。进入新时代以来，随着国际国内形势的深刻变化，我国的金融发展又一次面临新的历史机遇，同时也面临一系列新的挑战。

这些新机遇、新挑战，主要来自以下方面：一是经济发展方式的转变，高质量发展需要新的增长动力，科技和创新成为重要引擎；二是环境约束日益显著，推动可持续发展，践行"绿水青山就是金山银山"的理念不断深入人心；三是推进共同富裕成为共识，如何在奋进中共享发展成果成为激发活力的重要议题。这些新机遇、新挑战，应时代而生，不断演化，彼此交错，激发各界进行新思考和新探索。

本书从金融产品创新、金融市场创新、金融机构创新及金融制度创新等层面考察实体经济产业链条优化、空间拓展、产品及服务升级等的金融支持的作用方式与影响路径，提出了许多新观点、新判断。

为了更好地促进金融创新推动产业结构升级，本书从需求、动力、能力、协调等层面，提出了相应的对策建议。这些理论创新和政策建议均有助于推动目前我国金融改革和产业结构的升级。从金融创新实践的角度，以上海金融中心的建设为例，深入研究了金融结构创新与直接金融发展、金融组织创新与银行业发展的关系以及资本市场的创新策略，更是研究了我国农村金融服务创新研究，更加符合乡村振兴的大方向。全书共计八个章节，主要内容安排如下，第一章是金融创新与金融科技创新，主要内容有：创新和金融创新的概念与基本内涵、金融科技的创新本质以及金融创新与金融科技的互动关系；第二章是金融结构创新与直接融资发展，主要从金融结构及其影响因素、我国金融结构现状、不足及原因分析以及直接融资市场与金融结构创新等方面进行分析；第三章是金融组织创新与银行业发展，主要内容有金融组织创新的背景分析、国有金融机构创新的实现途径以及我国中小金融机构的创新之路；第四章是资本市场创新，探究了金融中心发展的重点平台、资本市场功能以及资本市场结构创新；第五章是金融信息服务的创新，主要内容有金融科技与金融信息服务创新的必要性、金融信息服务产业创新发展路径、我国金融信息服务产业创新特征以及金融信息服务产业创新发展趋势；第六章是我国农村金融服务创新研究，论述了我国农村金融服务现状分析、我国农村金融服务创新的总体思路以及推动我国农村金融服务创新的建议；第七章分析了金融创新中的风险防范，主要内容有金融科技创新与风险控制、金融制度创新与风险控制以及金融产品创新与风险控制；第八章研究了数字金融与经济高质量发展，研究了数字金融与数字经济、数字金融驱动经济高质量发展的理论机制以及数字金融驱动经济高质量发展的实现路径。

新金融发展离不开理论与实践的探索。在这个进程中，本书研究议题庞大，涉及层面较多，理论基础扎实，资料翔实可靠，研究思路清晰，方法应用合理，分析透彻并有创新性见解，提出的对策建议具有广泛的应用性。本书的出版，不仅有助于拓宽相关领域的研究范围，对相关部门决策及提升金融服务能力也有重要的参考价值。

本书由焦作市中站区发展和改革委员会王利君、南宁市聚兴小额贷款有限责任公司潘勇新、安徽科技学院财经学院杨丽著。具体撰写分工如下：王利君负责第一章至第四章的撰写工作（共计12.7万字），潘勇新负责第六章的撰写工作（共计8.4万字），杨丽负责第五章、第七章和第八章的撰写工作（共计9.6万字）。王利君负责全书的统稿和修改。

在全书的撰写过程中，作者参考和借鉴了大量国内外相关专著、论文等理论研究成果，在此，向其作者致以诚挚的谢意。同时由于时间仓促、作者能力有限等原因而导致本书出现的疏漏之处，也恳请专家、读者批评指正。

目　录

第一章 金融创新与金融科技创新

早在农业和工业时代，甚至是城市和商业活动兴起后，与其他经济活动相比，金融活动对数据处理工作的特殊要求，使金融部门在应用先进计算科技方面总能领风气之先，立时代潮头，开数据处理技术应用先河，这也揭开了金融与科技结合的发端。

第一节 创新和金融创新的概念与基本内涵

一、创新及其相关概念和内涵

（一）创新的概念和内涵理解

创新是各国政府、企业、媒体和大众广泛关注的一个重要问题，是名副其实的"网红"，也被广泛应用在各个领域和语境。但对于什么是创新，学术理论意义上的理解与新闻媒体和社会大众的理解则存在较大差异。在汉语中关于创新的理解是指创立或创造新的东西，也就是大众意义上的发生改变，是相对于"守旧、不求改进和无意开拓创新"的保守而言。在理论研究中，创新进入研究视野首先源于奥地利籍经济学家熊彼特开创的现代创新理论①。他从技术与经济结合的角度提出，创新是指生产函数的变化，是把一种过去没有的关于生产要素和生产条件的新组合引进到生产体系中形成新的组合，从而获得最大限度的超额利润，简单来说就是通过生产要素的重新组合建立一种新的生产函数。具体来说，创新主要有五种情况：①开发出新产品，或开发新的产品特性；②开发新生产方法；③开辟新市场；④开发出新的原材料或半制成品供应渠道；"⑤形成新的产业组织形式。

熊彼特提出和分析创新理论的目的是解释资本主义的经济发展现象。在其创新理论中，创新不是外部设计或强加的，是生产过程中内生的，企业家的职能就是通过实现"创新"，形成"新组合"，获得超额利润，即形成新的价值。资本主义的经济发展就是社会不断"创新"，实现"新组合"。因而，创新是资本主义的"灵魂"。创新是一种"革命性"的变化，创新过程并非连续和非均衡进行的。因而，创新很可能意味着毁灭，这也就解释了资本主义的经济周期现象。在熊彼特及其后续追随者的创新理论中，总结资本主义经济周期和创新扩散的发生，通常认为资本主义经济发展至少经历了三个创新推动的经济周期：

（1）早期蒸汽机动力创新推动的工业革命，标志是纺织机械化、煤炭和钢铁产业的大发展，人类社会进入工业经济时代。

（2）电力发明和化石能源技术应用推动的工业革命，标志是电力、汽车、化学产业的大发展。

（3）电子计算机发明及其应用推动的信息革命，标志是电子计算机的普及和广泛应用，从 20 世纪 80 年代人类社会开始逐步进入信息化时代。

在计算机推动的信息化革命中，先行工业化国家逐步完成工业化，现代服务业逐步替代工业成为主导产业。信息技术渗透进入其他产业改造形成新的知识经济型服务业成为各国经济新的增长点。当前以互联网应用为标志的信息通信和网络技术融合推动的互联网革命既是信息化革命的深化，也可以认为是驱动形成新一轮经济周期和创新浪潮的标志。这种推动产业更替、产业革命甚至人类文明进程更迭的新技术体系的发明及其应用，也正是熊彼特眼中的"破坏性"创新。从更微观的角度，克里斯坦森也将类似具有重大影响的技术发明称为颠覆性技术创新。显然，如果从人类产业与科技双向互动演进的历史长周期视角来观察，当前我们正处于互联网创新的大规模扩散过程中，包括金融业在内，几乎所有产业都曾受到或正在遭遇"破坏性"或"颠覆性"影响。本书关于创新和金融科技的讨论正是基于这一技术或创新背景。

（二）创新与技术创新和科技创新

在创新研究的早期，尤其是在熊彼特之后，随着诺贝尔经济学家得主索洛对技术进步的开创性研究，理论上的创新更多被认为是技术进步，在生产函数中通常可以表示为除资本和劳动之外对经济增长的贡献。在罗斯托等其他相关研究中，也被称为技术创新。尽管后来研究中随着创新经济学的兴起，创新再次回归到熊彼特的初始思想，但关于创新与技术创新之间的界限日益模糊。例如，美国国家科学基金会的科学记分牌将创新定义为："技术创新是将新的或改进的产品、过程或服务引入市场"，对创新研究有重要影响的弗里曼（1973）认为，技术创新就是新技术、工艺及其商业化的全过程，包括新产品、新过程、新系统和新服务的首次商业化。由于创新或技术创新研究中量化和实证方法的盛行，因此至少在经济和多数管理学研究中，通常认为创新就是指技术创新，或认为一般意义上的创新是指新技术和新产品等开发和商业化变革，而技术创新则是指在经济学研究中生产函数意义上生产要素组合的变化，是一个经济学和管理学概念与具体技术或产品变革无关。在某种意义上，这也是导致社会大众与学术理论研究对创新存在不同认识的根源

与此同时，随着新技术革命的发展，科学研究与技术开发之间的界限日益模糊，尤其是新技术对经济社会发展影响的日益增强，科学科技界也在重新思考创新问题。受经济、管理学科影响和实践启发，科学科技界也认识到创新不应是单纯的研究开发，而是一个科技、经济一体化的过程，由此产生了科技创新的概念。清华大学傅家骥教授认为，科技创

新概念来源于技术创新概念，区别在于科技创新更加强调和重视科学研究与科学发现。也有研究认为科技创新包括科学创新与技术创新。当然，科技界更多认为创新就是指科技创新，除技术创新外还包括知识创新、管理创新、组织创新等。尽管学界对科技创新的概念和内涵仍存在不同认识，但通常可以认为，科技创新是指研究开发出新技术、新工艺、新设备、新装备，或开发出新产品，提高生产效率、降低生产成本或提高产品质量。

显然，在不同学科甚至在不同语境下，创新、技术创新、科技创新三种表述既存在高度吻合、重叠的部分，但也有各自不同的内涵和外延。从产业和微观角度来看，研究开发和应用新技术、开发新产品、新设备、新装备、新服务始终都是企业创新的核心诉求，科技创新可以理解为与科技研发和具体技术相关联的硬技术创新，也是创新的核心内容。《中共中央国务院关于深化体制机制改革加快实施创新驱动发展战略的若干意见》中提出全面创新包括科技创新、管理创新、品牌创新、组织创新和商业模式创新。这种更加通俗的表述既解释了对创新的不同理解，又更好地阐明了金融科技促进形成的金融创新是多维度的，需要综合理解。

二、金融创新的内涵与类型

（一）金融创新的概念与内涵

金融是现代经济和现代社会运行的血脉。实施创新驱动发展战略，不仅要增强金融创新对技术创新的助推作用，同时也要意识到金融创新、金融信息服务创新是国家创新体系建设的重要组成部分，金融创新和金融信息服务创新不仅对金融的稳健、可持续运行，甚至对国民经济的稳定运行都有着不可忽视的重要影响。

尽管金融创新的表述广为流行，但国内外无论是理论研究还是金融业界对金融创新的概念却缺乏共识或统一的解释。国际清算银行在《近期国际银行业的创新》（1986）中提出，金融创新是按照一定方向改变金融资产特性，如收益、风险、期限、流动性组合的过程。但事实上，国际清算银行的金融创新概念仅是对20世纪七八十年代银行业务创新的概括，尤其是对70年代后顺应金融管制放松出现大量金融衍生产品创新现象的反应。尽管金融机构出于盈利目的，始终在推动金融工具创新和金融产品创新，并且在形式上成为了金融创新的主流和主体，但至少从金融业发展实践来看，这无疑使金融创新的外延和边界大大窄化。因此，这实际上是一种狭义上的金融创新，我们也可以认为狭义的金融创新主要就是指金融产品创新和金融工具创新

另外，国内学者借鉴熊彼特的创新理论，提出金融创新就是为了追求利润，重新组合各金融要素，在金融领域内建立"新的生产函数"而进行的市场变革1。在此意义上，金融体系和金融市场上任何新事物，包括金融工具创新、支付手段创新、金融市场创新甚至新的金融组织形式和管理手段都属于金融创新的范畴。显然，与国际清算银行的定义相比，

这是一般意义上的金融创新，也是理论化的金融创新。此外，很多研究都认为从不同视角观察，金融创新的内涵也存在不同理解。例如，在宏观层面，实际上可以认为金融创新是金融史上的重大发展和突破，包括技术、市场、服务、产品、组织和管理等各种相当广泛的变革。在微观层面，金融创新通常可以理解为与信用、风险、流动性、股权管理等相关的金融工具创新。显然，由于宏观层面和微观层面的理解或者过于宽泛，或者过于窄化，因此在中观层面，金融创新通常可以理解为在 20 世纪 60 年代后，适应监管和外部环境变化，金融机构和金融监管机构改变金融中介功能以创造形成更高效率资金运营方式或运营管理体系的过程。这也是当前对金融创新的主流观点。

（二）金融创新主要类型及内在联系

按照上述观点，结合理论与实践的角度来看，金融创新既是金融企业为追求更高风险收益和更高利润而重新组合金融要素、创新金融产品和金融工具，也应该包括支撑、支持甚至是推动金融产品和金融工具创新的金融技术、金融方式、金融机构、金融组织、金融市场，甚至是金融体制金融监管等多方面的创新及变革。综合各方面研究和实践，大致可以归为以下几种类型：

（1）金融制度创新，主要包括金融监管和监控组织制度和管理制度等，如汇率等国际金融管理制度安排、国家金融管理体制、信用制度、金融产权制度等，也包括金融管理政策如风险、资金、从业许可和资格管理等。

（2）金融产品创新，主要包括为满足用户和市场需求以及风险管理需求等开创的各种金融工具、金融产品和金融衍生品等。

（3）金融服务创新，主要是金融交易方式、服务方式方法、服务手段和载体设备等创新。

（4）金融组织创新，包括金融机构创新、金融业结构创新和金融机构内部与组织结构相关的各种变革，如总分行制、金融控股公司制等。

（5）金融市场创新，主要指适应不同金融产品交易等设立的各种交易市场，如不同形式、跨不同地域的证券市场、债券市场、黄金市场、保险市场、票据市场、期货市场等。

（6）金融科技创新，主要是为提高金融服务速度、效率，满足规模、安全性、及时性等各种需求，各种先进技术和设备在金融领域的应用。

金融产品创新（含金融工具创新）是当前金融创新的主要表现形式，其他任何类型的金融创新都将对其产生影响；反过来，金融产品创新也会影响金融组织、市场、服务、制度和科技创新。金融组织创新和金融市场创新是隐藏在金融产品创新背后，支撑金融产品创新的平台和载体，金融服务创新则是其重要的体现形式。金融科技创新如同金融制度创新一样，是金融运行的基础，对所有其他各种形式金融创新都有着不同程度的影响。从金融的角度，金融信息服务创新与金融产品创新和金融市场创新之间互为影响。例如，证券价格指数服务主要来源于证券和证券市场；反过来根据股票价格指数对股票市场价格趋势进行反映，将其设计成股票价格指数期货，又形成新的金融产品创新。由于金融信息服务体现出不同的属性和价值，其部分体现为金融服务创新，如资讯服务、顾问服务、信用管理等，也有部分属于金融产品创新，如股票价格指数和信用评价服务等。

第二节　金融科技的创新本质

一、金融科技的发展现状

金融科技的理念最早可追溯至 1993 年成立的金融服务技术联盟（Fi-nancial Services Technology Consortium，FSTC），其宗旨是让全球领先的金融机构与为其提供技术和服务的机构合作，关注影响金融服务产业的信息安全、消费者认证等技术议题。近年来，随着金融机构不断将业务向互联网迁移，新兴互联网公司不断涉足金融业务，金融发展与科技创新之间的融合日益密切，尤其是随着移动支付、P2P、网络众筹等的迅速发展，金融科技的概念也随之大热。据波士顿集团统计，2005 年全球金融科技公司约为 1600 家，融资总额约为 70 亿美元，主要集中于数据和分析、支付和安全领域。到 2010 年，金融科技公司总数约为 3000 家，差不多增长了 1 倍，但融资总额达 181 亿美元，增长了 2 倍多。2016 年 7 月，金融科技企业总数增长到 8000 家，融资总额高达 839 亿美元，除支付业务强劲增长外，众筹和网络借贷平台也开始成为投资热点。截至 2023 年 3 月 9 日，我国金融科技产业主体数量规模约为 3.3 万家，其中注册主体最热的年份为 2015 年，新增企业数量达到 4826 家。

麦肯锡的统计发现金融科技发展更为迅速，其 Panorama FinTech 数据库记录了利用科技替代传统金融服务的金融科技领域企业创立情况，从 2015 年 4 月到 2016 年 5 月，金融科技企业从只有 800 家增长到突破 2000 家，吸引的风险投资额从 2008 年的 12 亿美元增长到 2015 年的 191 亿美元，在 2012 年后几乎呈井喷式增长。麦肯锡由此也认为，在巨额强势资本支持下，充分利用云计算、大数据和移动互联网等新一代信息通信技术，金融科技企业大肆蚕食银行的中间业务收入，对银行业发展形成了全面冲击，甚至正在颠覆银行业。英国《金融时报》的调研似乎也证实了这一点。2017 年，其研究服务部门"投资参考"对中国 1000 名城市消费者的调查发现，股票和房地产已不再是中国人投资的选择，未来 6 个月，消费者将把更多的资金投入到阿里巴巴和陆金所的投资产品上。虽然银行仍持有大量存款，平均占有消费者流动资产的 38.8%，但同一时间，存放在余额宝和微信支付商定资产也分别占了 10.7% 和 5.9%。①

根据赛迪顾问《金融科技发展白皮书》数据，2016-2020 年，我国金融科技市场规模保持增长态势，增速保持在 10% 左右。2022 年，中国金融科技整体市场规模达到 5423 亿元左右。显然，由于金融科技企业提供的投资产品可以比银行存款有更高收益率，其创新服务正在撼动银行体系。

与此同时，调查还发现，传统金融企业一方面在积极转型，另一方面也在积极参与对金融科技企业的风险投资。根据 2015 年第三季度至 2016 年第三季度的统计，花旗银行（Citi Bank）、西班牙国家银行（Banco San-tander）都投资了 8 家企业，高盛（Goldman Sachs）也投资了 7 家企业。即使被认为相对保守的日本金融企业，如三菱日联金融集团（Mitsubishi UFJ Financial Group）和住友三井金融集团（Sumitomo Mitsui Financial Group）也分别投资了 5 家和 3 家企业。

据市场和消费者数据公司 Statista 调查估计②，全球金融科技领域管理的资产和交易价值（Transaction Value）增长迅速，2018 年美国金融科技（公司）交易价值大约为 128044 百万美元，未来五年（2018 ~ 2022 年）年均增长率将达到 13.9%，2022 年将达到 2151229 百万美元。中国金融科技发展更为迅速，2018 年中国金融科技公司交易价值达 1558841 百万美元，超过美国居世界第一。未来五年交易价值增长率预期可达到 22.7%。中国、美国、英国、日本和德国已成长为全球领先的国家。近年毕马威发布的"金融科技百强"（Fintech100）中，蚂蚁金服不仅连续居世界第一位，前 10 名企业始终有多家中国企业。不仅中国人民银行已成立金融科技委员会，甚至英国更提出将金融科技作为国家发展战略，打造全球的金融创新中心，并借此支撑伦敦国际金融中心地位。

二、金融科技的概念解析

尽管金融科技的热潮引起了金融监管层、金融机构和科技界的广泛关注，但对于金融科技是什么并未形成共识。综观国内外对金融科技的解释，主要有三种类型：

第一种认为金融科技就是金融，是新技术条件下金融的一种类型，或者认为它属于产业金融的范畴。一些原来从事互联网金融的企业现在转而宣传是金融科技企业。《金融科技蓝皮书：中国金融科技发展报告 2017》直接就认为金融科技是互联网金融的高级阶段。

第二种认为金融科技是一种新产业，包括但不限于金融服务业。例如，著名的维基百科①综合众多对金融科技的研究后将金融科技定义为应用新技术改善金融活动的新型金融产业，包括在金融服务业的新应用、新产品和新的商业模式。国内互动百科认为，狭义的金融科技就是指非金融机构运用移动互联网、云计算、大数据等各项能够应用于金融领域的技术重塑传统金融产品、服务于机构组织的创新金融活动。相反，受英国贸易投资部委

① 资料来源：麦肯锡 Paranoma 金融科技企业数据库。
② 资料来源：StatistaDigitalMarketOutlook，hitp：//www.statista.com。

托，安永公司（EY）发布的报告则将广义的金融科技企业定义为利用创新性商业模式和技术为金融服务赋能和革新的高增长组织，不仅包括初创组织，也包括规模组织和成熟企业，甚至是非金融公司，如电信服务提供商等。显然，英国财政部和安永公司认为金融科技是包括但不限于金融服务的新型产业。

第三种认为金融科技就是指以新技术应用为核心的技术创新。例如，互动百科认为金融科技就是技术创新在金融业务领域的应用。美国《金融科技监管框架》中更明确指出金融科技是涉及支付、投资管理、融资、存贷款、保险和监管等领域的技术创新活动。金融稳定理事会（FSB）也认为，金融科技指技术带来的金融创新，创造新的模式、业务、流程与产品，以对金融市场、金融机构或金融服务方式产生重大影响。

三、金融科技发展本质的创新解析

（一）金融科技的主要内容和表现形式

从对金融科技不同定义开始，各方对金融科技涵盖的领域或涉及的主要内容均存在一定差异。例如，巴塞尔银行监督委员会将金融科技分为四种类型：一是支付结算，如支付宝、微信等互联网支付；二是存贷款和资本筹措，包括P2P网络借贷和众筹等；三是投资管理，包括货币、证券、债券和保险等在线交易，最典型的是智能投顾；四是市场设施，主要是云计算、大数据、数字认证和区块链等金融行业的技术基础设施。在英国贸易投资部与安永公司联合发布的报告中，金融科技主要包括四种类型：①支付，包括在线支付和线下支付设备制造；②金融数据与分析服务，包括征信、资本市场和保险数据分析等；③金融软件服务，包括风险管理、支付软件、银行保险资产管理软件和资本市场软件；④新型金融平台，包括P2P借贷平台、个人财富管理平台和聚合平台等。波士顿咨询集团更认为，在讨论金融科技时首先应关注的是人工智能、大数据、互联技术（移动互联和物联网）、分布式技术（云计算和区块链）和安全（生物识别和加密）等技术。在国内，通常认为金融科技涉及的领域包括支付手段（移动支付和互联网支付）、投融资方式（众筹、P2P）、互联网金融服务、智能金融理财服务、大数据风控和征信、人工智能、云计算、大数据和区块链等。

（二）金融科技是典型金融技术创新

显然，从上述对金融科技主要领域或内容的分析来看，虽然不同理解存在差异，但基本上都可以分为金融技术手段和金融服务模式两部分，前者主要包括云计算、大数据、人工智能、区块链和安全技术等，以及信息技术应用构建的金融数据基础设施，后者则是上述技术应用带来的支付模式、资金筹集、使用、管理等金融资产交易模式的创新。这些新模式创新有些与传统金融密切相关，有些则形成新的金融交易模式，成为新的经济活动，具有新产业特征。但由于包括新技术应用及其带来的新模式、新产品和形成的新产业，金融科技既不是传统意义上的金融，也不是单纯意义上的新兴产业。从创新的角度看，金融科技就是信息科技创新应用于金融服务业形成的金融技术创新，首先是金融科技创新，其次是形成金融服务创新。上述技术手段和金融服务模式分别体现的就是金融科技创新和金融服务创新。因此，金融科技就是典型新技术＋新模式带来的技术创新。

此外，这两种创新的规模效应必然带来金融组织创新，如类似于蚂蚁金服等的非传统金融企业。同时，这也将逐步引发金融市场创新和金融产品创新，甚至有可能促进金融制度创新。在此意义上，也可以认为金融科技是金融技术创新的综合性体现。

（三）产业科技本质是以科技创新为核心的产业技术创新

技术创新并非仅发生在金融部门。从石器、木棒应用于农业生产，再到三次科技革命推动三次工业革命发生，推进人类从农业经济和农业文明时代进入工业经济和工业文明时代，背后的驱动力是农业科技和工业科技。产业科技创新是亘古不变的永恒主题。观察任何一个产业发展，驱动产业发展的科技创新发展变化，生产模式、组织模式、运营模式甚至产品和服务形态相应也发生了变化，并可能衍生培育出新的产业，但产业的本质并没有变化。例如，农业从利用石器进化到利用牲畜动物力，再到机械化农业，甚至是未来的信息农业、智慧农业，但农业仍然是利用水、土地、阳光等自然要素，加工利用动植物，生产满足人类生存和基本生活有机物需求的农林产品。交通产业形态从人力、动物力（驴、马和骡等）到机械动力，包括电动汽车、自动驾驶汽车、高铁和飞机等的出现，促使交通形态和效率发生了巨大变化，并衍生了众多新兴产业，但交通本身作为从事人和货物运输的行业属性和本质并没有变化。无论是农业科技还是交通科技，包括其他产业科技也是如此，虽然驱动产业形式发生了巨大变化，部分科技直接应用本身成为了其产业本身的一部分，或者是培育了新兴产业，但这些产业科技本身仍然是各种形式技术集合的统称，不是形成新的独立产业，或者替代原有产业。从创新的角度看，产业科技就是新技术、新设备、新生产工艺发明和应用等科技创新为核心推动的产业技术创新。

金融科技缘起于金融部门积极应用信息通信技术的创新成果。近年来金融科技概念的流行，一方面缘起于金融部门应用移动互联网、大数据、人工智能、区块链等新兴信息通信技术提高效率、降低风险的内在需求；另一方面也是缘起于新兴互联网企业为规避现行金融行业许可管制进入金融部门。金融科技成为其从事金融业务，进入金融部门的敲门砖和遮眼石。正如同农业科技不是农业，更不是新产业；交通科技不是交通运输业，也不是新产业一样。近年国外对银行业高管的调查还发现，超过 65.3% 认为银行与金融科技企业是合作伙伴而非竞争者（27.7%），认为不相关的只有 6.9%。金融科技应用提高了金融业运行和管理效率，创造了新的金融服务模式，为风险管理和监管提供了新的选择。严格意义上来看，金融科技既不是金融业，也不是互联网＋金融形成的新兴产业，它只是当前创新扩散形式下金融技术创新的一种体现形式。

通过上述分析和讨论可以发现，尽管对金融科技涵盖范围或应用领域的划分不尽一致，但从创新的角度来看，对金融科技的定义中核心要素都离不开"金融""科技"和"创新"等关键词，离不开新一代信息通信技术，尤其是移动互联网、云计算、大数据、人工智能、区块链等硬科技创新，而数字支付、众筹等新兴借贷融资、智能投顾等则仅仅是与此相关的新模式、新产品，离开这些科技创新，根本不可能有移动支付、P2P、网络征信等这些金融服务手段和交易模式的创新。但反过来，移动互联网、云计算、大数据、人工智能、区块链等硬科技创新不仅可应用在金融领域，还可以应用在其他领域。因此，金融科技的实质是新一代信息通信和互联网技术革命扩散至金融领域的体现，是科技创新与金融创新相互结合的典范，也是当今技术背景下金融技术创新的主要表现形式。

第三节　金融创新与金融科技的互动关系

一、金融创新与科技创新关系的一般分析

表面上看，金融创新与科技创新是两类孤立的创新活动，或者认为科技创新更多地需要金融创新提供金融支持。但实际上，成功的金融创新与科技创新既互为供需，也互相影响。从科技创新的角度看，金融创新为其提供金融支持，满足其融资需求、风险管理需求和资本激励需求，包括研究开发全过程的不同形式的资金需求，财务、投资、并购、风险投资、科技担保、保险和资本市场等服务。不同形式的金融创新发挥不同的功能，可以满足科技创新资金和资本需求，支持科技创新发展（见表1-1），其中我国科技部门高度重视的科技金融最典型。科技金融虽然强调针对符合科技创新活动规律和需求，为科技研发、成果转化和科技型企业经营发展提供创新性的金融产品和金融服务，但其实质是以金融为手段，强调利用现代金融要素为科技创新服务，引导和促进科技创新发展，同时也带动新型金融部门和金融业务的发展。

表 1-1　金融创新与科技创新之间的功能耦合

金融创新类型	金融功能	科技创新	金融—科技创新
金融安排创新	筹融资	资金瓶颈	资金支持
	资源配置	需要资源集聚及整合	优化配置
	资本监控	逆向选择与道德风险	技术创新监控
金融工具创新	信息提示及传递	信息不对称	信息提示
	价格发现	难以定价	技术定价
金融机构创新	提高流动性	缺乏流动性	提高技术创新资产流动性
	项目选择	缺乏择优机制	择优选择项目
	资本增值	营利机制不完善	营利机制

金融制度创新	风险管理	风险较大	风险管理
	降低交易成本	交易成本高	降低技术创新交易成本

资料来源：童藤．金融创新与科技创新的耦合研究 [D]．武汉理工大学博士学位论文，2013.

从金融创新的角度看，科技创新主要是为现代金融运行和创新提供技术支撑。甚至有研究认为，科技创新是金融创新的动因。关于金融创新的动因，理论上有不同的总结。例如，需求理论认为，利率、汇率和通货膨胀率波动迫使金融机构为应对不稳定环境推出新的金融产品。约束诱导理论认为，金融机构为规避金融监管约束，寻求最大程度金融创新以实现利润最大化。当然也有理论认为，根据创新动机不同，技术推动型金融创新就是金融创新的一种主要类型。例如，银行卡和自动存取款机就是大众能普遍接触的两种。事实上，驱动金融创新是多方面因素共同作用的结果，其中之一就是科技创新推动新技术、新设备在金融业的应用，最典型的就是现代信息通信技术大规模应用，为金融创新提供了物质和技术上的保证。Hannon 和 McDowell 对美国 20 世纪 70 年代银行业新技术应用情况的研究发现，银行业对自动提款机、电脑等新设备的应用直接影响了其市场结构的变化，新技术应用成为导致金融创新的主要因素。由于计算机通信技术应用大大提高了信息处理速度，缩短了金融交易时空距离，拓宽了金融服务时空范围，降低了资金交易成本，如银行卡、证券交易电子化、实时指数服务等金融工具创新和金融服务创新都成为了可能。

二、信息通信科技创新促进金融创新和金融再造

（一）信息通信科技创新促进重大金融创新

如果分析具体科技对金融创新的影响，信息通信科技自然是首当其冲，本书前述对金融业信息化历史的回顾已经说明这一点。实际上，20 世纪以来的金融业重大创新或标志性创新几乎都是信息通信科技创新的结果。以商业银行创新为对象的研究发现，例如，今天广泛使用的信用卡得益于磁条技术的出现，只是在 21 世纪后开始逐步被芯片技术所替代。ATM 机的发明改变了银行的经营服务模式的第一次重大变革，POS 机的发明改变了银行与商业的关系，它们都得益于计算机、通信技术和光电一体化技术的进步。通过表 3-2 列举的信息通信技术进步及其在银行业的创新可以发现，现代银行发展中的重大变革无不与信息通信技术的进步密切相关。技术进步不断改变甚至是颠覆原有银行模式，银行的进化史就是信息通信技术的发展史。

表 1-2　信息通信技术进步与商业银行创新

时间	技术进步	银行创新
20 世纪 50 年代	磁条	信用卡
20 世纪 60 年代初	电话	自动转账
20 世纪 60 年代	磁记录	支票处理机

1969 年	机电一体化技术	ATM 机
20 世纪 70 年代	计算机和通信	POS 机
20 世纪 70 年代	数据库技术	信用打分模型
1973 年	通信、微机	CHIPS
1977 年	通信	SWIFT 系统
20 世纪 80 年代	计算机和信息通信技术	衍生产品
1982 年	计算机和信息通信技术	家庭银行
1988 年	通信、安全控制	EDI
1990 年	数据库技术	客户关系管理
1990 年	数据库技术	信用打分模型
20 世纪 90 年代	信息通信技术和互联网	网上银行

资料来源；姜建清.金融高科技的发展及深层次影响研究 [M].北京；中国金融出版社，2000.

（二）信息通信科技促进金融再造

值得特别指出的是，金融信息化过程中并非简单应用信息通信技术。如果说早期金融业应用电子计算机等进行数据处理，以及逐步实现业务处理电子化和经营管理电子化还是日常业务经营管理需要，属于业务驱动的被动型适应，那么在这一过程中金融业逐渐意识到应用信息技术的重要性，开始主动转变，把信息技术应用作为经营和提升核心竞争力的重要手段。例如，在"十一五"期间，中国多数金融机构重新定位信息科技部门的职能，其角色开始发生转变，即从过去被动响应部门转变为主动引领部门，从过去金融业务对信息科技的依赖转变为技术先行，从战略角度利用信息技术改造渠道，完善客户信息服务，创新金融产品、风险控制和决策支持，提升信息科技对金融机构的整体盈利度的贡献。

事实上，金融业应用信息通信技术的过程也是金融再造（Financial Reconstruction）的过程。早期第一代金融再造主要是强调以金融业务流程为中心，跨部门整合金融机构内的业务活动，形成一个流程整体。这实际上是金融业务流程再造。金融机构将不同功能的业务分割成不同业务系统或管理系统，不仅要通过计算机或电子化替代人力以提高效率，更重要的是可以优化业务流程，并反过来通过软件系统的方式对优化后的流程进行固化，使得业务操作可以标准化和规范化。与此同时，随着金融信息化转向互联网化，金融再造不仅重视信息通信技术应用，更强调整合金融机构内、金融机构间以及金融机构与其他机构间的资源，打造虚拟式组织，将金融机构重整为多机构共同紧密连接、协同运作的中枢。因此，信息通信技术的应用不仅改变了金融的服务模式、促进了管理和决策优化，实际上也改变了金融机构的组织形态

三、金融创新高风险萌发金融高科技创新需求

（一）金融创新天然的高风险特征决定其创新方向

在熊彼特最初的创新思想里，创新是企业家最大限度获取超额利润驱动的结果。金融创新也不例外，众多研究从不同角度都证实，金融创新的基础是微观金融组织为了规避各种金融管制和政策，以降低交易成本或转移风险，从而寻求利润最大化。高收益总是与高风险相对应，与微观金融机构以利润最大化为目的的金融创新相伴生的就是无限制的风险。因此，从风险的角度来看，微观金融机构的金融产品和金融工具创新历史就是一部以逐步放大风险为特征的创新史

20 世纪 60 年代，为适应战后经济高速增长对国际资本流动的需求，针对布雷顿森林体系的固定汇率制度、流行的外汇市场干预和普遍实行的资本管制，欧洲货币、欧洲债券和平行贷款等金融产品创新应运而生，虽然提高了金融运作效率，但客观上也转嫁了欧洲主要国家的风险。70 年代，针对石油危机推动通货膨胀和引发经济危机造成国际金融市场利率、汇率大幅波动，浮动利率票据、货币远期交易和金融期货等金融创新被推出来。这种将当期风险转移到未来的金融创新开始具有了鲜明的风险特征。到 80 年代，信用和股权相关创新不断增加。以银行业为例，在传统银行业务外，票据发行便利、期权、期货和远期利率等多样化的高风险性创新不断推出。银行业大量表外业务创新不仅直接改变了传统银行概念和范畴，在某种意义上也是直接导致了 80 年代初全球性债务危机的重要因素。20 世纪 90 年代，金融创新除继续围绕高风险的信用创造做文章，更进一步向证券化方向发展。信用期权交易、信用派生贷款、期权保证证券、国债抵押债券等高风险金融衍生产品都是其中典型代表。

进入 21 世纪后，传统金融业务发展已非常成熟，无论是金融机构还是金融市场，都更加重视金融创新以拓宽金融业务范围，获取更多利润增长渠道，由此进一步推动高风险的金融表外业务和证券化业务不断发展，包括金融交易工具多样化发展，如除原有期权交易和期货交易规模增加对金融市场影响显著增加外，资产证券化、长期贷款证券化、CD 存款证券化、可转化债券等日益流行。银行表外业务的大幅增长，票据承兑、跟单信用证、循环贷款承诺等新型表外业务不断出现，甚至成为商业银行利润增长主体。据统计，当前美国超过 75% 的金融创新都是与金融衍生品相关。全球现金 MO 和广义货币 M2 占 GPD 的比重分别只有 10% 和 12% 左右，占全球流动性的比重分别只有 1% 和 11% 左右，而全球各种金融衍生产品占 GPD 的比重超过 80%，占流动性的比重超过 75%。显然，创造金融衍生品成为微观金融创新的主流。由于金融衍生品交易是基于利率、汇率、股价、信用等变量未来趋势的预测，且交易通常只需要支付少量保证金或权利金即可签订远期大额交易合约，跨周期性和高杠杆性决定了其天然具有高风险性。

（二）加强金融创新风险管理需要加强金融科技创新提供科技支撑

从信息经济学的角度来看，金融风险的产生主要是金融创新过程中加剧了金融活动供需之间、金融市场主体与监管主体之间等信息不对称。要消除信息不对称造成的金融风险，既需要发挥金融信息服务的信号导向和引领作用，也需要用金融科技手段提供支撑。尽管金融科技创新为一些企业新技术突破市场边界和现行监管制度，甚至是以金融科技创新名义违反操作或操纵市场，导致风险滋生，但加强风险管理归根结底还是要依靠信息科技手段。通过金融科技创新应对金融创新风险，近期最新的讨论主要集中在监管科技（RegTech），即采用云计算、大数据、区块链、人工智能等最新的现代信息技术及其应用，优化和改造监管和监察等业务，满足合规和风控要求，提升监察系统的分析能力，提升业务监控和合规实际效果。主要有以下几个方面的应用：

（1）利用云计算等技术，加强监管信息收集与分析，提高监管信息可得性和及时性，并及时、准确传达给相应市场和监管对象。

（2）利用嵌入式监管系统，发挥软件系统迭代优势，降低监管规则和标准升级带来的成本，提高监管和风险管理的灵活性。

（3）利用机器学习和人工智能技术，简化和优化内部流程，减少人工干预，降低成本，提高效率。

（4）利用大数据挖掘、分析和可视化报告展示技术，加强对海量异构数据分析处理效率，发掘数据信息效用和价值，提高效率。

（5）利用数据加密和安全传输技术，加快数据传输速度，提高数据传输安全性，减少道德风险发生机会，并降低合规成本。

（6）综合利用上述技术建立预测、预警、应急和模拟机制，控制风险影响范围，降低试错成本。

实践上，早在监管科技的概念提出前，各国金融监管当局都是把金融科技创新作为应对金融创新风险的重要手段。例如，美国金融产业监管局2（Financial Industry Regulatory Authority，FINRA）负责监督和检查超过63.5万个证券经纪人和超过3900家证券公司，其监管对象每天交易规模高达750亿美元。下设信息欺诈监测和市场信息办公室（Ofifceof Fraud Deteetionand Market Intelligence，OFDM），具体负责美国证券市场上的内幕交易监测。该办公室很早就开发了被称为SONAR的信息系统，跟踪股票价格和交易量变化，并与其接收的新闻分析、市场监管等信息结合起来进行综合分析，以期发现潜在内幕交易和误导交易者行为。

在我国，据证监会通报，近年来证券市场"老鼠仓"犯罪成为继内幕交易之后移送刑事追责比例最高的一类违法案件。从2014年到2017年7月，证监会核查了99起"老鼠仓"

违法线索，移送公安机关涉嫌犯罪案件共 83 起，涉案交易金额约 800 亿元。众多"老鼠仓"事件的存在表明，仅依靠监管制度和金融机构内部合规风控等是无法有效治理的。2013 年，上交所和深交所上线运营大数据智能监控平台。以深交所为例，其监察系统建立了 9 大报警指标体系，可同步实现超过 204 个报警指标、300 项实时与历史统计查询、60 余项专用调查分析、100 多种监管报表监测分析等功能，每年处理的各类实时报警信息 14 万余次，平均每个交易日处理报警 600 余次。每天可以处理超过 1 亿笔成交记录，还可以在线处理 20 年以上的证据。证监会和交易所发现这些"老鼠仓"行为主要是利用大数据技术，对私募产品、券商资管、专户理财、信托计划、保险投资等各类账户伴生的趋同交易进行"穿透式"监控，对具体账户的历史交易明细数据进行跟踪拟合、回溯重演，促使异常趋同交易现形，再进一步调查发现"老鼠仓"事件。截至 2017 年底，上海证券交易所上市公司 1410 家，年成交金额约 51 万亿元，深圳证券交易所上市公司数已达 2089 家，年股票成交额约 61.7 万亿元。不难想象，如果不是应用科技手段，风险管理只能是一句空话。

除此之外，针对近年的互联网金融创新浪潮，国家互联网金融风险分析技术平台对互联网金融平台发展、信息披露和利率变化情况等进行实时监控。一些地方金融监管当局如北京开发了大数据打击非法集资监测预警云平台，厦门开发上线了 P2P 备案监管平台等，这些都是利用金融科技创新支撑金融创新的重要例证。

除监管科技的发展和应用外，从金融机构的角度看，以金融科技创新应对金融创新风险更具有现实意义。一方面，金融机构根据近年来越来越多的业务电子化、网络化，都在开发上线相应的风险管理系统，实现风险管理从制度合规向技术合规的过渡，尽可能减少人为控制和道德风险的发生。另一方面，金融机构在近年金融产品和金融服务创新时，往往同时推出相应的金融科技创新措施来保障风险。例如，浦发银行针对中小客户创新推出了互联网贷款产品"点"贷、"快"贷和"直"贷。从名字可以看出，这几款创新产品的竞争力在于尽可能减少甚至是不需要人工审核或柜面审核，系统直接在最短时间内审核客户贷款信用，发放贷款。但由于不需要抵押物，面临的最大风险是客户的欺诈，因此浦发银行整合客户银行理财、基金、保险等足迹数据、硬件指纹数据以及其他合作运营商的相关数据等信息，进行反欺诈交易系统认证和风险识别。在移动互联网时代，随着传统金融与新兴互联网企业之间的边际界限日益模糊，金融生态在发生变化，金融业务场景化的影响和发展趋势更加明显，将更加依赖金融科技创新以应对新业务创新伴生的风险。

总体看来，2008 年国际金融危机后的复苏金融调整仍未结束，防范金融风险仍然是各国金融工作的重点。连同加强金融市场秩序治理，这在我国显得尤为突出。这也意味着，随着国家把防范金融风险放在重要位置，金融机构和新兴互联网金融企业更加重视新业务和服务创新带来的风险控制，加强金融科技创新应对金融监管和风险控制需求将继续是当前和今后金融创新工作的一个重点。

第二章 金融结构创新与直接融资发展

中国金融体系的结构转型是实现经济可持续发展的关键。在过去几十年里，中国的经济主要依赖于银行间的间接融资，而直接融资一直处于相对较弱的地位。然而，随着经济发展和金融市场的成熟，直接融资作为一种重要的融资方式，逐渐崛起并成为推动中国金融结构转型的关键。

随着中国经济的高速，金融体系的结构也逐渐暴露出一些问题。传统的间接融资模式在满足企业融资需求方面存在一些不足之处，如信贷资源配置不当、融资成本高等。因此，推动金融结构转型，加强直接融资的发展，已成为中国金融改革的重要方向。

上海国际金融中心建设不仅表现为各类产品、业务或机制的创新，也表现为金融结构的深刻变化，同时金融结构变化也会推动上海国际金融中心的建设。因此，本章拟从上海金融结构的实际情况出发，结合金融结构理论，梳理上海金融结构创新的重点和特征，并分析上海金融结构创新的主要影响因素，指出发展直接融资市场的瓶颈、途径和趋势。

第一节 金融结构及其影响因素

金融结构理论认为金融发展的实质是金融结构的变化，研究金融发展和创新就是研究金融结构的变化过程和趋势，主流经济学认为金融结构的变化呈现一定的规律性，但不同国家，受其经济社会水平及历史文化等影响，金融结构呈现不同的模式。

一、金融结构的内涵和衡量

（一）金融结构的内涵

一国现存的金融工具与金融机构之和构成该国金融结构，通常包括构成一国金融总体的各个组成部分，如银行、证券、保险等金融产业的分布、存在、相对规模、相互关系与配合的状态。美国著名经济学家戈德史密斯提出的金融相关比率（FIR），即一国某一时点上所有未清偿金融工具余额（金融资产总值）与国民财富的比值，是衡量一国金融结构与金融发展水平的重要指标之一。除此之外，随着金融结构理论的发展，我国通常使用直接融资与间接融资的比例这个指标。

1. 直接融资与间接融资的比例

所谓直接融资，亦称直接金融，是指没有金融中介机构介入的资金融通方式，即在一定时期内，资金盈余单位通过直接与资金需求单位协议，或在金融市场上购买资金需求单位所发行的有价证券，将货币资金提供给需求单位使用。其主要表现形式有商业信用、企业发行股票和债券，以及企业之间、个人之间的直接借贷。间接融资是指通过金融中介实现资金融通的方式，即拥有暂时闲置货币资金的单位通过存款的形式，或购买银行、信托、保险等金融机构发行的有价证券，将其暂时闲置的资金提供给这些金融中介机构，然后再由这些金融机构以贷款、贴现等形式，或通过购买需要资金的单位发行的有价证券，把资金提供给这些单位使用，从而实现资金融通的过程。直接融资与间接融资的比例反映了一国金融市场的结构与发展水平，深刻理解指标含义并考察该指标随时间变化的趋势、国别间的差异将有助于改善一国金融结构，促进实体经济发展。

2. 直接融资和间接融资的特点

理论上，直接融资主要有以下5个特点：①直接性。所谓直接性是指资金的需求者直接从资金的供应者手中获得资金，即资金的供应者和需求者直接建立债权债务关系或者所有权关系。②分散性。所谓分散性是指融资活动是在无数个企业之间、政府与企业和个人之间，或者企业与个人之间进行的，即融资活动分散于各种市场、各类主体，具有一定的分散性。③差异性。由于直接融资是在各种市场、各类主体之间进行，而不同的主体在资质、信誉方面有较大的差异。④部分不可逆性。例如，资金需求方通过发行股票所取得的资金不需要返还。资金提供方无权中途要求退回股金，而只能在证券市场上在不同的投资者之间互相转让。⑤自主性。例如，在商业信用中，赊买和赊卖者可以在双方自愿的前提下，决定赊买或者赊卖商品的品种、数量和对象，而在股票融资中，股票投资者可以随时决定买卖股票的品种和数量等。

从上可见，直接融资具有以下两大优点：①资金供求双方联系紧密，有利于资金快速合理配置和使用效益的提高；②筹资的成本相对较低。同时，直接融资缺点如下：①直接融资对于资金需求方而言需要披露的信息更多；②对于资金提供方而言甄别优质的资金需求方需要专业的金融知识；③直接融资成本受市场情绪、国内外经济形势影响相对较大。

间接融资具有以下5个特点：①间接性。所谓间接性是指资金需求者和资金初始供应者之间不发生直接的资金关系。资金需求者和供应者之间由金融中介发挥桥梁作用，即资金供应者与资金需求者只是通过金融中介机构发生融资关系。②相对集中性。多数情况下，金融中介并非是某一个资金供应者与某一个资金需求者之间一对一的对应性中介，而是同时面对资金供应者群体和资金需求者群体。在这种融资方式中，金融机构具有融资中心的地位和作用。③金融中介信用差异小。世界各国对于金融机构的管理一般都较严格，而且，金融机构自身的经营也多受到相应稳健性经营管理原则的约束。一些国家还实行了存款保险制度，因此，间接融资对资金供给方的保护程度相对较高，其承担的信用风险也相对较小。④可逆性。间接融资又可称为借贷性融资，即到期均必须返还，并支付利息，因此具有可逆性。⑤金融中介机构掌握融资的主动权。因为资金初始供应者与金融机构发生融资关系后，金融中介机构掌握主动权，由其决定是否满足特定资金需求方的融资需求。

综上，与直接融资相比，间接融资具有以下3个优点：①银行等金融中介机构网点多，吸收存款的起点低，能够广泛筹集社会各方面闲散资金，形成大规模资金；②资金供给方出资给金融机构，而此类金融机构体量大，且受到严格监管，资金的安全性较高；③有助于解决由于信息不对称所引起的逆向选择和道德风险问题。因为金融机构的出现是专业化分工协作的结果，它具有了解和掌握借款者有关信息的专长。间接融资的缺点主要表现在：由于资金供给者与需求者之间加入金融机构为中介，隔断了资金供求双方的直接联系，在一定程度上减少了资金供给方对资金需求方经营状况的关注和资金需求方在资金使用方面的压力。

（二）金融结构的衡量

1. 衡量指标的构建

通常，金融结构的衡量指标有增量法和存量法两种计算方法。

所谓增量法，是指用每年或一段时间内从资本市场和银行分别融通资金的总额衡量金融结构的方法。通过以下公式计算：

$$直接融资比重：=\frac{非金融企业股票融资+企业债券}{社会融资规模}\times100\%$$

所谓存量法，是指用融资余额来衡量一国金融结构的方法，即一国的金融体系中，资本市场和银行的规模之比。计算公式如下：

直接融资比重

$$=\frac{股市市值+政府债券余额+非政府债券余额}{银行贷款余额+股市市值+政府债券余额+非政府债券余额}\times100\%$$

2. 指标的运用

世界银行等国际机构的研究一般采用市场主导型金融体系和银行主导型金融体系这组概念。直接融资和间接融资这种划分方式与市场主导型金融体系和银行主导型金融体系这组概念总体上是一致的。一般来说，直接融资比重较高的国家都是市场主导型，间接融资比重较高的国家都是银行主导型。但两者也存在差异，例如，市场主导型的国家也存在市场低迷，在资本市场上的融资额较低的情况，因而一些年度的直接融资比重较低。比如2008年美国发生金融危机后，2009年美国资本市场的融资额大幅降低，当年IPO融资额为 289 亿美元,仅为 2010 年的 1/3。每年的融资增量有更大的波动性和不确定性,而存量规模相对稳定,这是国际上普遍采用存量法来描述一国金融结构的主要原因。

按照存量法计算,在 20 世纪 90 年代,发达国家的直接融资水平已经达到了 60%,这是由于其经济和金融体系的发展进入相对成熟阶段,金融体系结构趋于稳定。此后该指标呈现缓慢上升趋势,近年来已接近 70% 的水平。仅有的例外是意大利,其直接融资比重从 70% 以上的水平下降到 2012 年的 66.8%,主要是因为近年来受到债务危机的冲击较大。

中等收入国家在 20 世纪 90 年代初期,直接融资比重为 40%~50%,这既与这些国家经济发展水平有关,也与其中一些国家(如中国)的资本市场发展历史较短有关。此后该指标稳步攀升,近年也达到了 60%~70% 的水平,与高收入国家水平接近。

二、主要融资工具

融资工具是融资得以实现的载体。融资工具的创新,直接推动金融结构的变化。

(一)直接融资工具

综观世界各国,直接融资工具主要有票据、股票、债券等形式。

所谓票据是指持有人对不在其实际占有情况下的商品或货币的所有权的债务凭证,一般包括汇票、本票和支票 3 种。按照承兑方性质的不同,票据又可分为商业票据和银行票据两大类。商业票据是商业信用的融资工具,即在信用买卖时证明债权债务关系的书面凭证,可分为商业汇票和商业本票两种。银行票据则是在银行信用基础上产生的,是由银行承担付款义务的信用流通工具。理论上,票据有以下 4 个特点:①可以流通转让。一般票据都可通过背书(持票人在票据背面签字以表现其转让票据权利的意图)转让,并可多次转让,无须事先征得债务人的同意。②只要票据记载合格,票据的受让人就可取得票据上载明的权利。③有明确的、合乎法规的书面形式。④只要票据要式齐备,并非伪造,债务人都应无条件付款,不得以各种理由拒付,否则持票人可依法追索。

债券是指由债务人按照法定程序发行的,证明债权人有按约定的条件取得利息和收回本金的债权凭证。债券是现代经济中一种十分重要的融资工具,按发行主体的不同又可分为政府债券、企业债券和金融债券等。其中,政府债券的发行主体是政府,通常又可分为中央政府债券和地方政府债券两种,中国等发展中国家为促进经济发展通常会发行规模较大的各类债券,因此,政府债券在发展中国家占有较大的份额。企业债券的发行主体是企业,是企业为筹集经营所需的资金而向社会发行的借款凭证。金融债券则是政策性银行、商业银行和其他非银行金融机构为了筹集资金而发行的债券。

股票是股份公司通过股票市场筹集资金的信用工具,即股份公司发给股东的,证明其所拥有的股权,并取得股息收入的凭证。股份有限公司是股票的发行主体,股票持有者即是股份公司的股东。与其他融资工具相比,股票的一大特点是一经购买就不能退还本金,而且股息红利也会随企业经营状况而变动。股票的一大优点是流动性较强,即可以在证券市场上转让流通,且成交较为活跃。股票的收益主要包括股息收入和资本利得,前者取决于公司的利润,后者与投资者通过股票市场的买卖获得差价的收入有关。由于公司的经营受多方面因素影响,股票的市场价格也因此受到影响,具有一定波动性。因此,对投资者来说股票是一种高风险、高收益的金融工具。

(二)间接融资工具

间接融资工具主要包括贷款、银行承兑汇票、信用证等。

贷款是金融中介机构按一定利率对资金需求方出借货币资金的信用活动。贷款的提供方需要基于财务数据、借款人的信用记录、保证、抵(质)押等因素对借款人进行信用评估,在满足贷款条件的情况下进行放贷。贷款是间接融资工具中最常见的一种方式。

银行承兑汇票是由付款人委托银行开具的一种远期支付票据,票据到期银行具有见票即付的义务。银行承兑汇票具有信用好、承兑性强、灵活性高的特点,可以有效节约资金成本。

信用证是银行根据进口人的请求,开给出口人的一种保证承担支付货款责任的书面凭证。在国际贸易活动中,买卖双方互相难以考察对方的信用情况,因此通常需要银行信用作为背书。信用证在起到融资作用的同时,为进出口贸易进行了增信。

三、金融结构主要模式

统观世界各国金融结构和金融发展,银行主导型和市场主导型两种模式功能侧重不同,各有特点,但效率孰高孰低至今并无定论。

(一)两种模式的典型案例

日本和德国是传统意义上典型的银行主导型国家,在20世纪90年代,两国的直接融资的比重均为40%~50%。近年来,两国的资本市场取得了长足的发展,金融结构不断趋近于市场主导型,2012年直接融资比重分别达到69.2%和74.4%。我国目前也是较典型的银行主导型国家,按存量法计算的直接融资比重近年来有所提升,约为50%。

在高收入国家中,美国的金融结构显现出较为显著的市场主导型特征。在20世纪90年代初期,按照存量法计算,其直接融资比重已经超过80%,此后一直处在这个水平之上。即便是在2008年发生金融危机的前后,美国的直接融资比重也没有发生太大的变化,2007年该数值为85.4%,2008年为84.5%,2009年为84.6%,2012年上升到87.2%。这不仅因为美国股市的市值在较短的时间内回升,也与美国债市规模庞大有很大关系。2012年,美国债市的余额总量大致是股市的两倍,规模相对比较稳定。

（二）两种模式的主要特征

一国采取不同的金融结构模式，该国金融工具的种类和规模也不同。同时，企业、居民的金融资产组合也有较大区别。主要表现在：

（1）银行主导型金融体系中，金融机构特别是银行的资产及负债所占比重都较高。例如，德国的银行贷款占比达60%左右。2014年，我国金融机构贷款比重也高达61%，也属于银行主导型金融体系。与之相对，市场主导型金融体系中，银行及非银行金融机构的资产及负债份额在一国金融资产和负债中并不占主要地位，股票市场或债券市场相对发达。

（2）银行主导型金融体系中，金融工具规模和交易量有限。市场主导型金融体系中，证券和衍生金融工具发达。对于银行主导型金融体系而言，银行贷款、非银行贷款是非金融企业的外部资金来源。如果把银行贷款占比和非银行贷款占比加总，德国、日本、加拿大的该指标分别为86%、86%和74%；而对于市场主导型金融体系的美国来说，该指标仅为56%。与之对应的是，德国、日本、加拿大作为银行主导型金融体系的代表，其债券融资和股票融资占比合计均在10%~30%之间，而美国该指标高达43%。[①]

（3）银行主导型金融体系中，现金和存款是居民金融资产组合中最重要的部分。市场主导型金融体系中，股票、债券和其他股权投资在居民金融资产中占较大比重。

上述两种金融体系受到理论界和实务界高度关注。20世纪90年代，金融功能论提炼了金融体系的几大功能，比较如表2-1所示。

表2-1　两种金融体系金融功能比较

功能	银行主导型	市场主导型
融资功能	由于合同不完全，交易费用高昂；当银行与企业存在长期合作关系时，存在谈判可能并降低融资成本；市场波动对于融资影响较小	由于市场的相关权益人较多，利益诉求不一致，谈判较为困难，存在"搭便车"现象。融资不但受到长期经济发展趋势影响，也受到短期市场波动影响
信息收集	银行利用与企业密切的关系获得非市场信息，相对较好地解决逆向选择	健全的信息披露机制、监管、舆论监督令市场导向的金融体系有更好的透明度
激励机制	银行对企业的授信通常较为保守，一方面这可以抑制企业的过度投资，另一方面也将一些风险较大、小微科创企业拒之门外	市场对企业资质有更全面的评价，各类融资企业均能享受到与其相适应的激励机制
信用创造	具有信用创造功能，影响货币乘数	不具有信用创造功能，不影响货币乘数

四、影响金融结构的因素分析

已有研究认为，影响一国金融结构的主要因素包括经济水平、产业发展阶段、文化法治、制度环境以及金融自由化程度等。随着经济发展水平的提高，直接融资比重不断提高，资本市场在金融体系中将发挥更大作用。金融结构发展的总体方向是向市场主导型金融结构演进。

---

① 资料来源：转引自弗雷德里克·S.米什金.郑艳文，荆国勇译，货币金融学（第九版）[M].北京：中国人民大学出版社，2011：162。

（一）经济水平和产业发展阶段

通常，经济发展水平越高，资本市场往往越发达。随着商业文明的发展，特别是工业化大生产的出现，通过市场化方式筹集大规模资金的需求使得更多的企业走向资本市场，通过股票或债券向广大投资者直接募集资金。重工业化的进程和高科技产业的崛起更是加速了这一过程，确立了资本市场在发达国家特别是美国的主导地位。以美国为例，芝加哥大学曾研究过去 100 年中美国金融结构演变的过程。他们发现，1913 年末，美国股市的市值与银行存款的比值大致为 1.2，之后的几十年间该比值逐步攀升。尤其是 1980—2000 年的新经济时代，该比值增长迅速，截至 1999 年末，该比值已达到了 8.9。此后美国资本市场的相对规模大致维持在一个较高的水平。美国在 20 世纪末直接融资迅速发展，主要原因是伴随着经济发展和人均 GDP 增长，美国的财富管理和直接参与证券投资的需求显著增加，共同基金等机构投资者快速发展。

另外，金融结构的选择或发展与产业发展密切相关。传统制造业或形态较为简单和稳定的产业往往能较为有效地依靠银行的支持得到发展，而创新经济或高科技产业等因其较大的不确定性或产业形态的快速变迁，需要投融资双方风险共担、利益共享、定价市场化和服务多层次等机制。因此发展创新经济需要资本市场的配套，充分利用其特有优势。例如，以硅谷为代表的美国创新产业之所以迅速发展，重要原因之一是美国发达的资本市场为其提供了风险共担的融资机制。在新兴市场中，韩国资本市场近年来也是伴随三星等高科技产业的快速崛起而迅速发展起来的。所以，产业发展与金融形态相辅相成、相互促进。

（二）法律、历史、文化、信用等制度环境

制度环境对于金融结构同样存在重要影响。有研究显示，英美法系的立法理念更倾向于让投资者受益（pro-investor）而非债权人受益（pro-creditor）。英美法系以判例法为主，能更快解决新出现的商业纠纷问题，适应商业环境的快速变化，这种制度环境更有利于金融市场的发展。与之相对应，民法国家更注重对债权人的保护，银行主导型金融体系倾向于占主导地位。在 1990 年，大陆法系国家平均直接融资比重比英美法系国家低约 10 个百分点，前者为 51.2%，后者为 61.0%。近年来，两种法系国家的金融结构差距有逐渐缩小的趋势。2012 年，大陆法系国家平均直接融资比重与英美法系国家的差距缩小为 5 个百分点，大陆法系国家为 66.1%，英美法系国家为 71.2%。

同样，一国发展的历史轨迹对金融结构也有决定作用。TOI（timing of industrialization）理论认为，德国和日本的工业化进程开始较晚，为了能够赶上其他发展更快更早的国家，有必要采取银行主导型金融体系。而英国在欧洲国家中率先进入工业革命，美国在新中国成立之初就采取较为彻底的自由经济体制。因此，相对于其他发达国家，英美两国的资本市场发展具有较强的天然优势。

（三）金融自由化改革

20 世纪 80 年代，全球范围内很多国家启动了一轮金融自由化的改革。美国推动了利率市场化和汇率自由浮动，局部开始混业经营，而英国则启动了"金融大爆炸"改革计划；90 年代后，日本启动金融自由化改革。另外，中低收入国家中，中国、印度和印度尼西亚也先后在 90 年代推动了市场化导向的金融改革。

尽管各国金融自由化改革的动力、目标和成效不尽相同，但改革的方向都是增强金融资源的市场化配置效率，金融脱媒（即脱离传统的商业银行存贷模式）成为一个重要的趋势，对直接融资比重影响显著。如日本金融自由化是被外来压力推动进行的，在节奏、时机等方面缺乏协调性和主动性。但从 20 世纪 90 年代到 2012 年，其直接融资的比例从 40%~50% 一直提高到 70% 左右。印度的资本市场发展很早，20 世纪 90 年代初就达到了近 60% 的水平，2012 年则增长到 70% 左右。美国的金融分业经营改革和 401K 计划实施等则进一步推动了资本市场发展。

五、中国金融结构转型：直接融资崛起成关键

（一）直接融资的定义及特点

直接融资是指企业通过发行股票、债券、融资租赁等方式，直接向投资者募集资金的行为。与间接融资相比，直接融资具有以下几个特点：

1. 资金来源多样化

企业可以通过发行股票、债券等方式，从不同的投资者处获得资金，降低了对银行贷款的依赖。

2. 融资成本较低

直接融资可以通过市场化定价机制，根据市场需求和供求关系来确定融资成本，相对于银行贷款而言，具有一定的优势。

3. 风险分担能力强

直接融资可以将风险分散到更多的投资者身上，降低了单一金融机构的风险暴露。

（二）直接融资的发展现状

1. 股权融资

随着中国股票市场的发展，股权融资已成为企业重要的融资渠道。上市融资、再融资以及新三板市场等，为企业提供了多样化的股权融资机会。

2. 债券融资

中国债券市场的发展迅速，企业债券融资规模逐年增加。发行债券可以降低企业融资成本，也能为投资者提供相对稳定的收益。

3. 租赁融资

融资租赁作为一种特殊的直接融资方式，已在中国得到广泛应用。租赁融资具有融资灵活、税务优惠等特点，对于实体经济发展具有积极作用。

（三）推动直接融资发展的政策与措施

1. 完善资本市场

加大对股票市场、债券市场的监管力度，提高市场透明度和公平性，为企业发行股票、债券提供更好的环境。

2. 优化企业上市制度

简化上市程序，降低上市门槛，吸引更多的企业赴资本市场融资。

3. 建立风险投资机构

引导社会资本投资风险投资基金，支持初创企业的发展，增加直接融资渠道。

4. 鼓励金融创新

支持发展融资租赁、债券创新等新型直接融资方式，拓宽企业融资渠道。

（四）面临的挑战与解决办法

1. 监管风险

随着直接融资的发展，监管风险也相应增加。需要加强对金融市场的监管，防范金融风险的发生。

2. 信息不对称

投资者对企业信息的了解程度不同，容易导致信息不对称的问题。加强信息披露制度，提高信息透明度，有助于解决信息不对称问题。

3. 中小企业融资难题

中小企业融资难一直是中国金融体系面临的难题。加大对中小企业的金融支持力度，完善中小企业融资渠道，有助于解决中小企业融资难问题。

直接融资作为中国金融结构转型的关键，对于促进企业的可持续发展具有重要意义。政府和金融机构应积极推动直接融资的发展，加大对金融市场的监管力度，提高信息披露透明度，为企业提供更多元的融资渠道，推动中国金融体系向更加高效、稳健的方向发展。

第二节　我国金融结构现状、不足及原因分析

20 世纪 90 年代以来，伴随经济金融的改革开放，我国的金融结构发生了明显的变化。我国在提升金融业发展水平的同时，有力地推动了经济社会的转型发展。但也必须承认，我国的金融结构目前也呈现出许多不尽如人意之处，需要在发展中不断完善。

一、我国金融结构的发展现状

（一）金融市场发展迅速

我国金融市场规模总量的发展可以用突飞猛进来形容。以金融机构存款为例，我国金融机构存款规模在 1978 年仅为 1155 亿元，2018 年发展到 177.5 万亿元，增长了约 1536 倍。

从金融资产种类来看，我国的成绩也是有目共睹的。最为突出的是债券市场和股票市场从无到有，且经历了一个从少数品种到产品种类基本齐备的过程。我国 1981 年、1983 年开始发行国债、企业债，1997 年 6 月组建全国银行间债券市场，2005 年开始发行短期融资债券。目前我国银行间债券市场的产品已经涵盖政府信用债券、金融债券、企业债券和资产支持证券四大类 20 余种产品，债券市场的基础产品种类已基本齐备，满足了各类机构的投融资需求。我国股票市场发轫于 20 世纪 90 年代初，沪、深两大交易所分别于 1990 年 12 月和 1991 年 7 月挂牌营业，目前已成为全球重要的股票市场。

（二）金融机构存款总量占比较大

我国金融市场以金融机构发行的金融工具为主，债券和股票余额等直接融资占比有限。以 2018 年为例，金融机构存款总量达 177.5 万亿元，但债券和股票市场资产仅分别为 76.45 万亿元和 56.71 万亿元，两市场规模之和仅约为金融机构存款总量的 75%（见表 2-2）。

表 2-2 2018 年末我国部分金融资产规模

项目	规模（万亿元）
流通中货币	7.3
金融机构存款余额	177.5
债券市场	76.45
股票市场	56.71

资料来源：除债券市场外，其他项目规模数据来自国家统计局网站"年度数据"；债券市场规模数据来自《2018 年中国债券市场报告》的托管债券规模数据。

（三）金融市场参与者呈现机构化

直接融资市场上，金融机构不仅起着中介作用，同时也是大量金融资产的持有者，我国金融市场参与者机构化的趋势明显。如表 2-3 所示，商业银行是我国记账式国债、政策性银行债券、资产支持证券的最重要的持有者，持有比例分别高达 71.2%、77.2% 和 56.6%。即使是信用债，商业银行和非银行金融机构合持比例也高达 46%。

表 2-3 我国债券市场的持有者持有比例（%）

	记账式国债	政策性银行债	资产支持证券	信用债
商业银行	71.2	77.2	56.6	34.1
非银行金融机构	5.8	4.4	6.2	12.1

非金融机构	0	0	0.1	0
非法人机构投资者	2	15	35.3	51.4
其他类投资者	21	3.4	1.8	2.4
合计	100			100

资料来源：中国人民银行网站、2015 年金融市场统计。

（四）债券市场加速发展

近年来我国债券市场呈现加速发展态势，主要有以下几个维度的现象：①发行增速明显。2015 年我国债券市场累计发行债券 22.3 万亿元，同比增长 87.5%，成为中国债券市场发展史上高速增长的一年。之后，2016 年和 2017 年的债券发行略有回落。但 2018 年，债券市场发行增速回升，共发行各类债券 22.6 万亿元，同比增长 10.41%，其中，在银行间市场发行和交易所发行的债券分别占比 93.42% 和 6.58%（该比例不包含可转债、可交债）。②存量规模稳步增长。2018 年，全国债券市场托管存量达 76.45 万亿元，同比增加 9.36 万亿元，同比增长 13.95%。其中，地方政府债规模进一步扩大，年末同比增长 22.55%。商业银行债规模保持高速增长，年末同比增长 22.8%①。债券市场的较快发展，有望在不久将来对金融结构产生较大影响。

二、我国金融结构面临的主要挑战

与社会经济发展要求及国外金融结构现状相比，我国金融结构面临以下几个挑战。

（一）直接融资比重偏低

2018 年，我国直接融资比重仅为 14.78%（按照增量法计算），比重明显偏低，属于典型的银行主导型金融市场体系。

（二）直接融资比重增速有限

如图 2-2 所示，按增量法计算，2005—2018 年，我国直接融资比重从 7.83% 提升到 14.78%，年均增长不到 1%，其中，2017 年和 2013 年，直接融资比重出现较明显的下降。如果按存量法计算，增速同样有限，2005—2018 年，我国直接融资比重从 22.83% 提升到 47.94%，年均增长约 1.8%，其中，2008 年金融危机以前，直接融资比重增长相对较快，但受金融危机的影响，2008 年以后，直接融资比重增速再次放缓。可见，我国直接融资比重如若要赶上世界发达经济体 50% 左右的水平，任重道远。

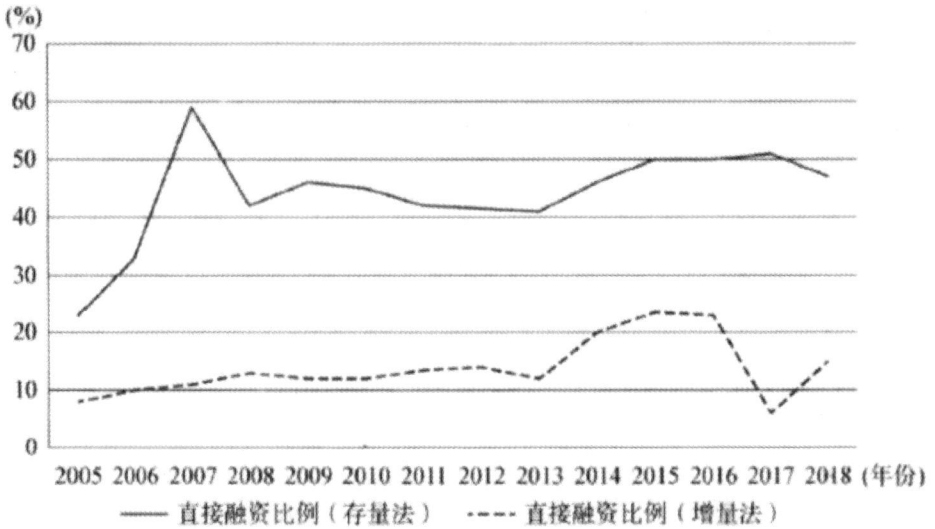

图 2-2　2005-2018 年我国直接融资比重

资料来源：中国人民银行网站 http：//www.pbc.gov.cn/.

（三）股票市场波动较大

直接融资比重增速有限，但市场依然出现较大幅度的波动。如图 2-3 所示，2007 年我国股票市场出现了较大幅度增长，上证综合指数明显上升，但随后又出现显著下降。特别是 2015 年的股市波动，被国外媒体夸张地比喻为"股灾"。以上海证券市场为例，年内最高点为 5178.19 点，最低点为 2850.71 点，相差近 1 倍左右，这在世界上也是罕见的。

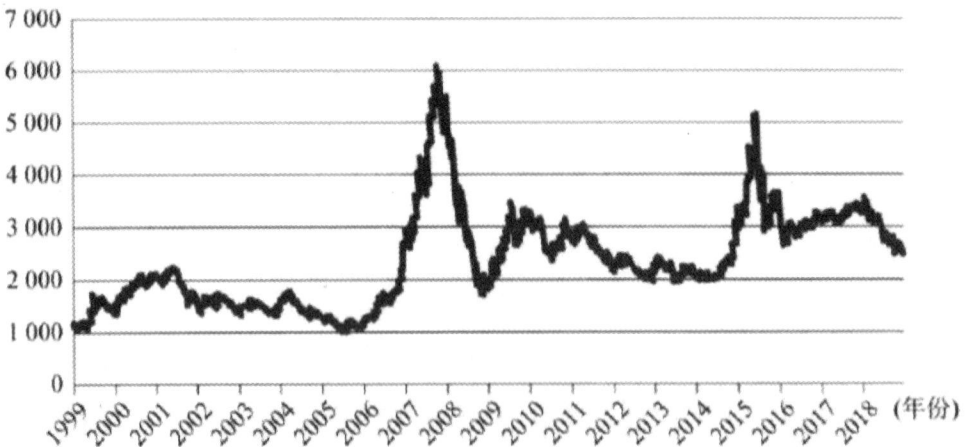

图 2-3　1999——2018 年上证综合指数波动情况

三、我国金融结构问题的原因分析

（一）经济增长形成对传统金融结构的路径依赖

长期以来，我国经济发展中的融资环节主要依托于银行。20世纪80年代后，股票、债券作为新兴的融资渠道，一定程度上形成了融资方式的补充。然而，资本市场作为一个和经济发展紧密挂钩的新生事物，在制度建设、投资者教育、市场运行机制、监管等问题上都需要审慎推进。出于上述原因，资本市场准入条件比银行要严格许多，很多企业依然选择银行作为首选的融资渠道。

但是我们也应当看到，市场主导的金融结构作为一个要素市场化改革的目标，将对我国后续经济发展产生强大的助推作用。在过去的30多年里，我国资本市场进行了一系列的尝试与突破。20世纪80年代起我国开始在场外市场发售债券，主要原因是为了解决我国经济发展中一些重大项目的资金筹措问题，90年代后又相继形成了交易所、银行间债券市场两个发动机并进的机制，债券发行规模逐步扩大，为我国经济建设发挥重要作用；保险业在90年代开始大发展，有效缓解了国有企业在90年代改革中面临的一系列保障问题；股票市场从无到有，其间帮助国企完成了股权分置改革，也为一系列新兴产业的发展注入了能量。

我国的金融结构将随着资本市场深化改革，逐步实现市场主导，提高资源分配效率并实现市场化定价。

（二）国有机构占主导地位

我国金融市场规模总量的增长，主要表现在国有金融特别是国有金融机构的增长，有如下几个原因：①改革开放初期，我国的金融机构基本上都属于国有企业，且以银行机构为主。以工、农、中、建、交为首的国有大型商业银行，对我国经济发展的投融资服务发挥了主导作用。②非金融类国有企业对金融刚性依赖以及政府隐性背书导致资源向非金融国有企业倾斜。由此造成了民营机构融不到资，而国有机构过度投资。③非金融国企与金融国企形成错综复杂的、紧密的、超越市场约束的关系。因此，我国金融业发展在一定程度上是各类国有机构推动的结果。国有机构在过去的金融市场发展历程中作出了重大贡献，而在未来，我们期待更多类型的市场主体能够参与到我国金融市场的建设中。

（三）金融改革创新较难

由于金融体制改革滞后不利于经济发展，金融体系改革实践仍任重道远。2012年以来，我国先后设立5个国家级金融综合改革试验区：①温州市金融综合改革试验区；②广东珠三角金融改革创新综合试验区；③福建省泉州市金融服务实体经济综合改革试验区；④云南沿边金融改革综合试验区；⑤青岛财富管理金融综合改革试验区。但是，截至2015年底，上述国家级金融综合改革试验区仍未取得突破性成效，更难在其他地区复制和推广。2014年底以来，央行大力推进利率市场化改革，如实现金融机构存款利率浮动区间的上限由存款基准利率的1.1倍调整为1.5倍，推出企业和个人的大额存单等。但与利率真正市场化还有很大的差距。

与此同时，金融创新也在不断进行，特别是互联网金融的发展，一度给金融发展注入了无限希望。但在经历2014年、2015年的异军突起、爆发式增长后，互联网金融的风险也日益暴露。这不仅不利于互联网金融的发展，而且还给金融安全带来隐患。2016年的两会明确提出"规范发展互联网金融"，上海探索多年的战略性新兴板也被叫停。金融创新与金融安全之间，如何协调发展，无疑是我国金融发展的一大挑战，也成为我国金融结构现状难以明显改变的一大原因。

第三节　直接融资市场与金融结构创新

为进一步推动我国金融市场发展，助推经济创新转型发展，积极发展直接融资市场是重要方向之一。直接融资市场的健康稳定发展是达成上述目标的基础，而不能单纯地认为积极发展直接融资市场是保增长的手段。

一、直接融资对于金融结构创新的意义

发展直接融资、优化金融结构可以提高资源配置效率。金融市场通过资源配置、财富再分配和风险再分配，实现对实体经济发展的支持。因此，在经济转型提高资源配置效率的过程中，深化发展直接融资将承担历史重任。

直接融资可以在以下几方面改善配置效率。首先，深化发展直接融资可以降低企业融资成本。目前，我国金融资源高度集中在国有银行金融机构，是我国金融资源配置效率较低的一大原因。经济转型背景下，迫切需要提高金融资源配置效率，降低企业融资成本。事实证明，通过改革推动金融资源配置效率提高的效应正逐渐显现。如人民币利率市场化推动下，2015年12月固定利率企业债券加权平均发行利率为4.06%，与2014年同期相比下降了146个基点。公司信用类债券收益率曲线也大幅下行。2015年年末，5年期AAA、AA+企业债收益率较上年末分别下降150个和172个基点[①]。债券收益率曲线的大幅下移，极大降低了企业债券融资成本，有利于金融资源更多地配置到实体经济，或从效率较低的传统产业转移到效率较高的新兴产业；其次，深化发展直接融资有利于缓解中小企业融资难、融资贵的难题。我国直接融资市场的滞后发展，不仅不利于金融业转型升级，也阻碍了金融业服务实体经济。实践证明，缓解中小企业融资难、融资贵的问题，必须依靠直接

融资。不确定性和轻资产的特点决定了中小企业难以获得银行资金的支持，而股票、债券、VC/PE 等直接融资方式，因具有风险和利润共担等特点，相对能符合中小企业的融资需求。

二、推进证券交易所制度改革以促进金融结构创新

股票市场作为直接融资的主要渠道之一，不仅能集聚大量的资金推动各类企业发展，而且在全球化、信息化浪潮中，股票市场成为衡量一国经济和金融发展水平的重要指标。上海国际金融中心建设需要与之相应的国际化水准的股票市场，因此上海证券交易所在全球交易所公司化浪潮中如何深化改革成为一个重要课题。

（一）上海证券交易所面临的挑战

成立于 1990 年的上海证券交易所，是中华人民共和国成立以来内地的第一家证券交易所，不仅对上海经济金融发展有着重要的影响，也是中国资本市场发展的一个里程碑。在过去的 30 年里，上交所虽历经股市震荡，但也获得了蓬勃发展，成为上海国际金融中心建设的重要组成部分。截至 2019 年 4 月底，上海证券交易所的总市值达 33 万亿元左右，世界排名第二。上交所因此也从一个服务于上海、周边地区、全国的区域性交易所成长为一个面向全球的世界性交易所。

目前，上海证券交易所在国际金融中心建设中的地位仍有进一步提升的空间，其发展面临的巨大挑战不可忽视，大致有以下几点：

第一，上海证券交易所应吸引更多的优质上市公司资源，进一步服务实体经济。20世纪 90 年代到 21 世纪初，上海证券交易所吸引了一大批当时的优质上市公司。但近年来，这种吸引力却出现了危机。特别是互联网、软件服务、通信等新兴产业的公司数量明显偏少，不仅少于深交所，更少于国际资本市场。以互联网行业为例，近年来，我国互联网行业发展较快，涌现出了许多优秀的互联网企业，但它们绝大多数选择在境外上市。如表6-4所示，1997—2014 年，新浪、腾讯、百度、58 同城、阿里等著名互联网企业先后在 NASDAQ、港交所、NYSE 上市。有研究认为沪深证券交易所正在被中国的互联网企业所抛弃，在国际资本市场中正逐渐被边缘化。元件、软件服务、互联网、通信设备、医疗保健、环境保护类企业在上海证券交易所所占比重不到 30%。

表 2-4　近年来在国际资本市场上市的中国互联网企业

公司名称	上市交易所	所处行业	上市时间
中国移动	港交所	通信服务	1997 年 10 月
新浪	NASDAQ	IT	2000 年 4 月
网易	NASDAQ	IT	2000 年 6 月
携程网	NASDAQ	IT	2003 年 12 月
腾讯	港交所	IT	2004 年 6 月
百度	NASDAQ	IT	2005 年 8 月
畅游	NASDAQ	游戏开发	2009 年 4 月
当当	NYSE	电子商务	2010 年 12 月

续表

唯品会	NYSE	电子商务	2012 年 3 月
58 同城	NYSE	信息服务	2013 年 10 月
去哪儿网	NASDAQ	网络服务	2013 年 11 月
聚美优品	NYSE	网络零售	2014 年 5 月
京东	NASDAQ	网络零售	2014 年 5 月
智联招聘	NYSE	信息服务	2014 年 6 月
阿里	NYSE	信息服务	2014 年 9 月

资料来源：根据公开资料整理。

第二，上海证券交易所应进一步扩大市场规模，促进市场公开透明，做好投资者教育，降低市场投机性。目前，上交所总市值约 33 万亿元人民币。尽管上交所挂牌公司总市值已排名世界第二，但与市场规模世界第一的纽交所相比，仍有进一步发展的空间。上交所的市场规模应与我国经济体量相匹配，扩大市场规模是时代所需。另外，我国股市在透明度、公平性方面还有相当长的一段路要走，上交所未来的健康发展对于信息披露和监管提出了更高的要求。此外，我国股市的投机性较强，市场大起大落对于投资者不利，也无助于为融资企业提供长期稳定的融资环境。因此做好投资者教育，促进市场参与者的长期、价值投资有利于上交所未来的发展。

（二）证券交易所改制引致的发展机遇

公司制改革意味着交易所将是一个独立的市场主体，以利润最大化为重要目标的公司模式将极大激励，并有可能促使交易所提高决策能力，有效地按现代公司治理制度行使运营管理、风险监管职能。另外，公司制改革也将推动股票发行制度向注册制转变，并提升交易所的国际化水平。

首先，改制将提高资本市场的资源配置效率。如前所述，上海证券交易所尽管曾经取得引人瞩目的发展，但与国内外其他证券交易所相比，近年来的表现并不尽如人意。不论是发展速度还是发展质量都无法与上海国际金融中心建设相匹配，也不能满足中国经济转型发展对金融业的需求。如果实行公司制，有望推动上海证券交易市场的发展。如吸引更多的优质企业上市，提供更优质的服务。对于后者，目前最大的需求表现为交易服务和信息服务提供水平的提高。因为提供优质的交易服务是吸引优质上市公司的重要手段，及时、准确、完整地提供交易双方的信息是市场保护中小投资者的重要途径，只有切实保护了上市公司的利益和投资者的利益，融资供需双方才能合力推动市场发展，实现资源配置效率的提升。

其次，改制将有助于推动股票发行制度向注册制转变。我国股票发行目前采用的是核准制，这种新股发行的行政许可权不仅容易导致行政监管与市场的错位，导致公司上市变成一种行政资源，从而发生许多寻租行为，而且也加剧了我国股票市场的波动。因为在经济高速发展的背景下，企业对于上市融资的需求显著增强，投资者的投资需求也高速增长。核准制审核速度较慢，我国又规定了每年上市的公司数量，使得新股发行的速度远远跟不上经济发展的需要，从而形成常见的摇号申购新股，新股发行之后极短时间内价格迅速上涨的现象。然而，在新股价格接连上涨之后，往往随之而来的就是不断下调。这是对市场的一种扭曲，不但导致投资风险加大，而且也不利于资本市场的成熟。面对这种情况，审核制向注册制演进的呼声日益强烈，真正具有完全化市场特征的注册制成为我国资本市场改革的必然选择。证券交易所采取公司制治理结构无疑与注册制改革相辅相成。

最后，改制将有助于提升金融业国际化水平。20 世纪 90 年代以来，通信技术的迅猛发展促进了证券交易的全球化进程，如计算机网络通信的普及使得身处世界各地的人们能够即时买卖股票。更重要的是，公司选择上市的交易所不再局限于所在国的证券交易所，而是可以在世界范围内进行上市。在这样的背景下，交易所不仅面临着本国的竞争对手，更面对着全世界的竞争对手。因此，在信息化与经济全球化的趋势下，我国的证券交易所面临着来自全球的竞争压力，有必要提升国际化水平。上海证券交易所作为国际金融中心建设的重要组成部分，肩负着代表中国资本市场国际化水平的重任。而公司制改革有助于提升证券交易所的国际化水平，如公司制改革将赋予证券交易所更多的经营管理权，减少行政干预，增强证券交易所的内在动力。

三、积极发展直接融资平台以促进金融结构创新

发达的资本市场是推动创新创业的重要因素，企业未上市前的直接融资方式对创新创业影响明显。风险投资 / 股权投资（VC/PE）作为企业创立之初及起步阶段的主要直接融资方式，不仅是上海建设国际金融中心的重要组成部分，也对上海加快建设具有全球影响力的科创中心有重要意义。

（一）VC/PE 为科技产业化提供资金支持

受经济低迷及金融危机的影响，全球实体经济发展动力不足。科技创新作为经济转型发展的动力源之一，尽管得到越来越多的共识，但由于科技创新及产业化过程面临着高风险，企业投入的积极性有限。受市场机制不完善、法律建设滞后等因素影响，我国科技成果产业化率长期较低，阻碍了经济转型发展。在此背景下，以 VC/PE 为代表的风险投资在我国的地位和作用也逐渐被认可，并成为推动创新创业的重要力量之一。

风险投资与传统融资方式有着本质不同，即风险投资不需要抵押，也不需要偿还。对于投资者而言，风险投资具有高风险和高收益的特点。一方面，风险投资的收益主要不是靠企业的利润分配，而是通过股票上市、收购和企业回购等方式出售所投资风险企业的股权而获得高收益；另一方面，风险投资具有"成三败七"的高风险。尽管项目成功的概率很小，但成功企业的巨额收益减去风险损失后的净收益仍然十分可观，即从整体看，风险投资仍能给投资者带来丰厚回报。对于融资者而言，不需要抵押，不需要偿还，意味着即

使失败也不会背上债务，因此，许多创业或创新就成为可能，并推动经济持续发展。

以美国为例，第二次世界大战后美国高度重视科技，不仅重视国防技术开发，而且支持基础科学研究，并认可民用技术在国民经济建设中的重要性，因此，20世纪五六十年代，美国民用航空、先进材料、计算机和通信等技术处于全球领先地位。但科技不能直接推动经济增长，需要将技术创新发明应用到产业领域，促进生产要素与生产条件的重新组合，形成新的生产函数。即技术创新推动了生产能力的发展，生产能力的发展推动经济的可持续发展。也正是在这样的背景下，风险投资始创于美国20世纪50年代。此外，风险投资在推动科技产业化方面的巨大作用，受到以色列、日本、英国等国家的认可。70年代，这些国家也大力推动其发展。

20世纪90年代起，中国逐步提出并走上创新转型发展之路，VC/PE也开始被国人认识、接受。2009年，随着创业板推出，VC/PE在中国有了快速发展；党的十八届三中全会后，市场进一步向好，成为重要的推动科技产业化的资金来源之一。

（二）上海VC/PE发展空间巨大

上海一直是我国风险投资最为集中和活跃的地区之一。但与上海建设国际金融中心和建设具有全球影响力的科创中心要求相比，与北京风险投资市场相比，上海仍需要加快发展VC/PE。资料显示，2013年VC基金在北京投了372个VC项目，但在上海仅投资了189个项目。投资规模上，北京市场高达22亿美元，但上海市场只有7亿多美元。2014年中国创业投资机构20强中，仅有3家机构总部在上海，不仅远远低于北京，也不及深圳（见表2-5）。因此，必须进一步促进上海风险投资，推动直接融资市场发展，加快实现国际金融中心建设更好地服务于实体经济发展的目标。

表2-5 2014年中国创业投资机构20强

排名	机构名称	总部
1	红杉资本中国基金	北京
2	IDG资本	香港、北京、上海、广州、深圳等地有办事处
3	北京君联资本管理有限公司	北京
4	今日资本（中国）有限公司	上海
5	晨兴资本	香港
6	经纬中国	北京
7	毅达资本（江苏高科投核心企业）	南京
8	赛富投资基金之管理公司	香港
9	深圳市创新投资集团有限公司	深圳
10	软银中国创业投资有限公司	上海
11	上海永宣创业投资管理有限公司	上海
12	苏州元禾控股有限公司	苏州
13	深圳市同创伟业创业投资有限公司	深圳
14	联创策源投资咨询（北京）有限公司	北京
15	兰馨亚洲投资集团	上海、广州等地办事处
16	深圳市东方富海投资管理有限公司	深圳

17	DCM 资本	北京
18	凯鹏华盈中国基金	北京
19	达晨创业投资有限公司	广州
20	纪源资本	深圳

资料来源：根据公开资料整理。

与此相对应，上海中小科技企业的融资需求是相当大的。以张江高科技园区为例，目前张江园区注册企业达 1 万余家，已形成以信息技术、生物医药、文化创意、低碳环保等为重点的主导产业。这些企业大部分是自主创新创业，资金需求较大。尽管园区陆续推出孵化器、SEE 贷、互惠贷、科技一卡通等服务，但中小企业融资难问题并未得到根本解决。因此，积极发展风险投资，才能将科技成果有效转化成生产力，促进上海经济转型发展。

（三）促进上海风险投资领域健康发展的政策建议

第一，风险投资领域需要有适当的补偿资金支持。有研究认为，投资者没有足够快速地补充资金是投资者从市场"出局"的主要原因之一。为此，政府对风险投资的资金支持和鼓励是保障上海风险投资健康发展的重要措施之一。从当前实施的相关政策看，上海在这方面还是走在较前面的，如为减少经济下行及金融市场剧烈波动带来的影响，上海市政府出台了《上海市天使投资风险补偿管理暂行办法》，规定从 2016 年 2 月 1 日起，对投资机构投资种子期、初创期科技型企业，最终回收的转让收入与退出前累计投入该企业的投资额之间的差额部分，给予一定比例的财务补偿（最高可达 60%、300 万元）。该政策一出台即引发了"引导市场"还是"滥用财政"之争。从实践来看，更多的业内外人士认为类似政策尽管有一定的操作风险，但勇于探索终要比停滞不前更具意义。对此，笔者建议，政府鼓励和支持风险投资的相关政策需在以下几个方面加以完善：加强事前事中监管，在补偿前公开补贴理由、依据和补贴对象的评估、论证等事项；细化具体操作制度，以增强可操作性并加强相关部门的监督作用；完善补贴体系，给予公众知情权、参与权、监督权，确保政策补贴切实用在"双创"风险企业上；加强税收引导相结合，探索对风险投资实行税收抵扣或税收优惠等策略。

第二，加快完善制度建设。诺思等（1989）认为"有效率的组织需要在制度上作出安排和确立所有权，以便造成一种刺激，将个人努力变成私人收益率接近社会收益率的活动"。上海直接融资市场同样做了许多制度建设的工作，比如建设了上海股权交易托管中心。作为多层次资本市场的一个重要组成部分，上海股权交易托管中心、天津股权交易所、前海股权交易中心等近 30 多家区域性股权市场均快速扩张，规模实现迅猛增长，成为缓解中小企业融资难、规范企业治理、促进企业发展的重要力量。建设上海股权交易托管中心也有利于进一步拓展金融市场功能，为非上市公司的股权有序流转提供重要支持。值得注意的是，市场在迅猛增长的同时，问题也日益突出，如行政化色彩较浓、信息披露制度不完善、区域间流动不顺畅等，不仅造成重复建设和资源浪费，也限制了市场化机制作用的发挥。除了由国家统一加强类似场外市场建设之外，上海也需要率先提高股权托管交易中心体制机制探索，形成与国际金融中心建设相匹配的"四板"市场，比如进一步完善场外市场登记结算体系，在时机成熟时积极争取在上海建设全国场外市场登记结算中心，设定统一的投资者权益保护标准、统一的挂牌企业审核原则和信息披露规则，提高市场自律监管能力和水平等。

四、切实落实科创板以促进金融结构创新

2019年3月2日，中国证监会发布《科创板首次公开发行股票注册管理办法（试行）》和《科创板上市公司持续监督办法（试行）》；上海证券交易所亦正式发布实施设立科创板并试点注册制相关业务规则和配套指引，对科创板股票发行、上市、交易、信息披露、退市和投资者保护等各个环节的主要制度作出明确安排。无疑，设立科创板并试点注册制，是中央释放给上海的又一次极大改革红利，是完善上海国际金融中心建设的重要体制、机制，同时也是中国资本市场改革创新发展的重要载体，是直接融资市场积极发展的重要表现。因此，切实落实好科创板建设，使科创板真正具有投资价值，是推动中国金融结构创新和直接融资市场发展的重要手段。相关观点中，以下两点对推动科创板健康发展尤其重要。

（一）切实深化科创板体制改革

科创板的意义不仅仅是为科技企业拓宽融资渠道，而且是一场市场化的革命。科创板也只有实现真正意义上的市场化，才能为科技企业提供长期有序的资金支持。具体有以下几点建议：首先，科创板在发展过程中，证监会应以法律形式保障交易所依法、独立行使相关权利，充分授权上交所的上市决定权。其次，要打造有投资价值的科创板，切实避免"重融资、轻回报，仅仅作为上市公司融资的渠道，忽略投资者回报"的现象在科创板上出现。沪深两市曾经出现过及现在仍未解决的一些不良资本现象，应在科创板设立之初就扼杀掉，让投资者伴随股市成长、分享股市红利。最后，加强信息披露的及时性、完整性，建设一个健康、有活力的市场。这要求切实满足投资者"及时、有效了解上市公司"的信息要求，严厉打击欺诈、操纵股市的行为，包括对个人董、监、高违法、违规行为的监管。

（二）吸引技术含量高、具有全球视野的企业落户、扎根在科创板

技术含量高、具有全球视野的企业是科创板的灵魂。首先，应加大招商引资的力度。对内，要积极吸引，以研发为驱动、拥有独立知识产权的企业来科创板落户；对外，吸引一批国外高新技术企业落户，只要有核心技术，哪怕是初创阶段，也给予支持。同时，还要积极"走出去"，扩大影响，吸引"一带一路"沿线国家和地区的科创企业来上海落户、

融资、发展。其次，要进一步完善退市机制。如在科创板率先探索保险机制，即在上市时购买退市保险，当股票退市时对中小投资者的利益作一定补偿，从而使退市机制能更加稳定推行，不会造成恐慌，实现稳投资、稳股市、稳金融，也可以让优秀的企业在科创板继续存在。最后，应加大税收调节机制，让真正有技术含量的企业继续加大科研力度，避免金融吞食科技的现象出现。对此，有专家建议根据退出时间孰长的原则，分层次递减设定税率，根据退出股份比例孰少的原则，设定奖励机制。同时，通过制度设计，对疯狂抛售的行为给予一定惩罚。总之，应该建立一个富有弹性、灵活性的自我完善机制，充分释放市场活力，吸引技术含量高、具有全球视野的企业落户并扎根科创板。

第三章 金融组织创新与银行业发展

作为"十四五"规划的开局之年，2021年中国开启了全面建设社会主义现代化国家新征程，向第二个百年奋斗目标进发。"十四五"规划和远景目标纲要提出，要坚持创新在现代化建设全局中的核心地位。要强化企业创新主体地位，促进各类创新要素向企业集聚。可以预见，未来五年创新驱动将是经济发展的主基调和动力源。

以何创新驱动发展？在互联网新技术与各行业快速融合与变革的当下，我们聚焦制造、生命、能源、金融、空间与海洋等深具影响的领域，通过挖掘企业创新的故事，寻找中国经济增长的源动力，馈未来以启示。

第一节 金融组织创新的背景分析

一、金融组织创新的现状与优势所在

金融组织创新中以银行最为典型，银行是依法成立的经营货币信贷业务的金融机构，是商品货币经济发展到一定阶段的产物。实践证明，在资金融通给具有生产性投资机会的借款人的过程中，银行发挥了十分关键的作用，对确保金融体系和经济体稳定、高效运行十分重要。

（一）金融组织创新现状

1.银行业金融机构出现较早

一般认为最早的银行是成立于1408年的意大利威尼斯银行，由货币兑换业发展而来。而世界上最早的证券交易所则出现在1613年的荷兰阿姆斯特丹。作为14—15世纪世界贸易中心，威尼斯当时有不少货币兑换商，他们从为商人兑换货币、保管货币、收付现金、办理结算和汇款，发展到利用手中聚集的货币发放贷款取得利息，于是货币兑换业发展成为银行。但现代银行（1694年成立的英格兰银行），即根据资本主义原则组织起来的最早的股份银行的成立时间，则晚于证券交易所。

2.非银行金融组织发展迅速

近年来，保险公司、养老基金与财务公司等非银行金融中介机构快速发展，金融中介地位得到不断提升。

非银行金融机构是随着金融资产多元化、金融业务专业化而产生的。1681 年，世界上第一家保险公司在英国成立；1818 年，世界上第一家信托投资机构在美国产生；1849 年，世界上第一家农村信用社在德国创办。第二次世界大战后，非银行金融机构逐步形成独立体系。20 世纪 70 年代以来，非银行金融机构有效地推动了金融创新活动。

非银行金融机构与银行的最大区别在于信用业务形式不同。通常，非银行金融机构从最终借款人那里买进初级证券，并为最终贷款人持有资产而发行间接债券，而且主要运用于长期性投资。

非银行金融机构通常经金融监管局批准成立，主要包括公募基金、私募基金、信托、证券、保险、融资租赁等机构以及财务公司等。其中，信托投资机构是专门或主要经营金融信托业务的金融机构。它是一种团体受托的组织形式，主要种类有信托投资公司、信托银行、信托商、银行信托等。次贷危机爆发后，很多投资银行等非银行机构被并进了银行业组织结构之内。

3. 对金融组织的监管日趋严格

银行的盈利模式可概括如下：通过资产转换，即销售具有某组特征的负债（流动性、风险、规模和回报率的特定组合），并利用所得到的资金购买具有不同特征组合的资产，和提供一系列服务（支票清算、记账、信贷分析和其他）的过程，为市场提供所需要的资金和服务的同时，赚取可观的资产收益或遭受损失。基于此，银行经营需要考虑 4 个基本原则：①流动性。即当存款外流时银行有足够现金用于支付储户。②安全性。通过购买低违约率资产和进行资产多样化组合，将风险保持在适当的低水平。③收益性。通过低成本获取资金。④充足性。确保银行应当保有的资本规模，并获取所需要的资本。基于银行业的特殊性，银行业务历来受到严格的监管，这也是银行业务创新和灵活性不足的原因之一。

4. 金融组织创新理念不足

金融组织从业人员对于金融创新没能真正了解，对金融创新的重要性认识不足，以至于传统金融管理模式根深蒂固，难以改变。但在当今发展形势下，传统模式已经跟不上时代发展，银行自身经营受到了阻碍。如现有银行考核机制中，存款和贷款往往作为重点考核目标，而对经营利润方面的考核重视不足，致使银行内部一般将重心放在存款和贷款方面，但这并不等于就能够很好地完成银行的经营目标，这也表明银行金融管理方面缺乏创新理念和意识。

5. 金融组织创新科技发展水平较低

金融组织创新要与时代发展相适应，应当充分利用现代信息技术，不断增强自身创新技术水平。林志民（2020）认为，目前银行金融创新科技发展水平整体还比较低，不具备良好的可持续发展能力。如银行在处理业务数据过程中，因数据量过大而在整理及提取相关数据时质量比较低，进而致使银行内部整体工作效率偏低。

（二）当前金融组织创新的优势

1. 金融组织功能比较齐全

作为经营货币的企业，金融组织的存在方便了社会资金的筹措和融通。一方面，金融组织通过吸收存款等方式，把社会上闲置的货币资金和小额货币节余集中起来，然后以贷款的形式借给需要补充货币的人；另一方面，金融组织在办理货币收付、结算等业务的过程中，充当支付中介的角色。随着信用货币的发展，金融组织创造信用的功能也日益显现。另外，信息收集和处理等功能也日渐强大。

2. 金融组织种类多元化

金融组织可以分为以下几类：①中央银行，如中国人民银行、美联储、英格兰银行。中央银行都是金融市场中最重要的参与者之一，是负责货币政策的政府机构。中央银行的行为会影响利率、信贷规模与货币供给，进而对金融市场，乃至对总产出和通货膨胀产生直接的影响。②监管机构，如中国银行保险监督管理委员会、英国金融服务监管局等。它们依法对金融服务进行监管，旨在保证金融市场的高效、有序、廉洁发展，保护消费者权益等。③自律组织，如中国银行业协会。④银行业金融机构，包括政策性银行、大型商业银行、全国性股份制中小型商业银行、邮政储蓄银行、外资银行、非银行类金融机构（小额贷款公司）等。

3. 国际金融组织借力国际资源整合优势

第二次世界大战以后，由一些国家的政府共同投资组建并共同管理的国际金融组织得到快速发展，且在全球金融业发展中发挥越来越大的作用，并通过制定特定的指标，衡量一国经济和金融实力和地位。因此，除了跨国金融组织进行全球金融业务经营外，国际金融组织的出现，使得跨国（地区）经营成为当今金融市场的一大特点。

目前，典型的国际金融组织包括：国际货币基金组织、世界银行 / 国际复兴开发银行、国际开发协会、国际金融公司、亚洲开发银行、联合国农业发展基金会等。

随着国际金融组织的发展，国际金融组织贷款对世界经济的发展及世界金融的稳定，发挥的作用越来越大。所谓的国际金融组织贷款是指国际金融机构提供的贷款，旨在帮助成员国开发资源、发展经济和平衡国际收支。这类贷款有如下特点：①贷款对象。限于成员国。②贷款领域。用于工程项目且重点是基础设施工程项目，如交通运输（铁道、公路、水运、民航等）和公用事业（电力、通信、供水、排水等）；发展农村和农业建设项目以及教育、卫生事业项目等。只有在特殊情况下，才发放非项目贷款。凡是非项目贷款，借款国只能用于满足进口某项物资设备所需的外汇、支持生产或用于克服自然灾害后维持经济发展计划的资金需求等。③贷款性质。接受国际金融组织监督。④贷款期限和利率。一般为数年，最长可达30年。贷款利率分固定利率、浮动利率和可变利率三种。⑤贷款费用。一般包括：先征费用，贷款生效时支付贷款额的 1%；未支付余额承诺费，经借款人申请与贷款人协商批准后可有部分免除。⑥贷款货币。美元、日元、欧元、英镑、瑞士法郎或国际金融组织可有效出资的货币。

可见，这类贷款期限长、利率低，适用于扩展国内投资期限长、取得经济收益较慢的公共基础设施的建设。其中以国际开发协会的贷款最为优惠，世界银行贷款虽然收利息，期限亦较短，但与一般国际商业信贷条件相比仍属优惠，适合需要长期发展的电力、水利、交通设施等建设项目。对于投资基础建设和其他需要长期发展的建设项目的房地产企业来说，如果能成功申请到国际金融组织的贷款，不但能保证工程的如期进行，还能保证工程的质量和企业的效益。另外，这类贷款还有利于整体计划的拟订、发展与执行。因为国际金融组织对贷款计划的申请视其在借款国发展的优先性而决定核准与否，通常先派遣专家对借款国的经济情况及贷款计划进行调查了解，并先协助进行可行性研究及拟订整体计划，待可行性研究与经济价值评估通过后，方核准贷放。计划制订期间还视情况派员实地考察，考核进度情况，故有助于接受贷款国家整体计划的拟订、发展与执行。房地产企业应该根据本国、本地区整体计划来制订自身的开发计划，这样才能顺利地通过计划评估并获得贷款。在特定条件下，该类贷款还可以提高私人企业在国际商业中的地位，有助于国际私人资金的流入。国际金融公司核贷或投资私人企业的标准颇为严格，故接受贷款企业在国际商业中的地位亦大为提高，且受贷企业投资成功后，国际金融公司转让股权于其他外来投资者，可引导国外私人资金的流入。成功申请国际金融组织的贷款，可以成为国内房地产企业进入国际大舞台的通行证，为将来在国际金融市场融资打下良好的基础。通过该贷款还可采购高品质的器材与设备。

二、金融组织创新面临的主要挑战

从20世纪60年代开始，金融机构所处的经济环境发生了重大改变：通货膨胀率和利率迅速攀升，且越来越难以预测；计算机技术迅速发展改变了供给状况；金融业的规章制度也越来越严格，等等。面对这些变化，金融机构发现，许多传统业务方式已经不再具有盈利性，为了继续生存下去，必须进行创新。

（一）金融业竞争加剧对金融组织创新带来的挑战

日益激烈的金融业竞争是金融组织创新最重要的原因之一。竞争导致传统金融组织的优势下降。

第一，银行获取低成本资金的优势下降。金融创新大规模出现之前，银行要遵守存款利率上限的规定，导致银行资金成本非常之低。但随着脱媒的出现，人们将资金从银行低利率的支票存款和定期存款账户中提取出来，投资于收益率较高的资产，例如货币市场共同基金，从而增加了银行获取资金的成本。

第二，资金使用收入优势下降。信息技术的发展有利于企业直接向公众发行证券，使得许多银行的优质客户不再依赖银行满足短期信贷需求，而是利用商业票据市场寻求成本较低的资金来源。例如，财务公司的市场份额迅速增长，垃圾债券使劣质企业借款人对银行的依赖程度大大降低，资产证券化使部分储蓄和贷款协会等抵押贷款发放机构丧失部分贷款业务。

由此，银行业创新面临如下挑战：

第一，并购和银行破产等方式导致银行机构的数量减少。这种方式主要出现在 20 世纪 80 年代，且是一种相对比较消极的方式。

第二，尝试将贷款业务扩展到新的、风险更高的领域。但这样做的结果不但提高了风险承担水平，还可能造成银行业危机。

第三，开展盈利性更高的表外业务的需要，即银行开展非利息收入的表外业务，如委托贷款社会融资、信托贷款社会融资、未贴现银行承兑汇票社会融资等。实践表明，第三种方式在近期最为普遍。如 2015 年中信银行实现归母净利润 411.58 亿元，同比增长 1.15%。其中，利息收入和非息收入分别同比增长 10.23% 和 35.78%，主要得益于银行卡手续费（+61%）、代理手续费（+107%）及理财服务手续费（+47%）等项目增长较快。

（二）融资需求变化对金融组织创新带来的挑战

20 世纪以来，银行业面临的利率风险日益加剧。

第一，利率波动性日益增强。20 世纪 50 年代，3 个月的国库券利率波动介于 1.0%~3.5% 之间；70 年代，该类型利率波动范围扩大到 4.0%~11.5%；80 年代，这一波动范围进一步扩大到 5%~15%。利率的大幅度波动引起了巨额的资本收益或损失。

第二，出现负利率。进入 21 世纪，人类历史上首次出现负利率，尽管波及面主要在欧洲范围内，但给欧洲银行乃至世界银行业均带来巨大的压力。2009 年 7 月，瑞典央行将商业银行的超额存款准备金利率降到 -0.25%；2014 年 6 月，欧洲央行宣布将商业银行在央行的存款利率下调至一 0.1%，2014 年 9 月，又进一步将利率下调至一 0.2%。有研究显示，截至 2015 年 12 月 14 日，5 年内到期的欧洲政府债券中，超过 50% 利率为负值，世界范围内发达国家中 2 年期国债也有近半收益率为负值。

为了应对上述利率风险挑战，20 世纪末以来，银行业先后推出不同种类的能够降低利率风险的新金融工具。典型案例包括：①可变利率抵押贷款。1975 年加利福尼亚州的储蓄和贷款协会率先发放可变利率抵押贷款，即贷款利率随着某种市场利率（通常是国库券利率）的变动而调整。利率上升时，可变利率抵押贷款使得贷款发放机构能够就现有抵押贷款获取更高的利率，从而保证银行一定的利润预期。此外，由于可变利率抵押贷款的利率通常要低于传统固定利率抵押贷款的利率，因此受到许多家庭的欢迎。如今，可变利率抵押贷款已成为银行主要的贷款方式之一。②金融衍生工具。为了降低利率下降风险，银行与交易所合作推出了各种对冲利率风险的产品，如期货合约，卖方承诺在未来某一时间按照约定价格向买方提供某种标准化的商品，从而避免投资者因利率下降导致的风险。这类创新最早也出现在 1975 年的美国，之后，金融期货也得到全球金融机构和监管者的认可。

（三）科技发展对金融组织创新带来的挑战

计算机和通信技术已被公认为推动金融机构创新的最重要的供给变化原因。一方面，它降低了金融交易的成本，提高了金融机构的利润；另一方面，它也使得投资者更容易获得信息，导致企业更容易从金融市场获得资金。正是在这种信息化过程中，银行时时面临金融组织创新带来的挑战。

第一，银行信用卡和借记卡。尽管早在第二次世界大战以前，信用卡就已经出现，但受计算机技术水平的限制，信用卡的运行成本很高，持卡客户仅仅针对有能力进行高档消费的个人和企业。20 世纪 60 年代末期开始，计算机技术的发展降低了提供信用卡服务的交易成本，为银行信用卡项目的盈利提供了更大可能。随着 Visa 卡和 MasterCharge 卡项目的成功推出，持卡人更容易获取贷款，最终使信用卡成为银行比支票更为广泛使用的金融工具。随着信用卡的成功推出，银行又推出借记卡业务创新。借记卡在外表上通常与信用卡十分相似，可以以同样的方式进行消费，只是金额会立即从持卡人提供的银行账户中扣除。因交易成本较低，借记卡也得到广泛使用。

第二，电子银行业务。现代计算机技术的发展使得客户可以通过电子银行设施（而非人工服务）完成银行业务。一个重要形式是自动提款机。提款机的出现，不仅减少了银行加班工资的支出，而且因其 24 小时处于工作状态而极大便利了客户。目前，仅美国的ATM 已经超过了 25 万台。

第三，家庭银行业务。利用电子银行设施，客户只需要电话机或个人电脑，就可以与银行的计算机相连，完成交易。家庭银行业务不仅给客户带来便利，也再次降低了银行成本。

第四，虚拟银行。随着个人电脑的普及，在家庭银行业务领域的基础上又出现了一种新的银行机构——虚拟银行。这种银行没有实际的营业场所，只存在于网络空间中，它利用互联网为客户提供一系列的银行服务，如吸收支票和储蓄存款、销售定期存单、发行银行卡、提供账单支付便利等。网络银行首创于 1995 年，隶属于加拿大皇家银行的美国亚特兰大分行，目前美国银行已成为美国最大的网络银行。

（四）金融监管趋严对金融组织创新带来的挑战

银行业历来是受到严格监管的行业。20 世纪 60—80 年代，通货膨胀率和利率上升进一步加剧了政府部门对银行业的监管，例如法定准备金制度的严格执行。严格监管在一定程度上推动了银行创新。最为显著的例证就是货币市场共同基金和流动账户。

对于货币市场共同基金，如用 5000 元购买了 5000 份额的货币市场共同基金，则货币市场共同基金会将其投资于短期货币市场证券，并向购买者支付利息，而购买者可以就货币市场共同基金的份额签发最高金额为 5000 元的支票。因货币市场共同基金在法律上不是存款，因此不必缴纳法定准备金，也不受利息支付的限制，从而受到消费者和银行的青睐。对于流动账户，这类创新主要针对企业。每个工作日结束时，企业支票账户余额中一定金额以上的部分都会被"清除"出该账户，并投资于隔夜证券，从而获得利息，而银行则因"清除出去"的资金不再属于支票存款，而无须缴纳法定准备金。需要指出的是，这类金融创新也是由于金融监管趋严倒逼而产生的。

第二节　国有金融机构创新的实现途径

目前，银行仍是我国金融业的主要组织部分。其中，银行资源又高度集中在国有银行。为了提高金融业服务实体经济的能力和水平，进一步优化我国国有金融机构的体制机制，国有金融机构改革和创新成为我国金融组织创新的重要组成部分。

一、当前国有金融机构的特点

银行业金融资源高度集中是我国金融机构结构的最大特点，也是我国国有金融机构创新和改革的重要内容。

（一）银行业是国有金融机构的绝对主体

从金融资产来看，银行业目前仍然是我国金融机构的绝对主体。如表 7-1 所示，截至 2018 年 12 月，我国国内金融资产结构分布中，银行业、股票、债券余额、保险业和流通中货币的占比分别是 63.36%、10.27%、20.31%、4.33% 和 1.60%。可见，我国银行业金融资产仍然是绝对主体，与 10 年前相比，仅减少几个百分点。

表 3-1　截至 2018 年 12 月我国金融资产分布情况

市场类型	金融资产（万亿元）	占比（%）
银行业	268.24	63.36
股票	43.5	10.27
债券余额	85.98	20.31
保险业	18.33	4.33
流通中货币	7.32	1.60
合计	423.37	100

资料来源：银行业和保险业金融资产数据来自中国银保监会网站，http：//www.cbrc. gov.cn/chinese/home/docView/C990691733D644B39582DEFA3EF1EF69.html 和 http：//bxjg. circ.gov.cn/web/site0/tab5179/info4132154.htm。股票、债券余额和流通中货币数据分别来自

中国人民银行网站 http://www.pbc.gov.cn，《全国股票交易统计表》《国内各类债券统计表》《金融机构人民币信贷收支表（按部门分类）》。

从机构数量来看，银行业金融机构法人单位数量和网点分布也占比较多。如表 3-2 所示，截至 2018 年底，银行业法人单位数量为 4602 家，证券类、基金类和保险类法人机构数量分别仅为 131 家、120 家及 194 家。

表 3-2 全国各类金融机构数量情况

年份	全国银行业法人单位数（家）	银行业网点数量（百个）	证券公司（家）	证券营业部（个）	基金管理公司（家）	期货公司（家）	期货营业部（个）	保险业法人机构数量（家）
2008	5634		107	3170	60	171		130
2009	3857		106	3956	60	167		139
2010	3769		106	4644	63	163		144
2011	3800		109	5008	69	163	1186	152
2012	3747		114	5261	77	161	1330	164
2013	3949	2103	115	5821	89	156	1469	174
2014	4090	2171	121	6969	95	152	1547	180
2015	4261	2240	125	7705	101	150	1618	194
2016	4398	2280	129	9061	109	149	1603	
2017	4534	4534	2287	131	113	149	1673	
2018	4602		131		120			

资料来源：中国金融年鉴、银保监会、证券业协会、期货业协会。

（二）银行业的金融资源高度集中

银行业金融机构的资源分布同样不均衡。如表 3-3 所示，截至 2019 年 3 月，商业银行在银行业金融机构中的资产占比高达 82.09%。其中，工商银行、建设银行、中国银行、农业银行、交通银行和邮政储蓄银行在内的 6 个大型商业银行的资产占比为 39.61%；中信银行、中国光大银行、华夏银行、广发银行、平安银行、招商银行、上海浦东发展银行等 12 家全国性股份制商业银行的资产占比为 17.6%。可见，我国银行业金融资源仍高度集中，且主要集中在大型商业银行。

表 3-3 截至 2019 年 3 月我国银行业金融机构资产情况

机构类型	绝对值（亿元）	占比（%）
银行业金融机构	2687586	100
商业银行	2206124	82.09
大型商业银行	1064584	39.61
股份制商业银行	472635	17.6

注：大型商业银行包括中国工商银行、中国农业银行、中国银行、中国建设银行、交通银行（国有控股大型商业银行监管部监管对象）及邮政储蓄银行；股份制商业银行指中信银行、中国光大银行、华夏银行、广发银行、平安银行、招商银行、上海浦东发展银行等 12 家全国性股份制商业银行（股份制银行部监管对象）。

资料来源：中国银保监会网站，《银行业监管统计指标季度情况表》（2018 年）。

（三）中外银行机构向上海集聚

随着中国金融体制改革和上海国际金融中心建设的推进，中外银行业金融机构逐步向上海集聚。上海银行类金融机构具有以下两个特点：

1. 外资银行类金融机构集中

1991 年，美国花旗银行、英国渣打银行、汇丰银行、香港东亚银行等 8 家外资银行获准在上海设立分行。从此，上海再次开启了外资金融类机构集聚的态势。截至 2017 年底，共有来自 29 个国家和地区的银行在沪设立了机构，全球六大洲均有银行在上海设立营业性机构。包括世界著名的花旗银行、东亚银行、渣打银行等在内的 20 家境外银行在上海注册成立法人机构，上海外资银行法人机构在全国的占比超过一半，外资银行营业网点数量在全国的占比高达 20% 左右。上海辖区内外资法人银行资产、贷款和存款规模分别占在华外资法人银行总量的 82.84%、83.84% 和 84.24%，占在华外资银行总量的 68.79%、72.00% 和 77.95% ①。上海成为中国名副其实的外资金融机构集聚中心。

2. 上海银行业金融组织也存在资源高度集中的现象

首先，大型商业银行机构集聚上海。1987 年，交通银行作为首家股份制商业银行在上海开业，弥补了上海没有大型商业银行总部的空白。中国人民银行上海分行网站数据显示，2017 年底，工商银行、建设银行、中国银行、农业银行、交通银行五大行在沪营业网点数量占上海银行类机构营业网点数量的 41.23%，资产总额占上海银行业资产总额的 34.24%。其次，国际金融机构集聚上海。2015 年 7 月，金砖国家新开发银行落户上海，同年 10 月，人民币跨境支付系统（CIPS）的运营机构——跨境银行间支付清算公司正式在上海运营，2017 年 1 月，全球中央对手方协会（CCP12）在上海开业，等等。

中外金融机构的集聚，显著活跃了上海的金融交易氛围，为上海建设国际金融中心创造了条件。但上海金融组织的结构特征显示，中国金融组织改革创新的重任，同样在上海存在；同时，上海金融组织改革创新是中国金融业改革的重要组成部分，因此，尽管金融市场建设是上海重要的特色和亮点，但在建设国际金融中心的过程中，金融组织建设仍可发挥桥头堡、试验田的作用。

二、国有金融机构创新的目标

对照金融服务实体经济的需求及国有金融机构的结构现状，金融组织结构创新和改革需实现以下目标。

（一）提高金融资源配置效率

金融资源过度集中在国有商业银行，并且被主要配置给国有企业和其他大中型企业，已造成金融资源配置低效的不利后果。因此，国有金融机构改革创新的一个重要目标是提高金融资源配置效率。

一方面，这种资源配置方式使国有企业和其他大中型企业较容易获取足够资金，从而抑制它们对创新、人力资本等其他要素的投入，不仅造成资本的过度使用，而且也不利于企业提高效率，最终导致资本回报的低水平。另一方面，基于实体经济较低利润水平的现实，部分金融资源再次回流到虚拟经济，导致资源在金融市场"空转"，不能真正发挥金融资源配置作用。例如，有资料显示，4万亿元投资计划开始实施后的2009年上半年，有20%左右的信贷资金流入股市，30%左右的资金流入票据市场①。事实上，金融资源的低效配置，不仅浪费了资源，而且由于市场价格扭曲阻碍了实体经济的发展。据中国人民银行系统2014年监测数据，鄂尔多斯民间借贷利率一般为月息3%，最高可达4%~5%；温州民间借贷综合年化利率为24.4%。这种资源价格无疑成为实体经济发展的一大障碍。

（二）提升金融机构服务水平

国有商业银行在资产总额和营业收入等指标上的绝对份额表明，国有控股金融机构事实上拥有金融市场的垄断地位。凭借垄断地位和较大的利差空间，国有控股金融机构能轻易获得巨额利润，如较大利息差。有资料显示，利率市场化背景下，假定净息差收窄50个基点，则商业银行资产减值损失占贷款比提高到1%。2014年，商业银行平均资本回报率从17.6%下降到11.2%，减少约1/3。

高额利润阻碍了银行业去开拓风险较大、成本较高的中小企业业务，更不会积极主动提升金融服务水平。多项研究显示，我国银行业竞争力欠佳。中国加入WTO后，银行业在战略管理、技术创新、市场营销、风险控制等方面的核心竞争力并没有得到相应提高。

（三）改善国有金融业国际竞争力

随着金融业开放和全球城市的发展，金融在当前国际竞争中充当着越来越重要的角色。

1. 国际竞争力影响下国有金融的新变化

目前，中国经济已全面融入世界，成为世界经济中密不可分的带动因素。反映在金融领域，出现了三个前所未有的新变化。

（1）金融领域的开放持续扩大。中国的金融市场成为国际金融市场的重要组成部分，相应地，中国金融业在本土的竞争也是国际竞争。客观形势要求我们顺应国际金融业发展趋势，以综合经营应对国际金融机构的挑战。

（2）间接金融向直接金融的转变持续发展。长期以来，中国的金融结构是以商业银行业务为主体的间接金融。但是，随着市场经济的发展，随着居民收入的提高，情况正在发生着快速变化。金融业是服务业，内地资本市场的快速发展，要求我们转变观念，从综合经营的角度出发，加快产品创新，以满足经济和社会日益发展变化着的需要。

（3）中国经济"走出去"的步伐持续加快。随着中国经济融入世界，中国与世界的经济联系日益密切，中国企业开始走向世界。面对风云变幻的世界经济，中国企业迫切需要全面的、跨境的、全球性的金融服务。从国际视野出发，从综合经营入手，全面改善金融服务来满足它们的需要，既是中资金融机构的责任，也是我们走向世界的发展机会。

2. 提升国有金融国际竞争

审时度势，以前瞻性的角度做好综合经营的准备并积极过渡已成为中国金融业不可回避的任务。鉴于此，笔者认为，有几个问题需要关注，同时在此提出几点建议，以供参考。

一是关于建立统一固定收益市场、实现货币市场与资本市场联通问题随着包括国有企业在内的企业公司制改造和资本市场的日趋完善，企业的长期股权资本的获得条件已大为改观，但其长期债务资本获得条件却凸现为瓶颈。目前，企业的债务资本获得主要依赖于商业银行的贷款，而我国商业银行的业务性质决定，只能提供短期的流动性贷款，这使得企业的资产负债结构很不合理，创造条件满足企业建立长期稳定的资产负债结构已实属必要。

基于中国企业这一发展的需要，今年初，中央金融工作会议明确地提出"大力发展债券市场"的方针。但是，到目前为止，中国债券市场的发展仍不尽如人意，尚未形成统一的固定收益市场。其中一个重要原因就是，商业银行尚不能全面介入到固定收益市场的建设中。在发行市场上，除短期融资券外，商业银行尚不能承销债券；在经纪市场上，交易所市场与银行间市场尚不能打通；在衍生品市场上，包括资产证券化在内的银行贷款转让市场尚未形成。

货币市场与资本市场的这种割裂状况，从宏观上看，使内地资本市场成为"一股独大"的股票市场，股票腿长而债券腿短，而因固定收益市场的不完善，尚不能形成以债务资本的长期收益率曲线为基础的长期利率，从而使货币政策中利率这一宏观调控杠杆具有短期化倾向，影响了货币政策的有效性。从微观上看，这种情况使金融机构，尤其使商业银行难以进行有效的资产风险配置，其结果使商业银行的存贷比持续下降，不但造成银行经营上的难度，更为重要的，也成为目前流动性过剩的重要原因。

在此建议，有关方面应进一步关注中国固定收益市场的发展问题，从细节入手，协调政策，为商业银行加入到包括债券在内的固定收益市场的建设中创造宽松环境。

二是关于建立适应于现阶段经济发展需要的金融企业组织形式问题随着中国金融体制改革的深化和金融市场的发展，产业资本投资金融业，并逐渐形成各自旗下的金融控股公司，例如海尔集团、华能集团、国家开发投资公司等。这种金融控股公司的架构是符合经济发展规律的，也是国际上通行的。它既满足现阶段中国金融分业监管的要求，同时也具备向实质性混业的发展条件，是一种较好的过渡性的金融企业组织模式，应给予充分的重视。

　　然而，现在的问题是对金融企业的公司组织形式和监管政策调整的滞后，形成了某种程度的歧视性对待。那些随着市场经济的发展，自然而然进入金融领域的非金融机构，发展形成了旗下的金融控股架构，而专业从事金融业务的金融机构却不允许相互之间的持股，即使历史已形成的金融控股架构也有种种限制，使其难以实现有效的组织和管理。当然，笔者充分理解现行分业体制产生的背景，也认为这一体制尚不需要做根本性的改变。但是，笔者希望政策能统一并具有建设性。

　　在此建议，有关方面能针对金融业的实际情况，尽快制定出诸如金融控股公司等在内的相关配套法规条例。

　　相应的，在监管层面也需要加强现有各监管机构相互之间的协调，形成稳定的协调机制，促使监管标准统一并简化监管程序，以适应金融企业发展的需要。

　　三是关于统筹安排中资金融机构跨境服务能力和渠道建设问题随着中国经济融入世界和中国企业走出去的需要，跨境的全球的金融服务已实为必要。在人民币资本项下开放的战略安排步骤中，应重视实施这些安排下的机构能力和渠道建设，特别是发挥中资金融机构的作用。

　　但目前这方面的统筹考虑似显不足，比如香港和内地资本市场的协调发展问题。香港是祖国的重要组成部分，为支持香港经济的繁荣和发展，前几年人民币业务已正式开通。由于人民币可在香港用于支付，内地企业和居民投资香港资本市场已无太大障碍，并逐渐成为香港资本市场的重要投资者，迫切需要跨境的金融机构为其服务。而囿于现行政策，现有中资跨境机构的境内外业务是被割断的，也就谈不上在内地从业的中资金融机构的海外服务。不适时建立公开合法的机构和渠道，不仅不能改变内地企业和居民投资香港资本市场的现状，而且也极易形成非法金融活动，不利于内地投资者的保护和中资背景金融机构的能力建设。

　　在此建议，有关方面从人民币国际化的视野出发，加强调研，从机构和渠道建设入手，统筹协调国内外，尤其是内地与香港两地监管当局，尽快形成可操作性的政策措施，以适应中资背景的金融机构为满足中国企业和居民跨境金融服务的需要。

　　中国金融业的开放，特别是上海浦东开放开发和上海自贸试验区建设，一方面直接提升了上海国际金融中心的国际化和市场化水平，如外资金融机构在上海进一步集聚，自由贸易账户基础上的金融市场、金融机构和金融服务领域的改革创新；另一方面也给中资国有银行机构带来了较强的经营危机感，"鲶鱼效应"明显，有利于提升中资银行机构的经营管理水平以及在全球范围内的金融资源配置能力和服务中国乃至世界的能力，有利于加快培育中国金融业的国际竞争力。作为金融资源占绝对优势的银行业，尤其是国有中资银行金融机构更是责无旁贷、任重道远。因此，中国金融业创新改革的目标之一必然是提升中国金融业的国际竞争力。

三、国有金融机构创新的实施途径

（一）通过科技赋能完善国有金融机构体系建设

改革开放 40 多年，我国银行业组织创新改革经历了三次重要转折，第一次是 20 世纪 80 年代的中央银行体制改革；第二次是 90 年代的政策性金融业务与商业性金融业务分离改革；第三次是 21 世纪初开始的国有独资商业银行股份制改革。银行业第三次组织创新改革，尽管到 2009 年以农业银行成功改制告一段落，但国有银行业的经营管理水平仍有较大的发展空间。近年来，伴随第四次科技革命的浪潮，国有银行通过设立金融科技公司等举措积极加快国有金融机构体系创新。

"金融＋科技"成为国有银行业战略发展重点之一。伴随第四次科技革命的发展，科技对金融的影响越来越大，表现之一是金融科技公司从组织架构、运营机制和人才战略等方面改变了传统国有商业银行的组织体系。2018 年 4 月，中国建设银行旗下从事金融科技行业的全资子公司——建信金融科技有限责任公司在上海开业。资料显示，建信金融科技定位是赋能传统金融的实践者、整合集团资源的链接者以及引领银行转型的推动者。该公司由建行体系内直属的 7 家开发中心和 1 家研发中心整体转制而来。作为首家国有大型商业银行成立的金融科技公司，建信金融科技有限责任公司是国内商业银行内部科研力量整体市场化运作的第一家公司，注册资本金为 16 亿元人民币，初期规模达 3000 人。之前，中国工商银行、中国银行分别在北京、深圳成立科技有限公司（见表 3-4）。可见，这类企业的成立，不仅是金融科技力量的一次市场整合，还意味着传统金融商业模式乃至发展方式的变革，国有商业银行的组织架构、运营机制及人才战略将发生极大变化，一方面为实体经济提供更高效、高质的金融服务，另一方面也为银行的发展构筑新的动能。

表 3-4　我国大型金融科技公司现状

全资控股公司名称	公司名	注册地
中国建设银行	建信金融科技有限责任公司	上海
中国银行	中国工商银行工银科技有限公司	北京
	中国工商银行软件开发中心	珠海
	中国工商银行远程银行	石家庄、合肥、成都、广州
中国银行	中国银行科技有限公司	深圳

资料来源：根据公开资料整理。

（二）通过整顿影子银行完善商业银行资产结构

2011 年，金融稳定理事会（Financial Stability Board，FSB）的一份研究报告把"影子银行"定义为，银行监管体系之外，可能引发系统性风险和监管套利等问题的信用中介体系①。中国人民银行调查统计司对中国影子银行体系的定义为，包括商业银行表外理财、证券公司集合理财、基金公司专户理财、证券投资基金、产业投资基金、创业投资基金、私募股权基金、小额贷款公司、票据公司、具有储值和预付机制的第三方支付公司、有组织的民间借贷等融资性机构②。可见，影子银行游离于传统的银行监管体系之外。中国影子银行最主要的由来是商业银行的表外理财。2012年起，我国商业银行表外业务野蛮生长。2010—2016年，复合年增长率达40%~50%。2019年2月末，银行表外业务余额约为40万亿元，占社会融资规模存量的比例约为20%（中国人民银行网站数据估计）。这其中，大型商业银行的业务规模占有相当大的比重。针对此状况，金融监管部门运用金融科技对影子银行加大监管力度，使影子银行的规模尽管仍然很大，但其野蛮增长势头已被遏制。2019年1—2月，三项表外融资合计减少217亿元，与2018年第4季度月均减少2092亿元相比，表外融资情况明显好转。其中委托贷款仅减少1208亿元，与2018年第4季度月均减少1490亿元相比，降幅明显收窄；信托贷款、未贴现银行承兑汇票均由减转增，前两个月分别增加308亿元、683亿元。银行金融机构已按资管新规重新调整组织体系和业务方向。为此，国有金融机构体系也相应地进行调整和创新。

（三）通过设立股权管理机构强化国有重点金融企业的治理

面对银行业金融资源高度集中的现状，我国金融组织创新的一个重要表现，同时也体现中国特色的组织创新是设立国有重点金融企业股权管理机构——中央汇金投资有限责任公司（简称中央汇金公司）和中国投资有限责任公司（简称中投公司）。

2003年12月，中央汇金公司在北京成立。按照公司章程，中央汇金公司根据国务院授权，对国有重点金融企业进行股权投资，以出资额为限代表国家依法行使出资人权利和履行出资人义务，实现国有金融资产保值增值。公司不开展其他任何商业性经营活动，不干预其控股的国有重点金融企业的日常经营活动。2007年9月，中投公司在北京成立，旨在实现国家外汇资金多元化投资，在可接受的风险范围内实现股东权益最大化。财政部发行特别国债，从中国人民银行购买中央汇金公司的全部股权，中央汇金公司成为中投公司一部分。目前，中投公司下设3个子公司：中投国际有限责任公司、中投海外直接投资有限责任公司和中央汇金投资有限责任公司。中投国际和中投海外开展的境外业务与中央汇金开展的境内业务实行严格的"防火墙"措施。

中央汇金公司董事会、监事会成员由国务院任命，对国务院负责。截至2015年6月30日，中央汇金公司控股参股机构包括国家开发银行股份有限公司、中国工商银行股份有限公司、中国农业银行股份有限公司等多家国有重点金融企业，参股比例为14.54%~100%不等，具体如表3-5所示。

表 3-5　中央汇金公司持股情况

机构名称	主营业务	股本 / 注册资本（亿股）	中央汇金公司持股情况	
			持股数 / 出资额（亿股）	持股 / 出资比例（%）
国家开发银行股份有限公司	银行业务	3067.11	1460.92	
中国工商银行股份有限公司	银行业务	3564.06	1237.18	34.71
中国农业银行股份有限公司	银行业务	3247.94	1300.05	40.03
中国银行股份有限公司	银行业务	2941.88	1884.62	64.02
中国建设银行股份有限公司	银行业务	2500.11	1427.86	57.11
中国光大集团股份公司	银行业务	600.00	334.03	55.67
中国光大银行股份有限公司	银行业务	466.79	102.51	21.96
中国出口信用保险公司	保险业务	271.61 亿元	200 亿元	73.63
中国再保险（集团）股份有限公司	保险业务	364.08	309.33	84.91
新华人寿保险股份有限公司	保险业务	31.2	9.78	31.34
中国建银投资有限责任公司	投资业务	206.92 亿元	206.92 亿元	100

资料来源：中央汇金有限责任公司网站。

（四）通过调整激励机制深化政策性金融机构改革

第二次世界大战以后，在加速本国经济发展的计划中，政策性金融机构、开发性金融机构受到重视，并呈现蓬勃发展的趋势。1997 年亚洲金融危机以后，开发性金融机构的作用在世界范围内再度显现。如 1998 年日本开发银行用于恢复经济的贷款占其当年贷款额的 42%；1999 年俄罗斯开始组建开发性金融机构；马来西亚发展银行重点加大对基础设施的投入，等等。中国近年来也高度重视政策性金融机构对经济转型发展的作用，突出的表现是国家开发银行进一步定位为开发性金融机构。

1994 年，国家开发银行在北京成立，定位为政策性金融机构。2015 年 4 月，为了适应市场化、国际化新形势，国务院将国家开发银行进一步定位为开发性金融机构。国务院明确要求国家开发银行通过深化改革，合理界定业务范围，不断完善组织架构和治理结构，将国家开发银行建设成为资本充足、治理规范、内控严密、运营安全、服务优质、资产优良的开发性金融机构；充分利用服务国家战略、依托信用支持、市场运作、保本微利的优势，进一步完善开发性金融运作模式，积极发挥在稳增长、调结构等方面重要作用，加大对重点领域和薄弱环节的支持力度。

国家开发银行从政策性金融机构进一步定位为开发性金融机构，意味着国家开发银行完全可以市场化运作支持国家战略，可以介入周期更长、风险更高的开发性项目，这不仅是我国"一带一路"倡议的需要，也缘于国开行近年来在这方面积累的丰富经验。国开行金融资产和贷款余额目前仅次于中国农业银行，分别占比 7.26% 和 11.51%，均位列全国第 5 位。基于开发性银行的明确定位，在未来的运作模式中，国开行可以更好地发挥市场和政府"两只手"的作用，提高金融资源配置效率和金融服务业水平。

我国政策性金融机构体系是在计划经济体制时期的特殊背景下成立的，目的是作为专业银行的一种补充，当时的政策性金融机构没有自己的管理和运行体制，其相关的体制大多数是直接搬套中国传统银行的管理和运行体制，因此在管理方面非常落后。而且，我国政策性金融机构设立初期的定位并不准确，对于它在财政和金融中应该发挥的作用也没有相关说明。因此，其在资金补充渠道方面有着很大的限制，并不具有政策性银行资本金，这就直接导致了政策性金融机构的资金比较匮乏。加之其在运营过程中没有专门的管理机构，也没有相关的评价机制，这就导致了政策性金融机构在运营过程中出现了"设租寻租"的现象，而且这种现象发生的概率非常大。

对于政策性金融机构的改革也势在必行。应进一步完善和优化政策性金融机构的组织框架，对其运行管理机制进行改革。对于信贷类的政策性资金，要加强对贷款对象的审核力度，对于项目的发展前景要进行有效的分析与审核，对于贷款的风险进行良好并且合理的评估，然后进行贷款的发放。政策性金融机构在运营中要提高企业的风险意识，构建合理的风险控制体系，保证政策性金融机构在运行中的风险最小。但这些措施的有效实行必须配合有效的激励机制，通过调整激励机制深化政策性金融机构改革，落实政策性金融机构从业人员的责任心，加强专业化人才的培养，建立完善的考核体系，使政策性金融机构内部处于一种良好的竞争状态，提高政策性金融机构的工作效率，才能真正有效发挥政策性金融机构对中国经济发展的引导作用。

第三节　我国中小金融机构的创新之路

伴随中国经济转型发展和改革的深入，中小金融机构也逐步发展起来，并成为金融组织创新不可缺少的一部分。

一、我国中小金融机构的发展历程与所处地位

（一）中小金融机构的历史沿革

目前，中小金融机构的内涵并没有统一的界定。最常见的观点有两种：第一种，服务对象是中小企业的金融机构，如中小企业银行；第二种，本身规模相对较小的金融机构。在我国，中小金融机构也没有正式界定。通常是指局限于某一特定地区的城乡中小金融机构，主要包括股份制银行、城市商业银行、农村商业银行和农村合作银行等银行类金融机

构和财务公司、信托投资公司、金融租赁公司、消费金融公司、典当行等非银行类金融机构，其中，银行类金融机构是主体。

中国中小金融机构是随着市场经济发展而发展起来的，最早出现是在 20 世纪 80 年代中期到 1993 年之间。1998 年，中国人民银行发出加强中小企业信贷服务的通知，2005 年国务院出台《国务院关于鼓励支持和引导个体私营等非公有制经济发展的若干意见》（简称《意见》），中小金融机构初步快速发展。《意见》明确，"允许非公有资本进入金融服务业。允许非公有资本进入区域性股份制银行和合作性金融机构。符合条件的非公有制企业可以发起设立金融中介服务机构。允许符合条件的非公有制企业参与银行、证券、保险等金融机构的改组改制"。2010 年以来，我国连续多年出台支持和鼓励民营银行发展的政策（见表 3-6）。尤其是 2013 年，国务院、中共中央相关文件均明确要鼓励实施民营银行试点。如 2013 年《中共中央关于全面深化改革若干重大问题的决定》明确：扩大金融业对内对外开放，在加强监管前提下，允许具备条件的民间资本依法发起设立中小型银行等金融机构。从此，中小金融机构在中国实现快速发展，人民银行、银监会等相关部门也于 2014 年初启动民营银行试点。2015 年 5 月，前海微众银行等第一批 5 家试点民营银行全部按时营业。2016 年，重庆富民银行、四川新网银行等 12 家民营银行获批筹建。

表 3-6 近年来出台的支持民营金融机构发展的相关政策

时间	发布机构	文件名称	重要内容
2010年5月	国务院	《国务院关于鼓励和引导民间投资健康发展的若干意见》	鼓励民间资本进入基础产业和基础设施、市政公用事业和政策性住房建设、社会事业、金融服务、商贸流通、国防科技工业六大领域
2012年5月	银监会	《中国银监会关于鼓励和引导民间资本进入银行业的实施意见》	明确民营企业可通过发起设立、认购新股、受让股权、并购重组等方式投资银行业金融机构
2013年7月	国务院	《国务院办公厅关于金融支持经济结构调整和转型升级的指导意见》	提出要"尝试由民间资本发起设立自担风险的民营银行"
2013年11月	中共中央	《中共中央关于全面深化改革若干重大问题的决定》	扩大金融业对内对外开放，在加强监管前提下，允许具备条件的民间资本依法发起设立中小型银行等金融机构
2014年3月	银监会	自担风险民营银行首批试点名单	共设立 5 家民营银行，由参与设计试点方案的阿里巴巴、万向、腾讯等民营资本参与试点工作。试点遵循共同发起人原则，每家试点银行不少于 2 个发起人
2015年6月	银监会	《关于促进民营银行发展的指导意见》	指出民营银行发展要"由民间资本自愿申请，监管部门依法审核，民营银行合规经营，经营失败平稳退出"，明确民营银行由试点经营转为常态化设立。细化民营银行准入条件、筹建和开业程序
2016年12月	银监会	《关于民营银行监管的指导意见》	明确服务实体经济，有别于传统银行差异化发展、特色经营的发展定位；明确属地监管责任，加强监管联动，对关联交易管理、股权管理、股东监管等重点领域提出监管要求

资料来源：根据公开资料整理。

（二）中小金融机构在我国金融体系中的地位

中小金融机构作为金融系统的一个重要组成部分，以地区性中小银行为主。中小金融机构的特点有：经营机制较为灵活，服务对象通常为中小企业，资产规模相对较小，形式多样，等等。

作为服务和促进中小企业发展的重要举措，我国中小金融机构在 2005 年、2010 年得到快速发展，成为我国经济发展、银行业改革发展的一个重要载体。如表 3-7 所示，截至 2019 年 3 月，城市商业银行和农村金融机构的资产占比分别达 13.1% 和 13.4%。

表 3-7　中小金融机构资产占比现状（截至 2019 年 3 月）

类别	总资产（亿元）	在全国金融机构总资产中的占比（％）
城市商业银行	352269	13.1
农村金融机构	361137	13.4

资料来源：中国银保监会网站，《银行业监管统计指标月底情况表（2019 年）》。

与大银行相比，中小金融机构受资本金、地域、服务群体和分支网点等因素的限制，规模相对较小，但它对我国经济转型发展有着重要的作用。

（1）缓解中小企业融资难、融资贵。中小企业是一国经济发展和社会发展的重要力量，更为重要的是，创造了大量的就业机会，是保持一国经济平稳较快发展的重要基础，是关系民生和社会稳定的重大战略任务。但纵观古今中外，中小企业均无法依靠市场力量通过大型金融机构满足完全的融资需求。融资难、融资贵也一直困扰我国中小企业的发展。为此，国务院先后在 2005 年和 2009 年出台"非公经济 36 条"和"国 29 条"，多方面促进中小企业发展，其中发展中小金融机构成为重要举措。

（2）一定程度上满足地方政府和农户的资金需求。受中国经济社会发展水平限制，地方市政建设、基础设施建设通常需要地方政府投入大量的资金，最为典型的融资途径即是地方融资平台。由于中小金融机构和地方融资平台都与当地政府密切相关，因此，中小金融机构成为地方融资平台的重要资金来源，为地方市政和基础设施建设发挥了较大作用。另外，由于农村金融一直是我国金融体系的短板，中小金融机构在发展过程中，也以服务农民、农业、农村为己任，并充当了重要的资金提供者。如 2014 年，中国银监会会同多个总部出台并印发《农村中小金融机构行政许可事项实施办法》《关于鼓励和引导民间资本参与农村信用社产权改革工作的通知》等规范性文件，积极鼓励、支持民间资本参与、组建农村中小金融机构，服务"三农"。截至 2014 年底，民间资本在农村中小金融机构股权中占 88%。

（3）促进金融生态重构与发展。国有控股商业银行的垄断在一定程度上抑制了中小金融机构的发展，反过来，中小金融机构的发展也成为打破国有控股商业银行的重要力量。长期以来，在银行业存在利率管制和 2 个百分点利差补贴的背景下，国有商业银行因集中大量金融资源，可以获得与信贷规模成正比的利差补贴，而且其垄断地位使其更容易参与低风险（而不是高收益）客户竞争，促使银行信贷持续向国有大企业和地方政府背景项目倾斜。中小金融机构的发展可以倒逼、推动国有控股商业银行实现改革。最为典型的例子是互联网金融的发展，不仅促进了国有控股银行提高存款竞争力，而且也推动了国有控股银行开展网上金融业务、提供网上金融服务。因此，中小金融机构发展有利于金融生态体系的重构与完善。

二、我国中小金融机构的发展特点

（一）民营银行步入常态化发展阶段

2014 年 3 月，中国银监会正式启动民营银行试点工作。截至 2015 年 5 月，第一批试点的 5 家民营银行——深圳前海微众银行、上海华瑞银行、温州民商银行、天津金城银行、浙江网商银行全部获批开业。2015 年底，5 家民营银行的总资产突破 500 亿元。对于银行业来说，民营银行的加入，不仅加剧了中国银行业的竞争，而且提升了整个行业的活力和创新力。2015 年 6 月，国务院转发银监会《关于促进民营银行发展的指导意见》，标志着中国民营银行已步入常态化发展阶段。根据指导意见，即日起，设立民营银行筹建申请的受理权和民营银行开业审批权下放到各省市自治区银监局，批筹时限由原来的 6 个月缩至 4 个月。这意味着民营银行受理全面"开闸"，为更多民间资本进入银行业提供了常态化的制度保障，进一步丰富和巩固银行业金融机构体系。截至 2018 年底，全国共有 17 家民营银行。

以上海华瑞银行为例，该银行是目前唯一一家注册地在上海的民营银行，于 2015 年 5 月正式开业。自成立以来，不论是资产总额还是存贷款余额都保持着高速的增长。2017 年资产总额为 391.41 亿元，较 2015 年增加近一倍；存款余额为 253.05 亿元，贷款余额为 180.75 万元，分别同比增加 87.45%、48.67%。可见，金融市场、跨国金融机构、大型商业银行占优的国际金融中心，仍为民营中小金融机构的存在和发展提供了机遇和可能。如何充分发挥中小金融机构在国际金融中心建设中的拾遗补阙作用，将是崛起的国际金融中心建设的一大特色和优势。

（二）农村新型金融机构发展较快

随着"三农"和农村金融受到越来越多的重视，农村新型金融机构的发展和管理也被提上议事日程。2003 年，吉林省四平市出现中国第一家资金互助社：以社员为本，管理监督费用较少，信息费用微不足道。此后，为支持农业和农村金融健康发展，政府相继出台多项政策鼓励农村新型金融机构发展。如 2006 年，《农民专业合作社法》出台；2006 年底，银监会发布《关于调整放宽农村地区银行业金融机构准入政策更好地支持社会主义新农村建设的意见》，鼓励村镇银行、贷款公司、农村资金互助社三类新型金融机构发展；2009 年银监会和农业部发文"鼓励有条件的农民专业合作社开展信用合作"；《中共中央关于制定国民经济和社会发展第十三个五年计划的建议》明确，依托合作经济组织，引导合作性金融健康发展，形成广覆盖、可持续、补充性组织体系。对银行业而言，新型农村金融机构的发展，在一定程度上缓解了农村金融空洞化的趋势，增强了农村金融建设的竞争力，提升了金融服务实体经济的能力，也取得了农村大量储户的信赖与支持。截至 2013 年末，全国共组建村镇银行 1071 家，小额贷款公司 7839 家，资金互助社 49 家。

不可否认，虽然我国的新型农村金融机构一直保持着良好的发展势头，但也存在一些不容忽视的问题。一是三大类新型农村金融机构发展不平衡，形成了村镇银行"一家独大"的局面。与资金互助社相比，村镇银行数量较多；与贷款公司相比，村镇银行不仅有较为完备的法人治理机制，而且有更全面的金融业务，如吸收存款、发放贷款、资金结算和理财等。而贷款银行只能发放贷款，导致其资金来源的匮乏。二是资金规模与传统金融机构相比处于劣势。以村镇银行为例，尽管村镇银行在新型农村金融机构中来源较广，但由于储蓄业务主要面向居民和中小企业，其经营环境中很难有大型企业，存款数量的增加只能依靠用户量的扩大。但基于村镇银行经营规模和品牌效应等原因，传统金融机构对农村储户的吸引力更大，加重了新型农村金融机构的经营劣势。三是经营能力存在不足。新型农村金融机构在经营模式上一部分照搬了大型银行的经营方法，出现了成本高、效率低的现象，经营模式需要创新改进。

（三）互联网金融异军突起

中国的互联网金融可谓是发展迅速。由盈灿咨询与清华大学中国金融研究中心、网贷之家联合发布的《2014 年中国网贷行业年报》显示，2014 年网贷行业成交量以月均 10.99% 的速度增加，全年累计成交量高达 2528 亿元，是 2013 年的 2.39 倍。2014 年网贷行业投资人数与借款人数分别达 116 万人和 63 万人，较 2013 年分别增加 364% 和 320%。越来越多的人参与到网贷行业中，投资人和借款人数量快速增加。互联网金融主要模式包括较常见的 P2P、众筹、金融网销、互联网银行等。其中，众筹、P2P 和金融网销目前正处于快速成长期，互联网银行和供应链金融等模式还处于不断摸索阶段。

互联网金融的异军突起，给传统金融业带来竞争和压力的同时，也推动了中国金融组织结构的变化，尤其是非银行金融机构数量的增加。如蚂蚁金服、陆金所等新金融机构成为中国金融机构的重要组成部分。这些互联网金融机构不仅改善了中国金融组织结构，还成为金融开放的排头兵、中国金融机构参与国际金融合作的重要组成部分。如蚂蚁金服在泰国、新加坡等国通过与当地科技、金融企业合作，显著推进了当地网上支付业务的发展，成为当地金融科技发展的重要合作伙伴。

不可否认，中国的互联网金融发展也不是一帆风顺。经过 2013 年、2014 年的快速发展，2016 年全国两会提出"规范发展互联网金融"，中国互联网金融进入规范发展阶段。2016 年 3 月，中国互联网金融协会在上海成立。作为央行下属的一级协会，中国互联网金融协会有别于 2013 年成立的民间社会团体——中国互联网金融行业协会，它是由国家相关部委直接领导，经由民政部注册的国家级协会，而中国互联网金融行业协会则是全国金融机构、互联网机构以及从事互联网金融行业的企业、实体企业、社会团体和个人自愿组成的全国性、综合性、非营利性的民间社会团体。中国互联网金融协会的成立，一方面标志着我国对互联网金融的发展将加以规范，另一方面也显示互联网金融成为我国金融体系不可或缺的一部分。

互联网金融在中国的快速发展，一方面源于大数据、云计算、区块链、人工智能等技术的快速发展，另一方面也与中国政府的鼓励和支持密不可分。但市场必然是配置资源的决定力量，如何进一步厘清政府和市场在互联网金融中的地位和作用，将是互联网金融健康有序发展的重要保障和改革方向。与此同时，互联网金融的风险及防范也引起业内外人士越来越多的重视，如何在实现科技赋能的同时保证金融安全，也是考验中国互联网金融发展的重要一环。但不管怎样，互联网金融的普惠性正发挥着越来越大的作用，这是不容置疑的。

（四）外资金融机构发展迅速

最具代表性的是上海外资金融机构。上海外资类金融机构的种类和数量持续稳定上升。截至 2018 年底，39 家国际知名资管机构在陆家嘴设立了 50 家独资资产管理公司。全球资管规模排名前 10 的资管机构中，贝莱德、领航、富达、摩根等 8 家已设立资管类 WFOE。这些外资资管机构已积极开展或计划开展相关业务。外资资产管理机构的到来，将带来成熟的资产管理模式、投资理念、投资策略和合规风控做法，不断推动本土同行在竞争中学习发展。

与此同时，上海外资银行机构数量和资产总额继续保持稳定增长。2017 年，上海外资银行营业网点为 213 家，比 2010 年增加了约 20 家；资产总额为 1.56 万亿元，是 2010 年的 1.8 倍，占到全上海银行业总资产规模的 10.62%。但必须承认的是，上海外资银行营业网点和资产总额上升速度远不及中资银行，甚至不及外资银行在中国其他城市的扩张速度。2017 年，上海外资银行总资产占上海银行业总资产的比例为 10.6%，上海外资银行营业网点数量占全国外资银行营业网点总数的比例为 21.03%，分别比 2010 年下降了 2.06% 和 32.30%（见表 3-8）。

表 3-8　上海外资银行发展情况

年份 （截至年末）	上海外资银行			上海外资银行资产总额 占上海银行类金融机构 资产总额比例（%）	上海外资银行营业网点 数占全国外资银行营业 网点总数的比例（%）
	法人机构 （家）	营业网点 （家）	资产总额 （亿元）		
2010	19	192	8657.3	12.66	53.33
2011	20	201	10020	11.7	51.94
2012	22	200	10860	12.0	48.54
2013	22	215	11897	12.2	22.70
2014	22	219	13215	11.7	21.90
2015	22	212	12653	9.5	20.31
2016	20	213	13824	9.6	20.66
2017	20	213	15626	10.6	21.03

资料来源：中国人民银行上海分行网站和中国银保监会历年年报。

上海外资金融机构数量和资产总额在全国的占比尽管远高于全国平均水平，但占比下降表明较多外资银行最初进入中国时将上海选作"登陆地"，并在此展开业务，而随着近些年外资银行的不断发展以及对上海以外地区业务的积极拓展，非沪营业网点数量随之增加。可见，上海国际金融中心建设过程中，增强金融市场能级的同时，也需做强做大外资金融机构。

三、我国中小金融机构的创新途径

中小金融机构是我国金融体系中不可或缺的一部分，主要服务于中小微企业，对于地方和区域经济有着重大影响。面对金融行业日趋激烈的竞争，中小金融机构需结合业务特色、服务特征和组织管理进行创新，激发自身活力，探索一条有别于国有金融机构的差异化发展道路。

（一）中小金融机构的业务创新途径

相对于国有金融机构，中小金融机构在传统的抵押贷款业务上并无优势。在国家支持实体中小企业发展的背景下，中小金融机构应当解放思想，突破现有融资模式，融入新的融资手段，增加融资渠道。中小金融机构可根据中小企业自身特点，尝试利用国外先进的动产融资、典当融资、天使投资和供应链融资模式来缓解中小企业融资难的问题，实现业务创新。

实践中，融资难问题一直是制约中小企业发展的瓶颈，即使是拥有自主知识产权的创新型中小企业，也会因资金短缺而无法迅速将科技成果转化为产品，造成企业难以快速成长发展，而用知识产权进行质押贷款则可以为这类企业提供一条融资新通道。中小金融机构要解决科技型中小企业的融资问题，有形资产担保对企业是一大难题，转化担保方式就是一剂良方。中小金融机构可专门组织相关领域的专家对知识产权贷款进行研究，并在律师事务所及评估机构的帮助下，对已经获得的知识产权、专利权进行评估，设计出一套完整贷款的业务流程，解决资质优秀、信誉良好的科技型中小企业质押贷款中最基本的评估难和转让难的问题。中小金融机构在探索阶段可以缩小范围，比如仅对专利权进行尝试，随着贷款流程的逐步完善再扩大至其他知识产权。但中小金融机构，如中小型银行，需要制定相关规章，仅限于借款人将资金用于企业的生产经营过程，解决因资金紧张造成的困难，禁止借款人将资金用于投资领域或者违法经营等，否则，可取消其贷款资质。中小金融机构通过推行中小企业知识产权质押贷款业务，可以有效解决拥有自主知识产权的科技型中小企业的资金短缺问题，减少发展中遇到的资金瓶颈的影响，有利于推动知识产权的市场转化速度，有利于提升中小企业的核心竞争力。目前许多新创办的科技型中小企业，无形资产比较大，拥有专利权、著作权可以作为抵押物，中小金融机构可以通过业务创新，满足该类科技型中小企业的融资需求。

（二）中小金融机构的服务创新途径

随着我国金融业的逐渐放开，金融业务的竞争越来越激烈，中小金融机构必须在经营服务过程中与众多客户保持良好的关系才能提高竞争力。培育和维护忠诚的客户群体，是中小金融机构成功应对竞争的关键所在。如果中小金融机构将中小企业定位为目标客户，扩大对中小企业的信贷投放，并充分利用这些宝贵的客户资源延伸金融服务，将有利于自身在金融衍生产品上的拓展，其前景十分广阔。所以通过金融服务创新，培育忠实的客户群体，对中小金融机构的存活和发展极为重要。

以中小型银行为例，目前中小型银行对中小企业的贷款手续较为复杂。虽然现代商业银行服务理念已有较大转变，但标准化的流程和多级审批模式影响了对中小企业的及时贷款。从申请到调查，再做方案，然后审查、审批，到最后放贷，环节相当多；特别是遭遇央行宏观调控，如调整存款准备金等收紧银根的政策变化时，银行放款时间少则一两个星期，多则几个月，使得中小企业及时融资的希望更为渺茫。中小型银行应当思考，如何在控制风险的前提下，简化贷款手续，提高服务质量。

目前市场上已有此类业务创新的案例，如除了利用传统央行的征信系统查验征信外，部分中小型银行接入了我国目前唯一取得个人征信牌照的"百行征信"的数据，进一步完善对借款人信贷信息的查证核实，填补了之前央行征信系统网贷信息的缺失。

另外，互联网金融企业一般也是中小型金融机构，诸如蚂蚁金服、京东及美团等企业，也在充分利用自身集团内打造的生态圈数据，颠覆传统的贷款审批流程，利用业务或物流等数据对自身平台上的商户进行风险审慎和贷款审批，一般可在客户提出信贷需求后1~3天实现放款，最快2个小时以内。这对传统的金融贷款模式不能不说是颠覆式冲击，也倒逼其他中小金融机构加快金融服务创新。

（三）中小金融机构的管理创新途径

国有金融机构在中国市场经济中占主导地位是由中国特色社会主义市场体制所决定的。中小金融机构想在这样的市场中立足、发展并保持长期的盈利，需要进行管理创新，发挥自身灵活的优势，形成特色竞争力。

对于中小型银行，一种可行的方案是适时转变总行对分支行的管控模式，建立"总行—分行"或者"中心分行—支行"的管控模式，由总行或者中心分行统一管理经营分支行，总行或中心分行除了正常经营各类业务之外，还具有管辖下级经营分支行的功能，而经营分支行则单纯经营各类银行业务，特别是在管辖行专攻大型国企、财政、机关团体等批发业务的情况下，经营支行则重点营销小微企业等零售业务。

进行此类机构管理创新时，需厘清总行、中心分行和经营分支行的职能边界：总行负责全行的战略规划、产品研发、业务协调、财务优化、风险控制、人力资源管理和 IT 系统建设，对分支机构履行政策支持、制度保障、业务管理、权限界定、检查与督导、人员培训与教育等职责；中心分行则在总行授权及政策范围内依法经营，对辖内经营支行进行管理，同时在授权范围内自主审批与经营，根据各业务条线实行授权控制，负责对辖内系统和设备的维护，对区域或地方业务进行全面检查与督导，按总行计划对人员进行重点教育与培训；经营支行的主要职能便是营销、服务及授权范围内的管理。在此种管控模式下，建议总行在风险可控的前提下给予中心分行一定的权限，提升中心分行自身经营及对经营支行的业务审批效率，同时在人员、费用分配上进行相应调整，促进中心分行的自主经营和自主管理。

以总部位于上海的恒生银行（中国）有限公司为例，恒生银行是外资法人银行中规模较小的一家，除上海总部外，在全国重点城市设有 14 家分行和 30 多家的下属支行。恒生银行总部集中负责信贷审批、个贷和公司贷款的审核、放款和贷后管理等职责，总行集中提供法律咨询、合规管理、内审、IT 建设、产品研发和人力资源管理等功能。恒生银行在中国由总部和部分重点管理型省分行进行全局管理，前线的分行和支行工作重点即为营销和服务客户，极大地节约了一线网点的成本费用和人力资源，让一线网点轻装上阵，全力开拓业务，总行和重点省分行提供全局性的营运支持和后勤服务。

第四章　资本市场创新——以上海为例

资本市场是资金融通的场所，与货币市场相比，其主要涉及股票、债券等中长期金融活动，也是现代金融市场体系的重要组成部分。与发达国家相比，我国资本市场起步晚但发展快。随着 1990 年 12 月和 1991 年 7 月沪、深证券交易所相继挂牌营业，股票集中交易市场正式宣布成立，中国现代意义的资本市场由此起步。在 30 年的时间内，我国资本市场由初创设立，到多层次资本市场体系初步建立，再到崛起为全球交易规模领先的股票与债券市场、产品与功能持续完善的金融衍生品市场，以及体系不断丰富的市场体系，其发展速度堪称世界金融史上的奇迹。在中央和地方政府的监管与引领之下，我国资本市场创新活跃，有力地推动了市场繁荣发展。

第一节　金融中心发展的重点平台

上海作为我国最为重要的金融中心之一，其最为突出的特点与优势在于体系完善的金融市场，这不仅吸引了众多国内外金融机构纷至沓来，也通过市场交易的繁荣激发了创新行为。得益于国际金融中心建设，目前上海已经形成包括股票、债券、货币、商品期货、金融期货等在内的全国性金融市场体系。根据国家发展改革委公布的《"十二五"时期上海国际金融中心建设规划》，到 2015 年底上海金融市场交易额的发展目标是 1000 万亿元，同时主要金融市场规模保持或进入世界同类市场前列。然而，由于资本市场交易活跃等因素，2015 年上海金融市场交易额达 1463 万亿元，是 2010 年的 3.5 倍，也大幅度超出"十二五"规划目标。到了"十三五"时期，随着债券、保险、票据等金融要素市场与基础设施平台的进一步集聚，我国资本市场体系加速完善、功能也显著提升。2018 年，上海金融市场交易总额达到 1645.78 万亿元，比上年增长 15.2%。在 2018 年 GFCI 全球金融中心指数排名中，上海位列第 5，仅次于纽约、伦敦、香港、新加坡，这在很大程度上得益于体系完善、联动发展的金融市场，其中包括股票、债券、基金、金融期货等在内的重点资本市场发挥了重要作用。

一、多元化的资本市场平台为金融中心形成坚实支撑

上海目前初步构建了多层次、多种类的资本市场体系，成为我国资本市场体系中最为完整、市场规模最大、融资创新最为活跃的地区之一。近年来，上海资本市场进一步借助

自贸试验区改革开放与创新发展的契机，加快实施"引进来""走出去"双向并举的策略，使得金融开放水平不断提升。在此过程中，各类资本市场平台相互衔接、竞争发展，共同构成了上海金融中心建设的重要支撑。结合中国人民银行有关统计，全社会融资的统计口径中，信贷、债券、股票三大类融资方式占据绝对优势，而这三大类融资方式中，除了信贷业务是全国性广泛分布之外，债券、股票融资绝大多数集中在中央债券登记结算公司、上海证券交易所、银行间市场清算所股份有限公司（即通常所称"上海清算所"）等交易前台、金融基础设施，因此上海也成为我国资本市场的中心地带。

从表4-1可以看出，在上海资本市场支持下，我国社会融资结构不断优化，如债券融资（企业债券、地方政府债券等）、股票融资（非金融企业境内IPO与上市公司再融资）等方面均保持一定速度的增长。

表4-1　当前我国社会融资规模及结构情况

项目	2018年底		2019年6月末	
	存量（万亿元）	增速（%）	存量（万亿元）	增速（%）
社会融资规模存量	200.75	9.8	213.26	10.9
其中：人民币贷款	134.69	13.2	144.71	13.2%
外币贷款（折合人民币）	2.21	−10.7	2.21	−12.4
委托贷款	12.36	−11.5	11.89	−9.9
信托贷款	7.85	−8	7.88	−4.9
未贴现银行承兑汇票	3.81	−14.3	3.77	−9.6
企业债券	20.13	9.2	21.28	11.2
地方政府专项债券	7.27	32.6	8.45	44.7
非金融企业境内股票	7.01	5.4	7.13	3.3

资料来源：根据中国人民银行网站公开数据整理。

从上海金融市场体系来看，目前已形成"国家级金融要素市场＋国家级后台基础设施＋地方性资本交易平台"的格局，结合资本市场的各主要平台情况来看，其特点、功能大体可归纳如表4-2所示。

表4-2　上海资本市场的主要交易场所

市场名称	功能特点	交易品种	交易机制	市场规模
中国外汇中心暨全国银行间同业拆借中心	包括外汇、货币市场，同时也发展银行间债券市场。主要职能是为银行间货币市场、债券市场、外汇市场等市场的现货及衍生产品提供发行、交易、信息、交易后处理和监管服务	汇率、利率、固定收益、衍生品等	交易方式：报价驱动模式。债券市场的交易平台是全国银行间拆借中心本币交易系统。托管结算机构包括中央国债登记结算有限责任公司、上海清算所。交易活跃度：机构投资者占绝大多数，交易活跃度较高	2018年市场累计成交1262.8万亿元，同比增长26.6%
上海证券交易所	上市公司可通过发行股票、可转换公司债券及其衍生品种进行融资。融资方式：①向不特定对象公开发行；②向特定对象非公开发行。融资对象：社会公众，无投资者门槛	股票、债券、基金、权证等	交易方式：竞价交易、做市商转让、协议转让。交易活跃度：无投资者门槛，采取连续竞价交易，因此交易活跃度较高，流通性较好、但价格波动大	018年各类品种总成交规模达2642084.46亿元（其中股票403184.38亿元；基金71651.49亿元；债券2167248.59亿元）

| 区域性股权交易场所：上海股权交易中心 | 融资方式：定向发行，科技创新板、E板、N板、Q板等有相应资质要求。
投资者：按照适当性管理办法，允许各类持牌金融机构，及依法设立且净资产大于人民币50万元的法人或者其他组织，以及最近一个月内持有金融资产价值不低于人民币50万元，且具有2年以上金融产品投资经历或者2年以上金融行业及相关工作经历的自然人进行投资。
审查方式：上海股交中心审查、上海市地方金融监督管理局备案 | 非上市的中小企业非公开发行、股票登记托管、股票转让等 | 交易方式：协议转让。
交易活跃度：投资者范围较小，且转让方式单一、不连续，交易活跃度及流通性最低。
仅能通过协议转让方式交易，且参与者范围小，股票价格可能与公司价值偏离较大，因此价值发现功能相对弱 | |

资料来源：根据各交易市场公布的数据、资料整理而成。

二、资本市场的重要平台：上海证券交易所运营情况分析

证券交易所是各类证券集中交易的场所，从国际情况来看，许多交易所都建立了多层次、多板块，甚至衍生化的证券市场体系。如在美国处于龙头地位的纽约证券交易所，在应对其他交易所市场竞争方面，在保持传统蓝筹股市场优势的基础上，通过收购兼并方式增设市场板块，不断拓展股票市场深度。2006年，纽交所收购上市的群岛交易所（Archipelago Holdings），正式进入电子交易领域，与NASDAQ展开激烈竞争；2008年，纽约证券交易所以价值2.6亿美元的本交易所普通股票收购美国证券交易所；由此，在主板市场外，纽约证券交易所增加了NYSEArca和NYSEMKT两个子市场，扩大了对上市企业服务类型的覆盖范围。

在改革开放的大潮中，我国资本市场从无到有，快速成长。上海证券交易所成立于1990年11月26日，同年12月19日开业。根据我国"分业监管"的框架设计，上交所归属中国证监会垂直管理，并按照"法制、监管、自律、规范"的8字方针，致力于营造透明、开放、安全、高效的市场环境。经过30多年的不断探索，交易所形成了6个方面的主要职能：提供证券交易的场所和设施；制定证券交易所的业务规则；接受上市申请，安排证券上市；组织、监督证券交易；对会员、上市公司进行监管；管理和公布市场信息。从市场形态来看，上交所已发展成为拥有股票、债券、基金、衍生品四大类证券交易品种、市场结构较为完整的证券交易所，其中股票市场居于核心地位。

从发展的历程来看，上交所从开业初期的"老八股"起步，30多年来，交易品种、市场规模均持续扩大，并取得了举世瞩目的成就。上交所在发展中借鉴海外证券交易所的发展战略，积极拓展多元化市场板块共同发展。明确提出了新常态下的四大发展战略：蓝筹股市场战略、债券市场战略、衍生品战略和国际化战略，这些新战略不仅强化了金融服

务实体经济的导向，而且体现了资本市场的创新发展，在有关领域将形成上交所未来重要的增量业务。在 2018 年世界交易所联合会排名中，上交所股票市场总市值排名第 4、IPO融资额排名第 5（见图 4-1）。

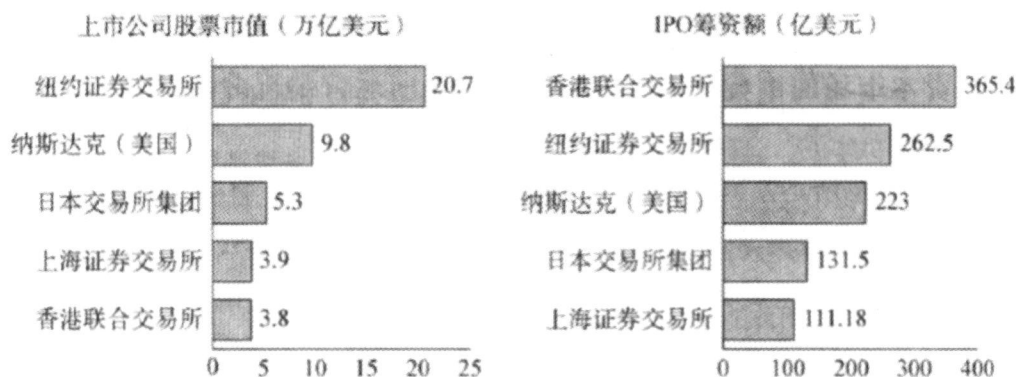

上市公司股票市值（万亿美元）

- 纽约证券交易所 20.7
- 纳斯达克（美国） 9.8
- 日本交易所集团 5.3
- 上海证券交易所 3.9
- 香港联合交易所 3.8

IPO筹资额（亿美元）

- 香港联合交易所 365.4
- 纽约证券交易所 262.5
- 纳斯达克（美国） 223
- 日本交易所集团 131.5
- 上海证券交易所 111.18

图 4-1　全球主要交易所排名（2018 年）

资料来源：上海证券交易所 .2018 年社会责任报告 [EB/OL][2020-10-15].

http：//www.sse.com.cn/aboutus/socialresponsibility/.

上交所的发展历程，恰恰是中国经济体制改革加速推进、经济金融开放全面展开的过程，上交所一方面深入学习借鉴西方发达国家股票市场发展的自然规律，另一方面也按照中央要求，结合中国"新兴 + 转轨"的国情、银行间接融资长期处于垄断地位的特点，通过"摸着石头过河"，探索出具有中国特色的股票市场发展道路。主要体现出以下几方面特点。

（一）市场规模总体保持增长趋势

1991—2018 年，上交所上市公司数量、上市证券数、集资额（包括首次发行股票、再筹资等方式）、总市值、全年成交金额等一系列重要指标总体呈现持续、较快的增长态势。其中，总市值、全年成交金额等指标受股市周期性波动的影响，出现过阶段性规模下降，如 1995 年、2001 年、2002 年、2005 年、2008 年、2012 年、2016 年等年份的全年成交金额均较大幅度出现同比下降的情况，这些都是股票市场发展中的正常情况，关键是如何避免市场的大起大落及其对市场功能发挥、广大投资者利益带来负面影响。根据上交所网站发布的数据，市场概况如表 4-3 和表 4-4 所示。

表 4-3　上海证券交易所（股票市场）主要指标历史变动情况

年份	全年成交金额（亿元）	上市公司数（家）	市价总值（亿元）	流通市值（亿元）
1991	46.08	8	—	—
1992	323.85	29	—	—
1993	2509.71	106	—	—
1994	5735.52	171	—	—

1995	3102.36	188	—	—
1996	9114.82	293	—	—
1997	13763.52	383	—	—
1998	12386.11	438	—	—
1999	16965.79	484	14580.47	4249.69
2000	31373.86	572	26930.86	8481.33
2001	22709.38	646	27590.56	8382.11
2002	16959.09	715	25363.71	7467.3
2003	20824.14	780	29804.92	8201.14
2004	26470.6	837	26804.92	7350.88
2005	19240.21	834	26014.92	6754.61
2006	57816.6	842	71612.38	16428.33
2007	305434.3	860	269838.87	64532.17
2008	180430	864	97251.91	32305.91
2009	346511.9	870	184655.23	114805
2010	304312	894	179007.24	142337.44
2011	237560.5	931	148376.22	122851.36
2012	164545	954	158698.44	134294.45
2013	230266	953	151165.27	136526.38
2014	377162.1	995	243974.02	220495.87
2015	1330992.1	1081	295194.2	254127.84
2016	501700.42	1182	284607.63	240006.24
2017	511242.79	1396	331325	281366
2018	403184.38	1450	269515.01	232698.75

资料来源：上海证券交易所网站。

表 4-4　上海证券交易所股票市场发展概况（2019 年底）

指标	数据
上市公司（家）	1572
上市公司（家）	1615
总市值（万亿元）	35.55
总流通市值（万亿元）	30.13

资料来源：上海证券交易所网站。

（二）市场创新日趋活跃

自创立以来，上交所始终走在我国资本市场创新的前线，特别是一系列重大的制度、机制、产品创新对推动我国金融改革开放与上海金融中心建设都产生了重要影响，其间体现了邓小平同志提出的"摸着石头过河"与"渐进式改革"的思想。具体可以分为 4 个阶段。

第一阶段，早期的探索发展阶段。早在 1992 年，认股权证上市、国债期货交易、清算系统运行等就成为重要的金融创新；同年 5 月 21 日，全面放开股价，实行了自由竞价交易。1994 年，上交所成为日本"指定外国有价证券市场"并提升了国际影响力。1996 年 7 月，正式实时发布"上证 30 指数"并加强了信息披露。1997 年 8 月，国务院决定将上交所划归中国证监会直接管理从而进一步理顺监管体制。1998 年 7 月，颁布《上海证券交易所可转换公司债券上市交易规则》并推动可转换债券产品及交易的发展。

　　第二阶段，法制化、国际化探索阶段。1999年，我国《证券法》正式实施，使得证券市场法制建设大踏步推进，同年7月、8月分别放宽市场准入，允许三类企业进入二级市场，允许证券公司、基金管理公司获准进入银行间同业市场。2000年4月，中国证监会颁布《网上证券委托暂行管理办法》，推动了网上证券业务的迅猛发展，同年11月公布《开放式基金试点办法》。2001年8月，中国首只开放式基金华安创新获准成立，12月中外合作基金管理公司进入实质性的启动阶段。2002年6月，中国证监会颁布《外资参股证券公司设立规则》和《外资参股基金管理公司设立规则》，迈出了我国资本市场对外开放的重要一步；7月上交所正式推出上证180指数，取代原来的上证30指数；12月QFⅡ制度正式实施，这表明我国证券市场对合格的境外投资者已开启大门。2003年，《中华人民共和国证券投资基金法》获得通过，伞型基金开始登陆中国基金市场，首家中外合资证券公司华欧国际证券有限责任公司正式成立，全国社会保障基金正式进入证券市场运作，上海证券交易所大宗交易系统启用，中国证监会发布《证券发行上市保荐制度暂行办法》，上证国债指数正式发布并填补证券市场债券指数的空白。2004年，证券发行上市保荐制度正式实施，证券公司集合受托理财业务正式启航，国内首只ETF上证50ETF成功设立，3家证券公司首批获准发债，国内首只可转债基金兴业可转债混合型基金获准发行，《国务院关于推进资本市场改革开放和稳定发展的若干意见》正式颁布（即"国九条"，上海市配合出台大力发展资本市场的七大举措，以顺利实施上海国际金融中心建设的国家战略）。

　　2005年股权分置改革正式启动，《商业银行设立基金管理公司试点管理办法》颁布实施，《国际开发机构人民币债券发行管理暂行办法》允许符合条件的国际开发机构在国内发行人民币债券，信贷资产证券化试点工作正式启动。2006年，推出新上证综合指数，《上市公司股权激励管理办法（试行）》《上海证券交易所上市公司内部控制指引》《上市公司证券发行管理办法》《上市公司收购管理办法》《融资融券交易试点实施细则》等一批重要文件相继颁布实施。2007年推出特别交易板块（S板）并设置5%涨跌幅限制，《上市公司信息披露管理办法》《上海证券交易所债券交易实施细则（修订稿）》《上海证券交易所证券投资基金上市规则（修订稿）》《上海证券交易所复核制度暂行规定》等公布施行，上证指数日常操作正式移交中证指数公司，新老国债质押式回购成功并转运行。

　　2008年，投资者教育部成立以加强投资者教育和保护工作，IPO网下发行电子化平台正式上线，发布实施《上市公司解除限售存量股份转让指导意见》《上海证券交易所会员客户证券交易行为管理实施细则》《上海证券交易所证券异常交易实时监控指引》《上市公司重大资产重组申报工作指引》《上海证券交易所大宗交易系统专场业务办理指南（试行）》等一批政策，正式发布上证180公司治理指数、3个上证180主题投资指数（上证180基建指数、上证180资源指数和上证180交通运输指数），推出可分离债参与新质押式回购交易业务。

2009年，上证行业指数和上证180风格指数系列、上证中央企业50指数、上证超级大盘指数，以及上证小盘指数、上证中盘指数、上证中小盘指数、上证全指、上证社会责任指数、上证民营企业50指数等正式发布，中国证监会发布施行《首次公开发行股票并在创业板上市管理暂行办法》，国务院发布《国务院关于推进上海加快发展现代服务业和先进制造业建设国际金融中心和国际航运中心的意见》，国资委出台《关于规范上市公司国有股东行为的若干意见》等文件，开展买断式股票回购业务试点工作。2010年，中证"两岸三地500指数"发布，证监会发布《关于开展证券公司融资融券业务试点工作的指导意见》并明确申请首批试点的证券公司条件，融资融券试点工作启动，完成首个上市公司分立上市试点工作，证监会发布《证券公司参与股指期货交易指引》和《证券投资基金从事股指期货交易指引》，以券商、基金为代表的机构投资者将可正式开户参与股指期货交易，《关于上市商业银行在证券交易所参与债券交易试点有关问题的通知》发布实施（商业银行在时隔13年之后将重返交易所），推出上交所上市公司信息服务平台，发布上证380指数推动沪市多层次蓝筹股市场指数体系的形成。

第三阶段，"十二五"期间的创新发展阶段。2011年，证监会发布《合格境外机构投资者参与股指期货交易指引（征求意见稿）》，上交所首只证券公司债完成首批6年期30亿元额度定向发行；《国务院批转发展改革委关于2011年深化经济体制改革重点工作意见的通知》提出推进场外交易市场建设、研究建立国际板市场、进一步完善多层次资本市场体系；证监会发布《关于修改上市公司重大资产重组与配套融资相关规定的决定》，首次明确了借壳上市的标准，约定购回式证券交易业务试点正式启动，融资融券标的证券范围扩大至180只股票和4只ETF，第一只跨市场交易所交易基金（ETF）上市交易并纳入融资融券标的证券范围；《上海证券交易所中小企业私募债券业务试点办法》《上海证券交易所中小企业私募债券业务指引（试行）》《关于完善上海证券交易所上市公司退市制度的方案》《上海证券交易所转融通证券出借交易实施办法（试行）》等发布实施，中小企业私募债券首单成功发行，首只跨境ETF———易方达恒生中国企业ETF成功上市。2012年，《上海证券交易所中小企业私募债券业务试点办法》《上海证券交易所中小企业私募债券业务指引（试行）》《关于完善上海证券交易所上市公司退市制度的方案》《风险警示板股票交易暂行办法》《退市公司股份转让系统股份转让暂行办法》《上海证券交易所转融通证券出借交易实施办法（试行）》等一系列相关制度发布与实施，首单中小企业私募债券顺利发行，第一只跨市场交易所交易基金（ETF）上市交易并纳入融资融券标的证券范围。2013年，《上海证券交易所风险警示板股票交易暂行办法》《上海证券交易所上市公司现金分红指引》《上海证券交易所投资者适当性管理暂行办法》等发布施行，上海上证金融服务有限公司正式运营，在香港设立办事处事宜获香港证监会批准，转融券试点、股票质押式回购交易等业务正式启动，首只国债预发行交易成功试点，首批政策性金融债券成功试点发行。2014年，《国务院关于进一步促进资本市场健康发展的若干意见》（新国九条）出台，《上海证券交易所优先股业务试点管理办法》《关于上市公司筹划非公开发行股份停复牌及相关事项的通知》《上海证券交易所股票期权试点交易规则（征求意见稿）》等发布，转融券试点平稳启动；《上海证券交易所沪港通试点办法》发布并于11月正式启动"沪港通"机制，国内首单公开发行的可交换公司债券挂牌上市交易。2015年，完成国际金融资产交易平台运营机构组建方案设计并启动报批及公司设立流程，发布《上海证券交易所债券质押式协议回购交易暂行办法》及相关指引并正式推出债券质押式协议回购，发布《上海证券交易所程序化交易管理实施细则（征求意见稿）》，与中国金融期货交易所及德意志交易所集团宣布将在德国法兰克福成立合资的中欧国际交易所，首单小公募公司债券成功上市，推出"上证50"ETF期权。

第四阶段，"十三五"期间的功能提升阶段。"十三五"期间是股票市场及上海证券交易所发展的重要阶段，股票市场经历了2015年年中的大起大落，这在一定程度上推动了市场机制、投资者理念走向成熟。根据2015年社会资金通过提高杠杆率加速入市助推市场过热的情况，上交所、深交所、中金所曾于年底发布通知，推出熔断机制，然而无法遏制市场短期暴跌趋势，三家交易所旋即发布通知，自2016年1月8日起暂停实施指数熔断机制。由此，仅推行数日的指数熔断机制被终止；3月，上交所发布关于终止*ST博元上市的公告，*ST博元成为我国证券市场首家因涉及重大信息披露违法情形被终止上市的公司；5月，上交所发布《上市公司筹划重大事项停复牌业务指引》，规范上市公司筹划重大资产重组、非公开发行等重大事项期间股票及其衍生品种的停复牌行为；8月，根据证监会与香港证券及期货事务监察委员会联合发布的公告，沪港股票市场交易互联互通机制取消了总额度限制，进一步为资金跨境开展股票投资提供了便利；11月，上交所和中证指数有限公司正式发布上证50ETF波动率指数，进一步丰富了股票市场指数产品种类。2017年6月，中国A股正式加入MSCI明晟指数，并于次年6月正式被纳入MSCI新兴市场指数和全球基准指数，这成为我国股票市场开放的重要里程碑事件。2018年6月，上交所发布试点创新企业股票或存托凭证上市交易相关配套业务规则（上证发〔2018〕38-45号），此次创新试点的境外已上市红筹企业境内发行上市，旨在提高资本市场包容性，更好支持创新驱动发展战略，同时也通过强化信息披露和风险揭示、约束股东减持行为等，保护投资者合法权益；9月，全球著名指数公司富时罗素宣布将A股纳入其全球股票指数体系，分类为次级新兴市场，并于2019年6月开始生效，这意味着A股国际化再下一城；11月，上交所发布《上海证券交易所上市公司重大违法强制退市实施办法》（上证发〔2018〕98号），从而在制度层面明确了退市机制，为规范上市公司行为、加强投资者保护提供了保障。2019年7月22日，酝酿多年的科创板正式开板，首批25家公司挂牌上市交易，这标志着设立科创板并试点注册制这一重大改革举措正式落地。

（三）债券市场蓬勃发展

债券市场作为金融要素市场的有机组成部分，在我国金融体系中发挥着无可取代的重要作用。从体量来看，根据央行统计数据，2018 年底我国债券市场托管余额为 86.4 万亿元（含同业存单），约是同期股票市值的 1.98 倍，并首次超越日本成为全球第二大债券市场。从融资功能看，截至 2018 年末，我国社会融资规模存量约为 200.8 万亿元，其中直接融资约占 18%，而债券融资占直接融资的比例约为 80%。

从结构看，我国债券市场分为银行间债券市场与交易所债券市场两个组成部分，其中前者还涵盖了银行柜台市场板块。根据中国人民银行网站数据，2018 年，我国债券市场共发行各类债券 43.6 万亿元（含同业存单），较上年增长 6.8%。其中，银行间债券市场发行债券 37.8 万亿元，占比 86.7%。

从债券市场的发展情况看，我国债券市场发展起步于 1981 年我国恢复国债发行。国债柜台转让试点后，部分金融机构试水实物券代保管业务，成为债券托管业务的雏形。但因缺乏集中统一的债券托管结算体系、交易不规范、风险控制机制尚未建立，国债从发行到兑付各环节均存在严重风险隐患，债券市场先后遭遇国债期货风波和国债回购事件，造成了严重的金融风险。在中国人民银行和财政部共同推动下，1996 年末中央国债登记结算有限责任公司（简称中央结算公司／中债登）在中国证券交易系统有限公司（简称中国结算／中证登）基础上正式改组设立，建立了债券市场中央托管结算机构；次年，我国组建了银行间同业拆借中心，并构建起银行间债券市场。该市场属于大宗交易市场（批发市场），参与者包括逾 2 万家的各类机构投资者，实行双边谈判成交，主要实行"实时、全额、逐笔"的结算方式。交易所债券市场则由各类社会投资者（含个人投资者）参与，属于集中撮合交易的零售市场，典型的结算方式是净额结算。经过 20 余年的发展，该市场成为我国债券市场的主体部分。除了债券发行占比超过 86% 以外（历年发行规模详见图 8-2），银行间债券市场的债券存量也成功我国债券市场存量的主体部分，截至 2018 年 12 月末，债券市场托管余额中银行间债券市场托管余额为 75.7 万亿元，占比 87.6%。

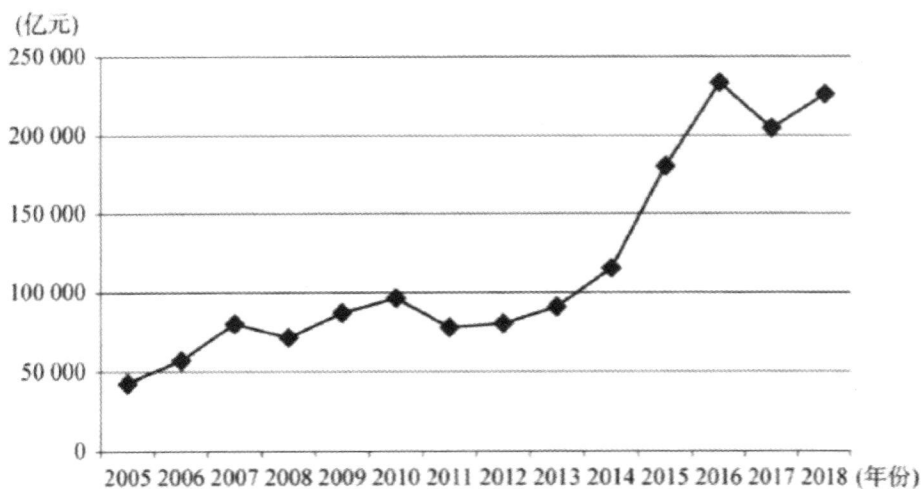

图 4-2　2005——2018 年债券市场发行量趋势图

资料来源：中国债券信息网。

与银行间市场相比，交易所债券市场早期实行二级托管模式，沪深证券交易所各自所属的证券登记结算公司是一级托管机构，其结算参与人（主要是证券公司）是二级托管机构。2001 年，两家证券交易所将各自的登记托管公司合并为中国证券登记结算有限公司（简称中证登），专门服务于交易所市场。因证券公司挪用客户债券资产、违规进行国债回购等风险事件频发，2004 年后中证登对交易所债券市场实行一级托管模式。2009 年，在人民银行的推动下，银行间市场成立了上海清算所，负责创新金融产品和金融衍生产品的登记托管和清算业务，并沿用了一级托管模式。由此形成了中债登、中证登、上清所三家一级托管机构分工合作的债券市场托管体系。

从具体业务来看，中证登负责交易所市场，成为为境内证券交易所提供证券托管、结算服务的唯一后台系统。在银行间债券市场，中债登和银行间市场清算所股份有限公司，负责在银行间债券市场发行和流通的国债、政策性金融债、一般金融债、次级债、地方政府债、企业债、中期票据、短期融资券、超短期融资券、资产支持证券等债种的登记与托管。不同机构间较为明确的机构分工格局已初步形成，这在一定程度上满足了不同层次投资者的差异化需求。

从债券市场板块情况看，近年来上交所立足股票市场融资和金融基础设施建设等综合优势，积极拓展交易所债券市场，并通过积极推行股债分离实现债券市场的专业化发展。根据上交所的统计，截至 2015 年 12 月底，上交所市场债券挂牌数量达 4413 只，较 2014 年底增加 1813 只，增幅达到 69.7%；同期债券托管量达 3.43 万亿元，较 2014 年底增加 1.14 万亿元，增幅为 50.0%。表 4-5 列示了截至 2018 年末上海证券交易所债券板块产品结构。

表 4-5 上海证券交易所债券板块产品结构（2018 年末）

债券现货	托管只数	托管市值（亿元）	托管面值（亿元）
国债	200	5474.59	5445.52
地方债	2877	3596.85	3599.32
金融债	19	739.17	727.20
企业债	2108	6850.34	6789.63
非公开发行公司债券	2283	25355.45	25434.54
可交换债	65	1338.91	1342.88
公开发行公司债券	2158	30723.71	30978.15
可转换公司债	50	1156.47	1110.74
资产支持证券	2329	8408.82	8412.51
合计	12089	83644.31	83840.49

资料来源：上海证券交易所。

第二节 资本市场功能

资本市场的建设与发展，归根结底是要为实体经济的发展提供金融服务，因此其核心功能在于服务实体经济，但由于资本市场的种类、层次、品种繁多，服务实体经济的方式方法、产品类别、运行机制存在很大差异，因此，资本市场的功能也表现出多样性。

一、国内外理论界关于金融市场功能的分析

近几十年来，在传统货币金融学获得巨大发展的同时，国内外学者对金融市场功能相关问题展开了新的探索。从现有文献来看，系统论述金融功能的应是 Bodie&Merton（1993）和 Merton&Bodie（1995）。博迪和莫顿（2000）将金融的核心功能归纳为 6 类：①便利资源在不同时空和不同主体之间的转移；②提供清算和结算支付的途径以完成交易；③为储备资源和在不同的企业中分割所有权提供有关机制；④提供管理风险的方法；⑤提供价格信息，帮助协调不同经济部门的决策；⑥解决信息不对称带来的激励问题。林毅夫（2003）提出，金融功能主要体现在三个方面，一是资金动员；二是资金配置；三是分散风险；白钦先和谭庆华（2006）将金融功能划分为基础功能、核心功能、扩展功能、衍生功能等，并得出金融功能扩展和提升的演进过程就是金融发展这一结论。这些金融功能观的提出都是基于金融市场而阐发的，因此可以在一定程度上理解为金融市场的功能。

在整个现代市场经济体系中，金融市场是最核心的组成部分之一，是贯穿、联系其他市场的纽带或其他市场的功能延伸。综合国内外理论研究的观点，金融市场的功能主要表现在如下几个方面：①有效动员和筹集资金，为社会化大生产特别是大规模定制提供金融支持；②合理配置和引导资金，促进资本集聚并向高效益领域配置；③灵活调度和转化资金，满足实体经济领域多元化资金需求；④分散风险与对冲不确定性，降低投融资机构的交易成本；⑤实施宏观调控与政府管制，增强政府财政货币政策的灵活性、操作性；⑥金

融开放与国际合作，加强部门之间、地区之间和国家之间的经济往来。

二、上海资本市场的功能创新

（一）资本市场功能在改革开放后发生了质的飞越

上海资本市场建设长期处于我国各省市前沿阵地，功能探索也自改革开放前较为单一的以基础功能与核心功能为主的结构逐渐向改革开放后的多元化、系统化、国际化的状态转变。在此过程中，既发生了金融体制由社会主义计划经济体制向社会主义市场经济体制转型的过程，也发生了资本市场由单一结构向多样化结构（包括市场机构的种类、参与资本市场的金融机构的产权性质）的转变，而资本市场规模也在改革开放后呈现出快速扩大的态势。改革开放前后上海资本市场的功能可概括如表4-6所示。

表4-6　上海资本市场功能演化的四个层次对比特征

基础功能	改革开放前	支付与清算功能、服务功能（不强）、中介功能
	改革开放后	支付与清算功能、服务功能、中介功能
核心功能	改革开放前	资源集聚与配置功能（计划手段）
	改革开放后	资源集聚与配置功能（市场手段为主）
扩展功能	改革开放前	信用创造（软弱）、风险管理与规避（较弱）
	改革开放后	信用创造、风险管理与规避
衍生功能	改革开放前	资金监督（较弱）
	改革开放后	息服务、衍生品投资功能、资金监督与激励、金融中心功能

资料来源：付辰，闫彦明.上海金融功能的演化：路径、特点和方向 [J].上海经济研究，2011（5）：117-125.

概括起来，上海资本市场功能的变化大体可以归纳为如下几个方面：一是市场功能不断深化，资本市场对实体经济的服务功能不断增强；二是资本市场功能结构更加细化，从早期的债券市场、股票市场逐渐发展到目前的市场板块不断细化、交易品种丰富多样，这使得传统的以基本功能与核心功能为主、功能较为单一的状态，已经逐渐向各层次功能共同发展、结构较为完善的状态转化；三是金融中心功能不断强化，伴随着资本市场的开放与外资金融机构的进入，上海金融业对周边乃至全国的金融腹地的辐射能级不断提高，金融国际化程度也在此过程中得以提高；四是资本市场功能更为合理化，上海资本市场发展从强烈的计划经济特色及市场功能缺位、财政功能越位等状态逐渐向规范化、合理化的状态转变。

（二）资本市场功能拓展的案例分析

上海多层次资本市场在体系构建的过程中，伴随着市场功能的多元化拓展，特别是随着中国（上海）自由贸易试验区正式挂牌以来，激发了市场的开放、创新发展，以及市场功能的快速拓展。以下结合"沪港通"交易机制，对市场功能进行剖析。

1."沪港通"交易机制的推出助推跨境投融资功能的提升

　　"沪港通"是指，上海证券交易所和香港联合交易所允许两地投资者通过当地证券公司（或经纪商）买卖规定范围内的对方交易所上市的股票，是沪港股票市场交易互联互通机制。在既有的金融监管框架下，由于我国实行较为严格的资本项目管制，内地股票市场一直以来未普遍向境外开放，仅允许外资通过合格的境外投资者（主要包括 QFII、RQFII 等）在额度范围内投资内地资本市场。"沪港通"的开通意味着资本市场对外开放进入了一个新的时期。因此，各界普遍对"沪港通"给予了较高的预期。

　　2014 年 11 月 17 日，"沪港通"正式开通。推出之初，根据"沪港通"制度安排，分为"港股通""沪股通"两个部分，都实行了额度限制，总额度为 5500 亿元人民币。其中"港股通"总额度为 2500 亿元，每日额度为 105 亿元；"沪股通"总额度为 3000 亿元，每日额度为 130 亿元。由于我国长期实现严格的资本项目管制，因此跨境投融资功能受到很大的约束，市场功能发挥的范围也主要限于国内。而"沪港通"的推出，则形成了类似"防火墙上面开了个闸门"的效果，即境内外资金可以通过"沪港通"在管制和监控的前提下，投资境内外股票市场。

　　"沪港通"的功能性主要体现在如下几个方面：

　　（1）"沪港通"交易机制为我国深化金融改革开放提供了良好的条件。创新是国际金融中心建设的生命力所在，而资本市场的创新更是金融中心建设的重中之重。在 2014 年度上海金融创新成果奖中，"沪港通"项目独享特等奖，获得了业界专家的一致认可。"沪港通"制度对我国深化金融市场改革开放，推动多层次资本市场体系建设具有非常重要的先导意义。从交易机制来看，"沪港通"双向交易都采用人民币作为结算货币，这对沪、港两地金融中心建设都有积极意义。一方面，有助于吸引大量境外人民币回流，推动内地资本市场繁荣发展，强化上海作为人民币价格形成中心、资产定价中心和支付清算中心的功能；另一方面，也有助于进一步强化香港作为境外人民币集聚并回流内地的枢纽功能，巩固香港人民币离岸金融中心的地位。这两方面结合起来，将对推动人民币资本项目可兑换产生重要支撑。

　　（2）深入开展自贸试验区金融开放创新，大力促进自贸试验区开放创新试点与上海国际金融中心的联动发展。《进一步推进中国（上海）自由贸易试验区金融开放创新试点加快上海国际金融中心建设方案》是新时期党中央、国务院对上海加快金融开放创新、全面建设国际金融中心提出的战略要求和具体措施，其中多项条款均涉及金融市场开放问题。其中第五部分提出，推进面向国际的金融市场平台建设，拓宽境外投资者参与境内金融市场的渠道，提升金融市场配置境外资源的功能。第三十条也明确提出，支持上海证券交易所在总结"沪港通"经验的基础上，适应境内外投资者需求，完善交易规则和交易机制。同时，方案也明确提出，要大力促进自贸试验区开放创新试点与上海国际金融中心的联动，探索新途径、积累新经验，及时总结评估、适时复制推广。这些将是下一步上海深入推进金融市场开放创新，通过沪港合作进一步完善"沪港通"交易机制的行动纲领和重要依据。

（3）认真总结"沪港通"的运行经验，更好地为全国深化金融改革和扩大金融开放服务。2015年，李克强总理在有关会议上明确指出，"要将上海国际金融中心与自贸试验区金融改革试点相结合；要坚持金融改革的方向和决心始终不变；自贸试验区金融改革要把握节奏、分步实施""'沪港通'设计了阀门，较好地控制了规模和风险。要在总结'沪港通'经验基础上完善金融资产交易规则和机制"①。从"沪港通"多年来的运行情况看，随着内地与香港市场双向开放水平的提升，两地市场联动性有所增强，投资者群体进一步融合。根据上海证券交易所的统计，2018年11月17日"沪港通"开通4年，其间"沪港通"制度在平稳运行的基础上，不断优化完善，累计成交金额已达10.31万亿元人民币。其中，"沪股通"累计共930个交易日，交易金额达6.05万亿元人民币，日均交易金额65.05亿元人民币；"港股通"累计共912个交易日，交易金额达4.27万亿元人民币，日均交易金额46.82亿元人民币。其平稳运行对助力A股顺利纳入MSCI指数、维护市场稳定起到了积极作用，也为探索中国内地资本市场与其他境外资本市场的互联互通提供了有益的经验和借鉴，如有助于"沪伦通"及未来的"沪台通""沪新通"等新交易机制的推出，为其他国家级金融市场发展提供了有益借鉴，从而促进全国深化金融改革和扩大金融开放服务。

2.绿色债券助力环保产业发展与城市环境优化

绿色债券是近两年新兴的资本市场交易品种，最早的绿色债券是2007年欧洲投资银行发行的气候投资意识债券，其后的十余年中绿色债券由社会各界逐渐认知到当前的飞速发展，体现了人们对环境保护的高度重视。

（1）理论探讨。2014年发布的《绿色债券原则》是国际上多家银行达成的自愿行为守则框架，对绿色债券认定、信息披露、管理和报告流程给予了界定。根据国际通行定义，绿色债券是为环境保护、可持续发展、气候减缓和适应项目而开展融资的债券，是近年来国际社会为应对气候环境变化开发的一种新型金融工具，具有清洁、绿色、期限长、成本低等显著特点。各国理论界、金融界学者专家围绕绿色债券业务开展了一些探索性研究。林龙跃、崔雪莱和黄佳妮（2014）、曹明弟（2015）、陈雯瑾和王虎云（2015）等探讨了绿色债券的设计原则、市场趋势及业务模式等，秦绪红（2015）对欧美发达国家推进绿色债券发展的主要做法进行了对比分析，并提出中国的启示。从这些研究成果看，主要集中在对各国国内绿色债券产品的发行与市场研究方面，对跨境发行相关产品的研究还缺乏系统性，但随着全球环境治理合作的深入推进，从国际比较、市场标准、合作开发等视角对绿色债券业务的相关研究也逐渐增多。如杨娉和马骏（2017）的研究指出，金融市场参与主体和种类繁多的非政府组织是推动英国绿色金融发展的主要力量，这是我国可以借鉴之处。杨少芬、赵晓斐等（2019）对比研究了国内外绿色金融统计制度，从绿色信贷、绿色债券、绿色基金、绿色股票和绿色保险 5 个维度提出构建我国绿色金融统计制度的观点。王树强和庞晶（2019）对比分析了中外绿色金融体系、市场监管机制等方面的差异，提出强化市场引导、改进融资项目遴选模式等建议。

（2）市场特性与功能。绿色债券是债券市场的一个新品种，具有清洁、绿色、期限长、专业性强、融资周期短、信用等级高、违约风险低等特点，其根本功能在于服务于环境保护、降低环保治理的成本。2007 年欧洲投资银行发行气候投资意识债券，随后世界银行也发行了绿色债券，并将这一金融工具作为一种融资手段来减缓气候变化。自此之后，大多数绿色债券都是由 AAA 级的多边组织发行的。在全球加强气候与环境治理的背景下，绿色债券作为最前沿的金融创新产品，得到了各国的高度认可。其内在机理主要在于，以较低的融资成本为绿色信贷和投资提供资金来源，并减少期限错配的风险，进而为环境治理提供更为廉价、高效的金融支持。相比较银行贷款而言，绿色债券在支持一些中长期的绿色项目方面具有天然优势。

从国内绿色债券市场的规模来看，随着绿色发展理念广泛推行，使得相关产品与业务多年来始终保持快速发展，目前已位列全球第 2（见图 8-3）。根据中国债券信息网的统计，2018 年符合国际定义的中国绿色债券占全球发行量的 18%，与上年的 1578 亿元人民币相比，激增了 33%。

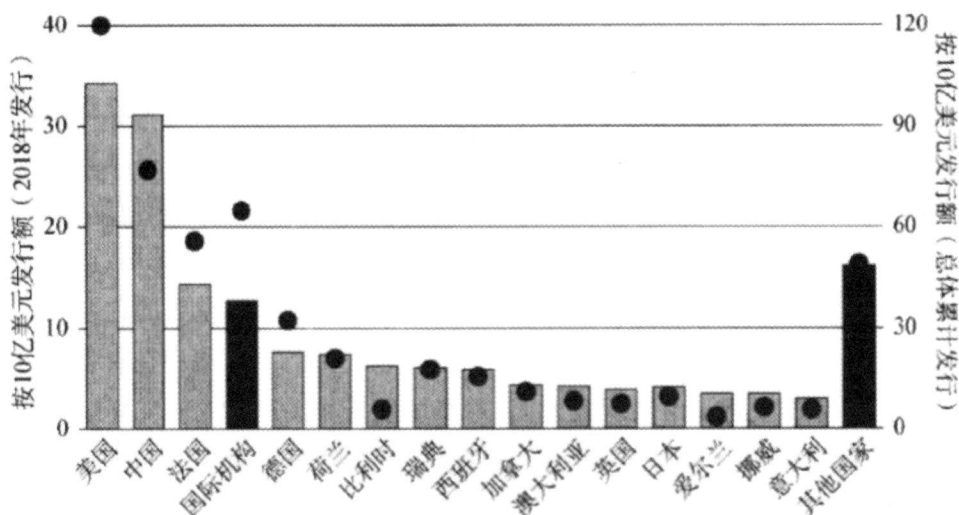

图 4-3　2018 年全球主要绿色债券市场规模

注：左轴：2018 年发行，柱状图；右轴：总体累计发行，点状图。

资料来源：气候债券倡议组织，中央国债登记结算有限责任公司. 中国绿色债券市场 2018［EB/OL］.［2019-03-18］. http://www. 360doc. com / content / 19 / 0318 / 13 / 39103730822422606.shtml.

从具体产品类型看，绿色债券主要包括零息债券、常规抵押债券和与碳排放价格等相关指数关联债券三类。零息债券期限通常较长，为 10 年左右，并且到期前不支付利息，但需要政府做担保。常规抵押债券适合符合减排技术的新能源公司（如太阳能公司），通过出售生产出来的新能源，获得较为稳定的现金流，通常应达到 AAA 评级。与碳排放价格等相关指数关联债券是将碳减排目标、新能源发电的上网价格、国内化石燃料价格或者碳交易市场的价格与债券利率的设定相联系。一种类型是当政府没有达到减排目标或者减排带来的碳交易价格没有达到政府承诺的价格时，政府应当支付更多利息。另一种类型是将债券利率分为固定利率和浮动利率两个部分，浮动利率取决于贷款公司从碳交易市场获得的收益。进一步从发行场所看，2018 年，我国近 3/4 的绿色债券在中国银行间债券市场上发行；而一些上市企业和非上市企业所发行的绿色债券，以及绿色 ABS 多在上海证券交易所和深圳证券交易所市场发行。值得关注的是，随着债券市场的开放，一些离岸绿色债券产品不断出现。如 2018 年就有 14 家发行人通过离岸绿色债券筹集了总计 95 亿美元的资金，包括工商银行伦敦分行发行的 15.8 亿美元的认证气候债券，其所筹集的款项将被用于为中国不同省份和巴基斯坦的多个陆上风电和太阳能发电场、苏格兰的风电场项目融资。

由于绿色债券的发展与金融市场具有极强的联动性，因此上海在绿色债券领域也具有较强的领先地位。继中国人民银行发布《关于绿色金融债券的公告及支持目录》（2015 年第 39 号）、国家发展改革委发布《关于绿色债券发行指引的通知》（发改办财金〔2015〕3504 号）等重要文件之后，上海证券交易所于 2016 年初发布《关于开展绿色公司债券的通知》（上证发〔2016〕13 号），为绿色债券提供"绿色通道"等更多政策支持，并适时发布绿色债券指数，建立绿色债券板块，积极引导债券市场支持绿色产业。2018 年 8 月，针对绿色债券及相关产品的资金投向等问题，上海证券交易所发布公告对其平台上列出的绿色债券和绿色 ABS 的监管要求作出解释：允许发行人在绿色产业领域营业收入占比超过 50% 的前提条件下，可不对应具体绿色项目发行绿色公司债券。但这一规定要求至少 70% 的绿色债券募集资金用于绿色行业，这将进一步促进相关债券产品投向绿色发展领域。在金融机构层面，2016 年 1 月 20 日，浦发银行发布公告，获得人民银行批文，发行不超过 500 亿元人民币的绿色债券，首期发行 200 亿元，3 年期，利率为 2.95%。根据浦发银行有关信息，该轮绿色债券募集资金专项用于支持绿色产业发展，储备绿色产业项目 49 个，涵盖节能、清洁能源、污染防治、生态保护和适应气候变化、资源节约与循环利用等领域，符合人民银行等部门确定的绿色债券支持项目目录等要求。为了推动绿色债券业务的规范发展，浦发银行还积极探索体制机制的创新。如总行成立了行内绿色债券发行工作小组，全流程一体化，帮助企业实现融资成本最优惠；又如建立总分支行联动机制，协助企业实现债权杠杆融资；再如依托碳金融指数，创新国内首只碳债券——中广核风电附加碳收益中期票据。这些举措的目的都是围绕中央提出的"绿色发展"理念而进行的业务探索，其结果是激发了资本市场与信贷市场的联动发展，推动资本市场功能的创新。在市场定价方面，为了提升"上海价格"的国际影响力，2018 年 9 月，中央结算公司所属中债金融估值中心有限公司与卢森堡证券交易所（简称卢交所）就中债绿色系列债券指数在卢交所首次发布举行签约仪式。此次在卢交所发布的 3 只绿色债券指数包括"中债—中国绿色债券指数""中债—中国绿色债券精选指数"和"中债—中国气候相关债券指数"。其中前两个指数由中央结算公司与中节能咨询公司合作编制，为国内首批绿债指数；后一个指数由该公司与国际气候债券倡议组织、中节能咨询公司合作编制，并于 2017 年 3 月荣获国际气候债券倡议组织颁发的全球首只非贴标绿债指数证书。此举是上海绿色金融发展历程中的标志性事件，将对提升中国绿色债券的国际影响力产生积极作用。

第三节　资本市场结构创新

从国际资本市场的发展经验看，市场结构大体呈现从单一层次向多层次演化、从"大一统"市场向细分化市场板块发展的趋势，如纽约证券交易所、美国全国证券交易商协会自动报价表（即纳斯达克）构成了类似主板、科技创新板的差异化市场结构。21 世纪以来美国资本市场结构进一步创新发展，如 2006 年 2 月，纳斯达克宣布将股票市场分为 3 个层次：纳斯达克全球精选市场、纳斯达克全球市场（即原来的纳斯达克全国市场）、纳斯达克资本市场（即原来的纳斯达克小型股市场），通过优化市场结构，吸引不同层次的企业上市。

上海依托银行间同业拆借中心、上海证券交易所、区域性股权交易市场等平台，近年来也在积极推动资本市场结构创新。通过既有市场结构优化、新市场平台持续集聚，上海资本市场不断发展壮大。根据上海市金融工作局的统计，2018 年上海金融市场直接融资额达 9.6 万亿元，全国直接融资总额中的 85% 来自上海金融市场，从而对全国实体经济发展形成了重要的推动力。

一、政策支持

为贯彻落实国务院发布的《关于进一步促进资本市场健康发展的若干意见》（即"新国九条"），2014 年 9 月，上海市发布实施了《关于本市进一步促进资本市场健康发展的实施意见》（沪府发〔2014〕56 号），明确提出，"要充分发挥和强化上海证券交易所在股票市场中的重要作用。支持上海证券交易所壮大主板市场，做大、做强、做活蓝筹股市场，增加市场内部层次""充分发挥银行间债券市场、交易所债券市场的作用。支持银行间债券市场和交易所债券市场协同发展，推进市场间的交叉挂牌及自主转托管机制，促进债券跨市场流转"。2015 年 10 月 30 日，中国人民银行会同商务部、银监会、证监会、保监会、国家外汇管理局和上海市人民政府，联合印发《进一步推进中国（上海）自由贸易试验区金融开放创新试点加快上海国际金融中心建设方案》，其被称为"新阶段深化上海自贸试验区和上海国际金融中心建设的纲领性文件"，强调通过改革开放推动资本市场结构创新：支持上海证券交易所在自贸试验区设立国际金融资产交易平台，有序引入境外长期资金逐步参与境内股票、债券、基金等市场，探索引入境外机构投资者参与境内新股发行询价配售，等等。

二、实践创新

近些年，上海初步形成了涵盖股票、债券、股权投资等在内的多层次资本市场体系，特别是股票、债券市场的规模在全球跻身前列，并在功能与业务创新方面保持很强的活力。

（一）股票市场：科创板与注册制

长期以来，我国股票市场推行的是发行审核制，由证券业监管部门及发审委对企业首次发行股票或再融资行为进行严格审核，虽然通过层层审核从而在一定程度上保障上市公司质量，但同时也存在发审效率较低、寻租行为难以规避、财务数据造假等弊端。从发达国家的情况看，注册制推行已久，如美国沿用了大半个世纪的"1933 年证券法"，将证券首次公开发行注册制作为重要制度，核心在于严格的信息披露制度，负责实质性审核的主体不仅是政府监管机构，交易所、会所、律所、券商等也都承担了部分实质审核的任务，目的是为了增强市场透明度、规范信息披露行为、保护投资者权益。

我国探索注册制并非一朝一夕，在 2015 年政府工作报告中就已经提出"加强多层次资本市场体系建设，实施股票发行注册制改革"的改革目标，然而目标提出到最终落地还是经历了曲折的探索过程。直到 2018 年 11 月，首届中国国际进口博览会在上海开幕，国家主席习近平出席开幕式并发表主旨演讲，提到将在上海证券交易所设立科创板并试点注册制，支持上海国际金融中心和科技创新中心建设，不断完善资本市场基础制度。这也成为注册制推出的标志性节点。随后，经过近 9 个月的系统筹备，这一重大改革任务在上海证券交易所顺利落地实施。2019 年 7 月 22 日，科创板首批 25 家公司在上海证券交易所挂牌上市交易，标志着设立科创板并试点注册制这一重大改革任务正式落地。科创板的推出，不仅意味着资本市场将迎来一个全新的版块，更是标志着我国资本市场制度、法律体系建设步入了一个新的阶段。根据上海证券交易所发布的信息，与传统的主板交易机制不同，科创板引入了一系列创新交易机制安排（见表 4-7）。

表 4-7　科创板交易机制主要创新点

涉及机制	创新要点	延伸分析
放开/放宽涨跌幅限制	科创板股票上市前 5 日不设涨跌幅限制，之后每日涨跌幅由主板的 10% 放宽至 20%	主要目的是为了让市场充分博弈，尽快形成均衡价格，提高定价效率。同时需高度关注：在新股上市初期，股票日内波动可能会较主板显著加大，因此具有较高风险性
引入价格申报范围限制	在连续竞价阶段，限价申报的买入申报价格不得高于买入基准价格的 102%；卖出申报价格不得低于卖出基准价格的 98%	因价格变动较快以及行情延迟等原因，部分投资者填报的订单价格可能会因超出上述价格申报范围而出现废单。若投资者希望尽快成交，可考虑使用本方最优或者对手方最优市价订单
优化盘中临时停牌机制	结合科创板企业特点，对临时停牌机制进行了优化：一是放宽临时停牌的触发阈值，从 10% 和 20% 分别提高至 30% 和 60%，以避免上市首日频繁触发停牌；二是将两次停牌的持续时间均缩短至 10 分钟	在盘中临时停牌期间，投资者可以继续申报或撤单，但是不会实时揭示行情。停牌结束后，交易所会对现有订单集中撮合
市价订单设置了保护限价	投资者下市价订单时必须同步输入保护限价，否则该笔订单无效	对市价订单设置限价保护主要出于以下两点考虑：一是在市场流动性差的情况下，可以防范因市价订单带来的价格大幅波动，也为投资者控制下单成本提供了保护工具；二是有助于券商在无价格涨跌幅限制的情形下，对市价订单作资金前端控制
盘后固定价格交易	新增两类市价订单类型	优化了融券机制，提高了最小报单数量

资料来源：根据上交所公开信息整理。

　　科创板、注册制的推出，其创新点不仅在于 IPO 审核、信息披露与交易机制等方面，同时科创板的上市条件也更具包容性、涵盖范围更广。目前，A 股上市以持续盈利为必要条件，以市盈率为核心指标，从而将亏损企业排除在外，对资本市场功能带来较大局限性。参考发达市场的经验，科创板打破了"唯市盈率论"理念①，设立了 5 套上市条件，考虑市值因素并进行多维度审视，有助于适应不同发展模式、不同发展阶段的科创企业，更好发挥资本市场服务实体经济作用。根据《上海证券交易所科创板股票上市规则》，相关标准可概括如表 4-8 所示。

表 4-8　科创板上市标准和条件

预计市值不低于 10 亿元人民币	最近两年净利润均为正且累计净利润不低于 5000 万元人民币，或最近一年净利润为正且营业收入不低于 1 亿元人民币
预计市值不低于 15 亿元人民币	最近一年营业收入不低于 2 亿元人民币，且最近三年研发投入合计占最近三年营业收入的比例不低于 15%
预计市值不低于 20 亿元人民币	最近一年营业收入不低于 3 亿元人民币，且最近 3 年经营活动产生的现金流量净额累计不低于 1 亿元人民币
预计市值不低于 30 亿元人民币	最近一年营业收入不低于 3 亿元人民币
预计市值不低于 40 亿元人民币	主要业务或产品需经国家有关部门批准，市场空间大，目前已取得阶段性成果，并获得知名投资机构一定金额的投资。医药行业企业需取得至少一项一类新药二期临床试验批件，其他符合科创板定位的企业需具备明显的技术优势并满足相应条件

　　注：发行人申请在科创板上市，市值及财务指标应当至少符合上述标准中的一项。

　　资料来源：根据上交所公开信息整理。

（二）债券市场：全球第二大市场的创新实践

在西方发达国家，债券市场是直接融资为服务途径的资本市场体系中极为重要的组成部分，体现了参与者广泛、市场效率较高等特点，并形成了"债券大于股票"的市场格局。如美国债券市场 2012 年存量达到 38.14 万亿美元，约相当于美国股票市值的 1.2 倍，占其 GDP 的比重为 243.20% ①。与发达经济体不同，在 21 世纪以前，我国的资本市场结构长期呈现出"重股票、轻债券"的特点，主要与债券市场发育不充分、市场结构分割、债券产品创新不够活跃等有关系，但近年来随着债券市场政策环境不断优化，市场活力不断被激发出来，原有格局得到了根本性改观。例如，从市场存量规模来看，我国债券市场的主体是银行间债券市场，自 1997 年正式组建以来，一方面市场规模呈现出稳步上升的趋势，这可以从中央结算公司历年债券托管量增长情况清晰反映出来。截至 2018 年末，托管于中央结算公司的债券存量规模达到 57.62 万亿元（见图 8-4），20 余年来"一路上行"。其托管券种涵盖了我国近 100% 的国债、地方债、政策性银行债等高信用等级利率债，也包括企业债、商业银行债、二级资本工具、政府支持机构债券、中期票据、资产支持证券等信用类债券。从交易情况看，2018 年，中央结算公司完成债券结算 666.0 万亿元，同比增长 17.1%；券款兑付（DVP）资金结算达到 1241.2 万亿元（见图 8-5），同比增长 20.5%，这也反映出我国债券市场交易持续活跃。

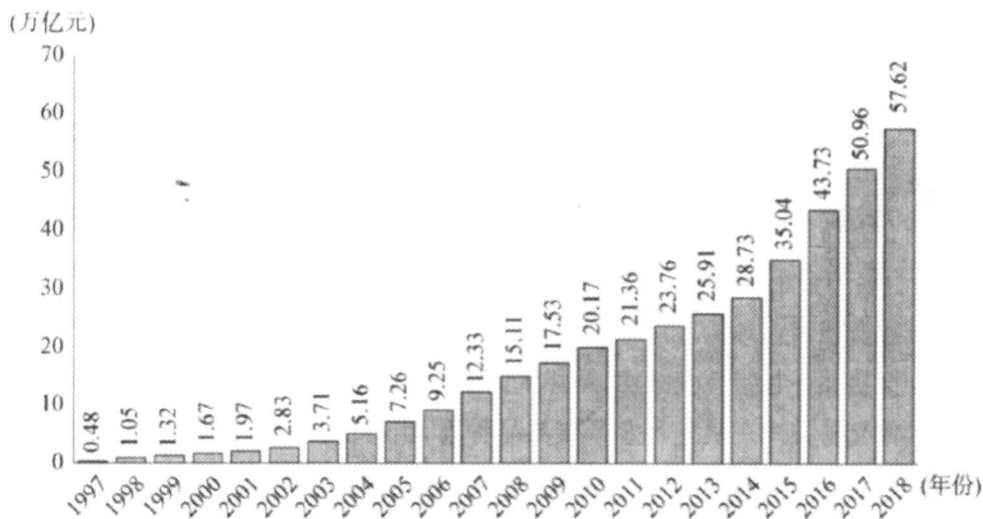

图 4-4　历年债券托管量（中央结算公司部分）

资料来源：中国债券信息网，https：//www.chinabond.com.cn/。

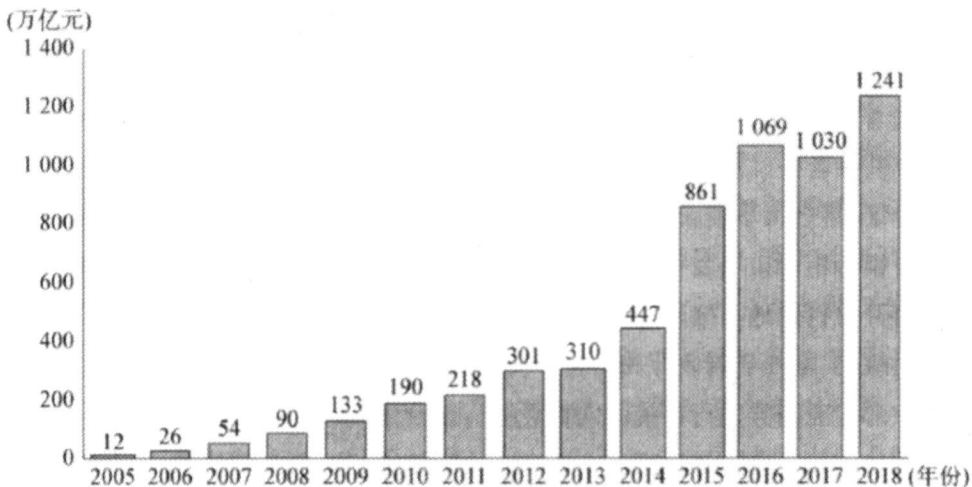

图 4-5　债券市场 DVP 资金结算量（中央结算公司部分）

资料来源：中国债券信息网，https://www.chinabond.com.cn/。

　　另一方面市场分层不断拓展，除了仅机构投资者参与的批发市场，还发展了面向广大个人投资者的商业银行柜台市场，可以看作是银行间债券市场向零售领域的延伸。由此形成立体化、多层次的债券市场，促进直接融资比重的提升。2016 年 2 月，中国人民银行发布《全国银行间债券市场柜台业务管理办法》，对柜台债券业务作出全面、详细的界定。根据该办法，全国银行间债券市场柜台业务（简称柜台业务）是指金融机构通过其营业网点、电子渠道等方式为投资者开立债券账户、分销债券、开展债券交易提供服务，并相应办理债券托管与结算、质押登记、代理本息兑付、提供查询等。从柜台业务投资者来看，既包括符合规定的金融机构、投资公司及其他投资管理机构，也包括净资产不低于人民币1000 万元的企业与符合规定的个人投资者，其中个人投资者门槛为：年收入不低于 50 万元，名下金融资产不少于 300 万元，具有两年以上证券投资经验的个人投资者可投资柜台业务的全部债券品种和交易品种。从柜台业务交易方式看，柜台业务交易品种包括现券买卖、质押式回购、买断式回购以及经中国人民银行认可的其他交易方式。从柜台业务交易品种看，当时的债券品种包括经发行人认可的已发行国债、地方政府债券、国家开发银行债券、政策性银行债券和发行对象包括柜台业务投资者的新发行债券。这些产品按照大类大体可归纳为储蓄国债和柜台流通式债券两类业务，根据中央结算公司的统计，2018 年我国柜台流通式债券共发行债券 1361 亿元，同比增长 216%；记账式国债发行量 54 亿元，同比呈现激增态势。从交易规模看，2018 年柜台流通式债券交易量达到 1320 亿元，同比增长约 440%，可以看出目前处于交投活跃的状况。

　　随着近年来债券的持续发展，地方债从存量规模看已快速崛起为第一大债券产品。结合一、二级市场发展情况，在人民银行与财政部门牵头下，经过深入调研论证，柜台市场迎来新的交易品种。2019年2月,财政部发布《关于开展通过商业银行柜台市场发行地方政府债券工作的通知》(财库〔2019〕11号),明确提出公开发行的地方债通过商业银行柜台市场发行的相关要求。3月22日,宁波市财政局、浙江省财政厅先后在中央国债登记结算有限责任公司上海总部,通过财政部政府债券发行系统面向商业银行柜台市场成功发行地方政府债券。这标志着地方债投资群体扩容至个人和中小机构,在落实中央积极财政政策、推进地方债投资者主体多元化方面具有重要意义。

(三)区域性股权市场:探索建立服务科创企业的科技创新板

上海股权托管交易中心(简称上股交)是经国务院同意,由上海市人民政府批准设立,遵循中国证监会对中国多层次资本市场体系建设的统一要求而设立的区域性股权交易场所,并具有场外交易市场特征。经过多年经营,上股交形成了"一市三板"的分层格局,分为Q板、E板、科技创新板(N板),目前总挂牌家数达到9670家,在服务实体经济发展方面发挥了积极作用(见图4-6)。

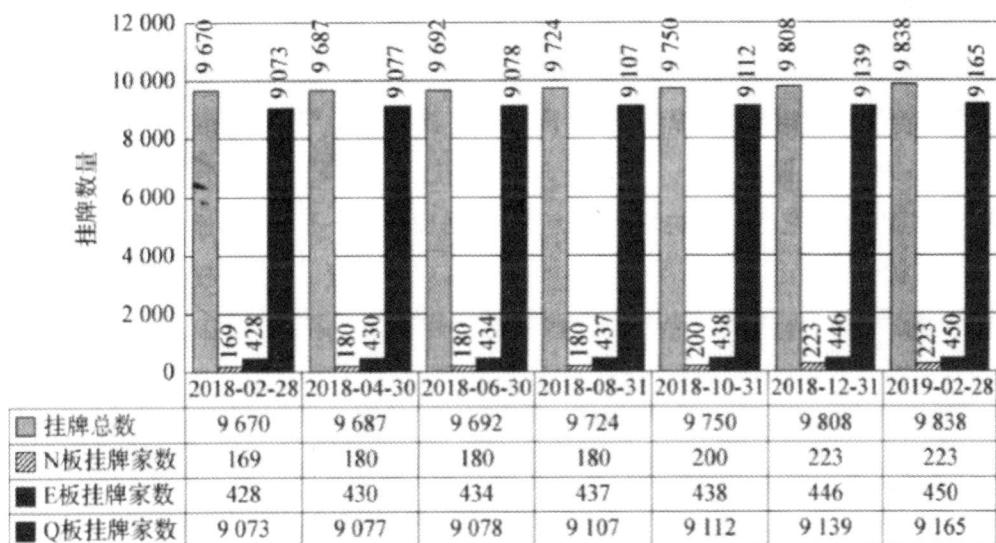

	2018-02-28	2018-04-30	2018-06-30	2018-08-31	2018-10-31	2018-12-31	2019-02-28
挂牌总数	9 670	9 687	9 692	9 724	9 750	9 808	9 838
N板挂牌家数	169	180	180	180	200	223	223
E板挂牌家数	428	430	434	437	438	446	450
Q板挂牌家数	9 073	9 077	9 078	9 107	9 112	9 139	9 165

图4-6　上海股权托管交易中心"一市三板"运营情况

资料来源:上海股权托管交易中心.上海股交中心(双月刊)[EB/OL].[2019-03-01]. https://www.china-see.com/countStudy.do?articleType=centerBook.

2015年12月28日,作为区域性股权交易市场的上海股权托管交易中心科技创新板正式开盘。根据上海市政府发布的信息,科技创新板建设既是上海国际金融中心建设的重要内容,也是金融支持科技创新中心建设的重要举措,将致力于为科技型、创新型中小微实体企业提供融资、交易、重组并购等综合金融服务。在科技创新板开板仪式上,首批共有27家企业成功挂牌,这些企业均具有明确的科创导向:有21家是科技型企业,6家是创新型企业。企业的区域分布也具有突出特点：张江"一区 22 园"内企业有 20 家，其中 10 家位于张江核心园；行业上分布于互联网、生物医药、再生资源、3D 打印等 13 个新兴行业。首批挂牌企业的业绩也是小微企业中的佼佼者：27 家企业的平均股本为 1944 万元，2014 年平均营业收入为 2272 万元，平均净利润达 123 万元，各项指标状况良好。

从市场导向上看，科技创新板是为贯彻落实国家创新驱动发展战略，推进上海建设具有全球影响力的科技创新中心，有效缓解科创型中小微企业融资难问题，所进行的资本市场重要创新。从市场的细分定位看，该板块是服务于科技型、创新型中小微企业的专业化市场板块，并致力于为上交所、全国股转系统（新三板）等相关多层次资本市场孵化培育企业资源。从服务对象看，科技创新板重点面向尚未进入成熟期但具有较好的成长潜力，运作较为规范，具有较为显著"四新经济（新技术、新业态、新模式、新产业）"特征的科创类中小微企业提供服务。从金融服务方式看，该板块注重利用互联网等金融科技服务手段为挂牌企业提供多元化金融服务，探索以"投贷联动""投保联动"等新金融服务方式为科创类中小微企业提供服务。从交易方式看，挂牌企业采取非公开发行股份方式进行融资，股份交易采取协议转让方式，根据国家统一部署，不断探索完善做市商等有利于活跃市场交易和提升市场功能的交易制度，上海股权托管交易中心还积极搭建符合科技创新板交易活动特征的登记结算系统。

为增强市场定价功能，2017 年 12 月，上海股权托管交易中心在科技创新板开盘两周年之际，正式发布科技创新板指数，用于反映科技创新板每日的交易情况，这有助于市场参与者更便利地掌握科技创新板股票价格行情的变动，优化资金配置策略，增强市场透明度。

综合来看，我国资本市场经过 30 余年的发展，已经形成了体系完备、规模领先、层次形态多样、功能逐渐增强的发展格局，其中债券、股票等市场规模均已跻身全球市场前列。各市场平台与金融基础设施在发展中，注重制度不断完善，服务及产品的持续创新，在支持国民经济发展中的作用日渐提升。而上海作为全国金融要素市场集聚程度最高的地区之一，也在自身发展壮大中，不断强化其辐射带动功能，对全国现代资本市场体系建设发挥了重要的先导作用。

第五章　金融信息服务的创新

第一节　金融科技与金融信息服务创新的必要性

一、金融信息服务创新的必要性

（一）金融创新风险与产业金融化的两难困境

本书前文讨论中已多次指出，21 世纪以来金融产品和金融工具创新是金融创新的主流。金融创新过程中，新的金融交易工具虽然部分是为了降低风险，如期货和期权交易主要目的是套期保值，但从实际运行来看，虽然降低了微观金融机构的交易风险，但一旦参与交易的机构预测失误或操作不当，通常会适得其反，产生放大风险的作用。例如，1993 年日本昭和壳牌石油因从事外汇掉期交易失误，损失 1650 亿日元，2004 年中航油在新加坡市场操作场外石油衍生品交易因判断失误损失 5.5 亿美元，2008 年中信泰富因远期外汇交易失误损失 146 亿港元。更重要的是，在新的市场环境、技术条件下，商业银行、投资银行、证券、保险等传统金融业务的界限日益模糊，对金融市场整体而言，尤其是随着金融衍生品和资产证券化等金融创新的大行其道，金融系统的整体风险并未降低，甚至比以往更加脆弱。

另外，工业化后期，产业发展对金融活动的依赖不断深化，尤其是以房地产金融化为代表的产业金融化走向日趋明显，金融渗透到社会经济生活的方方面面，与整体经济结合更加紧密。经济发展更加依赖金融创新。戈德史密斯（1969）第一次对金融发展和经济发展的关系进行了开创性研究，麦金农和萧（1973）提出发展中国家应重视金融对经济发展的影响，只有放开利率和汇率，减少对金融体系和金融市场的行政干预，发挥金融对经济增长的促进作用才能使经济得到发展。对中国制造业的微观研究也发现，从 20 世纪末到 21 世纪初，银行体系和资本市场的发展对产业集聚有显著影响。不过，包括中国和美国在内，都存在金融过度发展的批判。尤其是关于金融危机原因的一种观点认为，经济与金融发展的关系从最初的物质生产服务关系演化为纯粹的金融衍生品等金融创新的资本交易关系，金融过度发展最终必然导致金融危机的爆发。典型的例子是，2007 年在美联储连续 17 次加息导致次级房屋信贷行业违约和信用紧缩后，美国率先爆发次债危机，进而形成次贷危机和席卷美欧日等世界主要金融市场的金融危机，不仅导致美国贝尔斯登、雷曼兄弟、美林公司等一大批金融机构破产倒闭被收购或清算，房利美和房地美等被政府接管，最终还演变成为21世纪以来最严重的经济危机，欧美日各发达经济体均出现明显下滑进入衰退期，通用汽车和福特汽车等一大批实体经济企业沦落到被政府救济才能存活下去的地步，迫使各国政府联手救市并采取多轮经济刺激措施。

显然，在经济发展和金融发展的互动过程中，金融依赖加深是产业结构演变的必然趋势和正常现象。但如何避免经济过度金融化后带来的问题，特别是防范金融过度创新的风险，是理论界和各国普遍面临的一个难题。

（二）金融创新风险与信息不对称

在金融产品和金融工具创新逐步成为金融创新主流的过程中，随着金融衍生产品数量、规模的扩大，以及因金融衍生品交易失误和巨额损失事件的频繁出现，金融产品和工具创新的风险也越来越多地受到不同理论研究的重视。例如，有关研究认为，现代金融理论核心从资产定价转向参与者行为，这既为金融创新提供了广阔空间，但也意味着必须从金融活动参与者的行为本身来解释更加复杂的金融现象。金融产品和金融工具创新实际上是在金融交易者之间拟订新的契约。乔治·阿克洛夫（George A.Aker-lof）、迈克尔·斯彭斯（A.Michael Spence）和约瑟夫·斯蒂格利茨（Joseph E.Stiglitz）等研究发现，金融产品创新很容易出现交易当事人之间信息不对称的情况，将导致契约的不完全，从而出现逆向选择和道德风险问题。例如，在信贷领域，贷款企业和个人蓄意隐藏自身信息尤其是信用能力，其欺诈行为直接提高了商业银行的呆坏账水平，投资、保险甚至证券市场都存在类似的行为。

现代金融交易的主体实际上是信用交易，金融市场和金融交易天然具有信息不对称的问题。虽然信用评级、审计事务所、会计事务所、法律事务所等中介机构的出现，甚至银行、证券公司等本身都有助于消除信息不对称问题。从金融运行实践来看，金融信息服务发展与金融发展息息相关，现代金融活动离不开信息数据的信号指引。最典型的例子是，证券市场不仅离不开上市公司的信息披露，也离不开各种交易价格指数服务。一些投资产品都是直接根据相应指数设计和进行投资活动。在成熟的资本市场上，指数基金等指数化产品通常是高效率资产配置工具的主要投资产品。银行根据贷款企业信用评级提供贷款服务，根据消费者信用和消费情况给予信用卡额度，根据投资者收入和信用情况给予购买不同风险水平投资品的资格。显然，由于金融信息服务本质是为用户或社会提供关于金融产品和金融市场运行的数据、信息和信息工具服务，以促进金融活动、直接或间接影响金融市场，因此尽管金融创新导致金融风险上升有诸多因素，但随着金融创新链条不断延长，金融产品创新和金融工具创新日益复杂，金融风险的上升甚至金融危机的出现与金融信息服务发展不完善存在密切关系。在导致美国次贷危机和引发全球金融危机的金融衍生品创新中，名目繁多的各种信用违约互联（CDS）产品和复合型债务抵押证券（CDO）被以创新的名义设计出来，杠杆高达二三十倍，更由于产品设计复杂，购买者对产品信息和高杠杆风险缺乏足够认识。产品信息和风险信息未能充分揭示，使得金融衍生品创新成为引发次贷危机的直接导火索。

（三）金融市场秩序与金融信息服务创新不足

2015 年 7 月，中国人民银行等十部委联合印发《关于促进互联网金融健康发展的指导意见》，提出要顺应互联网技术发展，推动互联网与金融融合，促进金融创新，提高金融资源配置效率。然而，不足一年国务院办公厅印发《互联网金融风险专项整治工作实施方案》（2016 年 4 月 12 日），正式启动为期一年的互联网金融风险专项整治工作，银监会、证监会、保监会、工商总局、中国人民银行和部分重点省份分别就职能范围内业务领域发布出台专项整治方案。

不同于美欧等发达国家以金融衍生品为主的金融创新，互联网金融是我国重要的金融创新。虽然互联网金融创新没有导致如美国金融衍生品创新类似的风险，但为什么在如此之短时间内，如此重要的金融创新导致诸如非法集资、理财乱象、恶意退出经营、抽逃资金和"跑路"等严重的金融市场秩序和金融风险隐患问题？

原因是多方面的，如准入门槛缺乏、监管滞后缺位等，但不可忽视的是，近年互联网金融在蓬勃发展中出现的种种乱象也与金融信息服务创新不足和发展不充分密切相关。以 e 租宝为例，该平台 2014 年 7 月开始上线，主打 A2P 模式，是以融资租赁债权交易为基础的互联网金融服务平台。到 2015 年 12 月被调查前，e 租宝累计成交约 750 亿元，总投资人数超过 90 万人，造成了严重的不良影响。反思 e 租宝的成功，是其以高达 9%~14.6% 的利息为诱饵，虚构融资租赁项目，包装成理财产品进行销售。如此高的收益明显违背融资租赁项目的运行实际，但类似集资项目之所以能让众多投资者上当，离不开其广为宣传的口号"1 元起投，随时赎回，高收益低风险"。显然，夸大其词的金融资讯宣传误导和监管的缺位难辞其咎。

理论上，利用云计算、大数据、人工智能等互联网技术创新，可以帮助投资者获取更多、更高质量的信息，并降低投资者信息搜寻成本，解决金融交易双方信息不对称问题，并创新形成新的金融交易服务模式和新的金融信息服务模式。但从互联网金融的实际发展情况来看，由于数据标准不统一，公共数据开放度不高，缺乏数据信息交易的制度安排①，互联网金融企业和金融信息服务企业各自依靠自身力量获取需要的信息服务。尤其是在金融和社会信用体系不健全条件下，互联网金融企业难以有效筛选投资者和消费者，虚假金融投资新闻和广告满天飞，投资者和消费者也无法甄别、选择不同互联网金融企业的产品和服务，以互联网金融创新为名的投资理财平台和高息揽存理财产品野蛮生长，为利用信息服务缺失从事金融诈骗、非法集资、洗钱等违法活动提供了可乘之机，严重影响了金融秩序，使得信息风险成为互联网金融发展的一个主要风险。尽管原因很多，但显然与金融信息服务未能充分明确和正确的信息导向和引领作用有很大关系。事实上，现代金融已发展成为一个信息数据驱动的产业部门，需要金融信息服务的创新发展为之提供信号引领和数据支撑作用。

二、现代信息技术创新与金融信息服务创新

（一）现代金融发展和海量金融信息数据

现代金融发展早已脱离了实物交易发展阶段，金融机构和金融业务信息化不仅已成为现实，而且金融业发展规模日益庞大，交易复杂性不断提升，决定了金融服务业是一个信息高度密集型的行业，其产生的数据强度远超其他任何一个行业。例如，中国经济网每天发布新闻信息 1 万条左右，其数据存储量约为 1000MB。中国农业银行大数据平台设计日终处理数据文件 1.5TB，月终处理 4TB，其中主作业数据库涉及 1 万多个复杂作业，包括 6 万多张表，接近 15PB 裸存储数据量。根估计，到 2020 年，中国金融部门和与金融相关领域产生的信息数据量超过 50EB。收集、分析和处理如此海量信息数据必须依赖科技创新和新的信息处理技术。

（二）现代信息通信功能发展与金融信息服务创新需求

现代信息通信技术的核心功能就是提供信息分析处理能力。按照体现数据处理能力的计算能力，中国"神威·太湖之光"计算机系统运行速度超过 10 亿亿次 / 秒，其峰值性能高达 12.54 亿亿次 / 秒，持续性能达到 9.3 亿亿次 / 秒。该计算机系统拥有超过 4 万个芯片，其单个芯片计算能力相当于 3 台 2000 年全球排名第一的超级计算机。另以阿里巴巴和蚂蚁金服的分布式金融数据库为例，在阿里云计算平台上，可以处理每秒 10 万笔以上交易。2017 年"双十一"期间，交易峰值超过每秒 25 万笔，数据库处理峰值达到 4200 万次 / 秒。2017 年春节除夕至初五，腾讯的微信系统收发处理红包 460 亿个。深圳证交所 2014 年上线的新一代交易系统，在可用性上要求故障切换时间不超过 10 秒，在性能上要求能接受委托 300000 笔 / 秒，同时时延要小于 10 毫秒，在容量上要求满足可以实现日处理订单量达到 4 亿次。这些都是传统金融机构和数据处理手段难以想象的。显然，现代信息通信技术的应用提高了信息搜集和分析处理效率，互联网技术则为应用扩散提供了更大可能。信息通信技术应用于金融业，大幅度提高了金融信息的分析处理能力，实现了金融信息的实时收集和传播，同时也降低了金融交易成本，扩大了金融交易服务的广度和深度与金融信息服务的范围。

三、金融科技、信息服务和金融生态

当前在以移动互联网为代表的新一代信息通信技术冲击和影响下，不仅是传统金融机构需要通过科技创新和信息服务加速转型升级，金融的外延和边界都在扩大。正如波士顿咨询集团指出的那样，过去是科技公司帮助金融机构优化服务提升竞争力，现在是科技公司亲自上阵，直接推动金融服务领域的颠覆式创新与重塑。与此同时，原来与金融机构甚少有交集的新兴互联网企业其业务与金融也呈现出更多的交叉。普华永道的调查发现，在中国，电商平台、大型科技公司与传统金融机构一样都被认为是未来金融变革中最具颠覆性的力量，如图 5-1 所示。国际上如苹果和亚马逊，国内如蚂蚁金服、腾讯和京东等，都越来越多被认为是金融类企业或类金融企业。互联网金融和互联网＋金融模式的大行其道，正是这一潮流和变革趋势的体现。

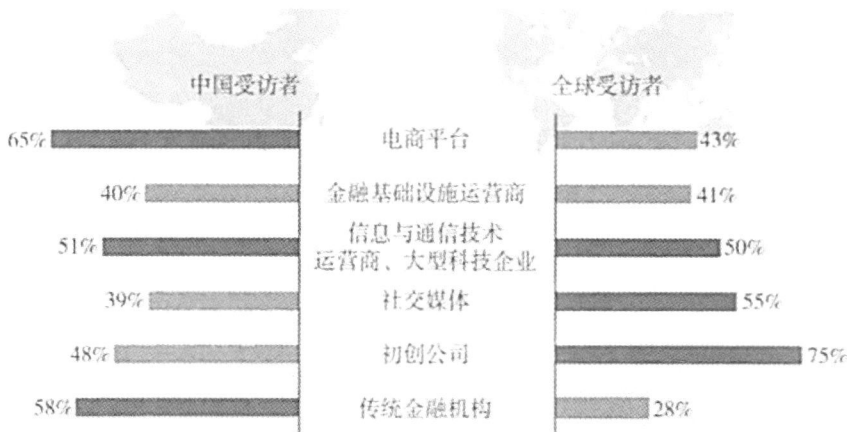

图 5-1　金融生态变革中最具颠覆性的机构类型调查

显然，与传统金融机构依赖金融管制下的资金优势、牌照优势推动业务和产品创新不同，新兴互联网企业和科技公司进入金融领域采用完全不同的创新策略，其共同点都是基于技术传统和技术优势，整合可以获得的一切信息，形成信息数据优势，进而形成更具有竞争力的金融服务。例如，在普华永道的调查中，如图 5-2 所示，被认为最有可能被金融科技创新所颠覆的三个领域分别是零售银行（79%）、投资及财富管理（51%）、资金转移及支付（47%）。显然，以支付宝和微信支付为代表，除已实现颠覆的资金转移及支付领域外，零售银行、投资及财富管理要实现颠覆，最重要的是以大数据为基础，通过人工智能或其他便捷方式提供创新性的服务。例如，与客户社交关系网络相结合，一方面依靠社交网络黏性提高用户忠诚度，另一方面将客户社交行为信息纳入信用机制和风控体系，构建依托社交行为信息的服务平台，形成社交关系型电子银行。电商关系型电子银行也与此类似。在投资及财富管理服务领域中，更需要整合各种资讯、信息和数据才能形成颠覆性的创新。

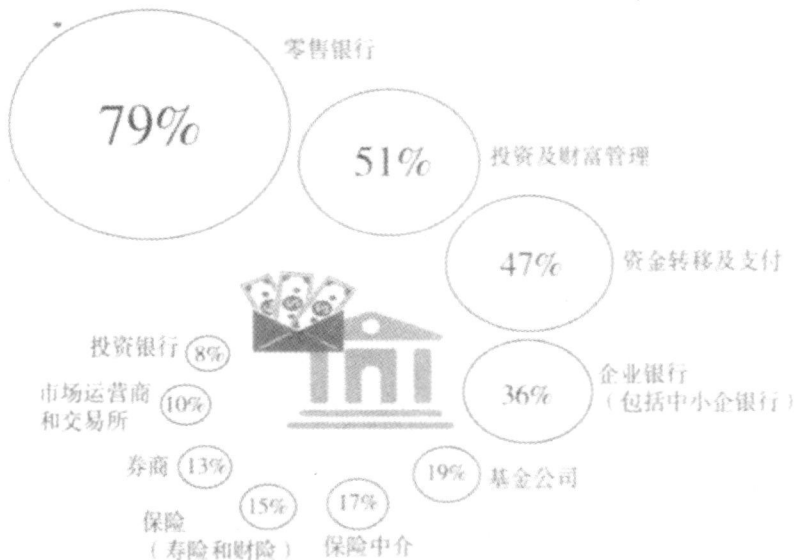

图 5-2　金融生态变革中最可能被颠覆的领域

资料来源：普华永道．2017 年全球金融科技调查中国概要 [EB/OL]，https：//www.
pween.com/zh/financial–services/fintech/global–fintech–survey–china–summary–2017.pdf.

四、金融信息服务创新发展与金融科技创新驱动

从形式上看，现代金融活动就是数据交换和信息的流动，金融科技创新驱动的金融发展使金融信息的增长速度远超金融活动规模的增长，从而形成新的金融信息服务业。从金融信息服务的产生历史来看，首先是一次事实性金融信息，如金融交易价格、规模，金融政策、事件等。在金融活动规模和影响小的情况下，一次事实性金融信息即满足市场主体参与金融活动和金融运行监管的需要，但仅凭一次事实性金融信息尚无法形成金融信息服务业。其次是初级加工金融信息，如金融资讯、信用报告、股票指数和各类统计报告等。与金融发展相伴生，金融产业化过程中初级加工金融信息的规模、形态、质量都在发生变化，金融信息服务业由此形成。三级加工金融信息如宏观经济和股价走势预测、投资理财信息服务、投资品分析推荐等的繁荣，是金融产业化和产业金融化条件下对金融信息服务需求的体现。显然，对金融信息加工程度的增加，既是信息加工促进价值增值的过程，也反映出金融信息服务发展对技术能力依赖的增加

如果根据信息服务形态和产生时间将金融信息服务模式划分不同类型，第一代金融信息服务模式是资讯模式，典型代表就是金融类媒体和通讯社，主要提供与金融相关的事实性信息、原始数据和新闻资讯服务。在这种模式下，信息提供方占有完全主动权，服务方式单一，也是典型的信息内容主导，也需要太多科技含量。第二代金融信息服务模式是工具模式，典型代表就是如彭博、路透和万得等开发的金融信息终端，与金融相关的各类信

息、数据、资讯等，包括相应的检索、分析、比较、信息提取等服务等，都可以集成在终端中提供给用户。在这种模式下，信息服务提供方需要逐渐考虑接受方的需求，也推动信息服务方在提供更丰富的信息内容的基础上，更加主动地采用科技手段不断完善和丰富终端服务手段。虽然这种金融信息服务模式仍然是典型的信息内容和服务双重主导，但从与科技的关系来看，也可以认为其是科技支撑型的金融信息服务模式。

在移动互联网和金融生态发生异变的新时代，第三代金融信息服务模式将是融合模式，即将信息内容和信息服务手段完全融为一体。与第二代金融信息服务模式相比，信息服务手段要适应新技术条件和新金融生态环境下用户个性化、智能化和场景化，同时又是高安全性、高可用性和高及时性的要求。要达到这一目标，新一代金融信息服务模式将是科技驱动型的，最典型的如金融平台服务、金融大数据服务、智能投顾等。金融信息服务商业模式创新已趋于成熟，未来发展将主要依赖于金融科技创新，通过进一步丰富信息服务手段，提供更有价值的信息内容或更特色化的服务手段。以近年极为吸睛的信用及行为评分[①]服务为例，传统基于银行信贷的金融征信评分早已存在，但在国内用户知悉较少，且为金融机构、消费者和企业应用的范围、规模和影响都相对较小。近年市场颇为流行的蚂蚁金服、腾讯、京东、百融金服和算话征信等互联网企业的各种信用评分以及招商银行等传统金融企业针对个人消费者的信用分等，不仅开始广为用户所知，且广泛应用于除传统金融外的各种领域。事实上，这种金融信息服务创新是基于消费金融甚至是互联网消费行为和社会网络行为活动增长，但最主要的是依赖于应用互联网技术，广泛收集用户金融和社会行为数据，再通过特定理论模型计算转化为金融化的信用数据。显然，如果没有互联网技术对大数据的收集、分析和处理，从传统金融征信评价向当前泛金融信用评价的创新即难以真正实现。这也从侧面说明，金融科技创新将在未来金融信息服务发展和创新中发挥更加重要的作用。

第二节　金融信息服务产业创新发展路径

一、传统金融业面向金融科技＋信息服务转型发展

（一）转型发展的迫切性

在金融科技发展的推动下，互联网金融的高效、便捷和去中心化、去中介化大大降低了金融交易成本，同时拓展了金融服务范围，也打破了金融体系被传统金融机构垄断的局面。传统金融业对金融科技的利用，不仅是简单的金融产品创新、流程再造和营销方式创新，必须加强对自身优势信息数据资源的利用，提升竞争力，构建新的商业模式，顺应

金融科技驱动的金融变革。安永对全球银行的调研报告发现，2015～2017年，选用新兴金融科技公司作为转账和支付服务商的消费者比例从18%上升至50%。2018年，85%的银行将实施数字化转型计划作为工作重点，以迎接创新和技术主导的未来。

在信息化社会，信息数据即资源是最关键的生产要素。对金融企业而言，历史数据越来越多，非结构化数据越来越多，但与此同时数据垃圾也越来越多，利用数据的难度在加大。显然，在新的金融生态时代，现代金融机构之间的竞争已非传统金融客户、渠道和传统服务方式之间的竞争，如何利用大量信息数据为用户提供增值服务已成为决定竞争力的关键。例如，调查②发现，银行客户在选择金融服务供应商时，其主要的来源均来自银行网站，全球约占38%，亚太地区约占47%，中国最高，约占53%。在中国和日本，第三方网站也是重要的金融信息来源。此外，中国高达70%的客户对银行提供在线金融管理工具帮助其做消费、投资和贷款决策非常或极度感兴趣。中国银行业协会公布的数据显示，2019年银行业金融机构平均离柜率达到89.77%，相较2018年的88.67%提高1.1个百分点，而2013年银行业平均离柜业务率则是63.23%。2015年末，银行业平均离柜业务率高达77.76%，部分银行的电子银行业务比重超过90%。在证券行业，随着佣金率普遍下滑，低佣金不再具有吸引力（见图5-3）。另外，证券公司要留住客户，吸引投资者就必须创新业务，基于金融科技创新，完善信息基础设施，提供便利、高效和高价值的信息增值服务。如图5-4所示，与证券行业平均佣金率逐步走低相反，证券行业对信息技术投入不断加大。据报道，2016年，证券行业IT投入突破100亿元。以IT投入居已上市券商前列的华泰证券为例，为推动公司向财富管理转型，近年其IT系统研发升级投入年均超过5亿元。在华泰证券最新的定增方案中，计划投入不超过10亿元用于IT系统。显然，无论是用户还是金融机构自身，都在更多地转向对新一代信息通信和互联网的应用。基于信息技术＋信息服务，挖掘和利用好金融信息，成为金融机构转型升级、提升竞争力的迫切需求。

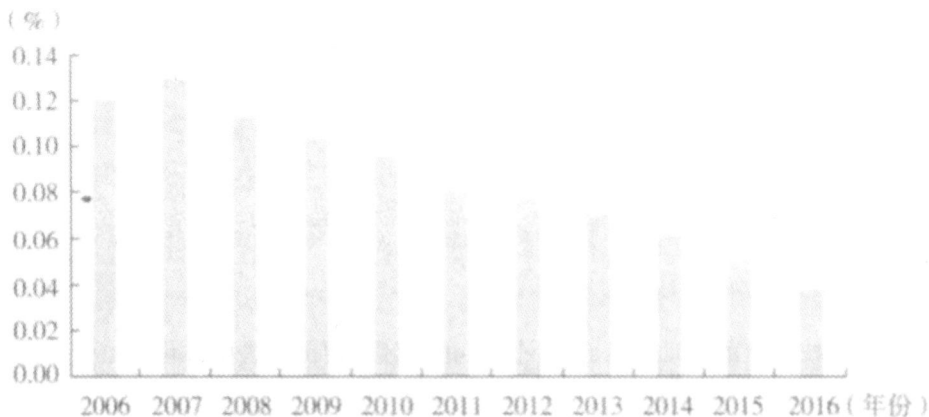

图 5-3　2006~2016 年证券行业平均佣金率变化

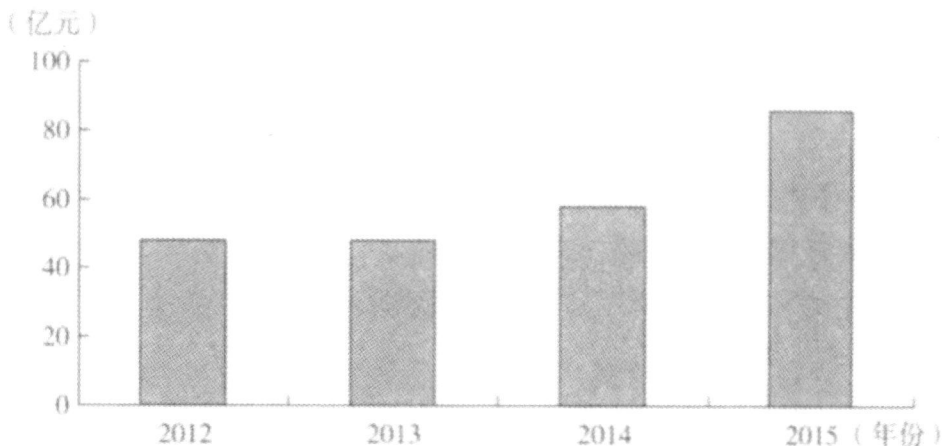

图 5-4　2012~2015 年证券公司 IT 投入情况

另外，现代金融信息的形式并非金融新闻资讯，且金融信息的超大规模和增长主要是非结构化数据。金融信息服务创新主要就是基于海量金融信息数据的收集、存储和分析处理。因此，海量金融信息数据产生了金融信息服务创新的现实需求，也为其提供了坚实基础。同时，金融信息数据的规模、结构和价值决定了现代金融发展对金融信息服务的巨大关联需求，决定了金融信息服务创新的方向。

（二）转型发展的优势与劣势

传统金融机构发展金融信息服务，既有优势也有劣势。综合分析，优势主要体现在以下三个方面：

1. 基础账户信息资源规模优势

传统金融机构最大的优势就是掌握基础账户，新兴基于互联网的金融业务如支付和理财业务等都要依托基础账户。基础账户作为传统金融机构的一张王牌，能够连续、系统、完整地记录和监督个人金融业务的全部活动。如果传统金融机构能将用户资源及其信息充分挖掘，改进和完善用户体验，增加信息增值服务，就能凭借掌握基础账户优势在未来竞争中赢得主动。

2. 数据资源优势

传统金融机构经过几十年的发展运营，不仅积累了大量的客户资源，所有用户的经济金融活动所产生的每笔基于账户的交易，金融机构都有所记录，因此更积累了大量的数据资源。利用金融科技面向金融信息服务转型，这是传统金融机构最重要的资源。

3. 品牌和信誉优势

金融业中的银行、保险、证券、期货等细分行业多数是需要许可持牌经营的规制性行业，严格管制也为传统金融机构积累了较好的品牌和信誉。尤其是在我国，大型金融机构通常有隐性的国家信用背书,拥有较高的用户信赖度。另外,由于无论是宏观政策制定者还是微观金融机构决策者都高度重视金融风险,因此面对复杂多变的风险环境,传统金融机构在逐步严格的外部监管和日趋激烈的行业竞争面前,已经能够高度重视风险管理工作,基本都建立了较完善的风险管控体系。这也是强化其品牌和信誉优势的重要因素。

虽然金融业科技进步已先后经历电子化、网络化和互联网化,但要进一步利用大数据、人工智能等金融科技,与金融科技企业和新兴互联网企业相比,仍然有比较明显、不可忽视的劣势:

1. 僵化体制机制约束

面向信息服务加快转型发展,离不开金融科技的利用。虽然传统金融机构多数已提升了信息科技部门的地位,但金融机构对风险和稳定性的强调仍然约束了其体制机制调整的灵活性,如决策效率低。同时,由于是规制型行业,在一定程度上享受了规制和垄断的红利,容易产生发展的路径依赖,对金融科技应用容易抱持跟随的心态,而非积极适应调整,因此在内部管理的资源配置上容易约束对金融科技的应用和业务模式的转型。

2. 思维模式和商业模式约束

传统金融机构缺乏"平等、协作、开放"的互联网思维方式,因此,虽然有人才、数据资源、产品创新等优势,但很难利用这些优势创新出适应互联网的产品,从而提供更具有针对性的金融信息服务。在商业模式上,更多是用机构内部的数据来分析客户,新兴互联网金融企业更加开放地利用客户消费、纳税、社交等各方面的大数据来为自己的业务服务,传统金融企业在客户资源开发、引流、数据挖掘和利用等方式上明显弱于新兴企业。

3. 技术和人才劣势

对于传统金融机构而言,创新金融信息服务业务会涉及 IT 系统、运营流程和风控体系改造,需要大量专业技术人才。例如,各家银行顺应移动互联网发展的大趋势,都推出了自己的金融信息门户网站、网上银行、手机银行、网上金融超市等,然而操作故障时常出现,遭到用户众多吐槽,很多功能设计欠缺人性化,用户体验持续降低。2016 年,新浪网对 19 家手机银行进行全面测评,虽然其功能和服务在逐步提升,但缺陷仍普遍存在,其中"用户体验细节待完善、转账步骤太烦琐、频繁登录、闪退时有发生"等问题突出。这反映出传统金融机构的技术和人才劣势较为明显。

(三)转型发展的创新路径

1. 自我发展面向金融信息服务的金融科技创能力

现代金融业是技术和数据驱动的产业,对金融科技的依赖越来越高,任何金融机构都离不开对自身金融科技创新能力的发展。但利用金融科技强化向金融信息服务转型与强化日常运营的信息技术支撑能力并不等同,这既需要强化金融机构的信息科技部门,或者是成立全新的金融科技子公司，加强研发，但更重要的是要重新定义金融资产和资源，改变过去科技作为后台技术支撑的角色，重构组织结构；产品、服务和移动互联网环境下的金融服务需求，调整业务模式，再造业务流程；提升用户服务水平，提升风险管理和系统性风险防范能力。安永对全球银行业的调查发现，平均37%的银行会自主开发新技术。42%的银行认为，与其他银行职能比较，增加技术预算对信息技术职能产生的影响将更加积极。

近年来，针对金融科技发展的热潮和金融业内部创新人才不足和体制调整困难的弊端，部分金融机构明显加快成立独立金融科技子公司，如表5-1所示。有些是承担金融机构产品和服务创新、业务模式创新的技术驱动中心，如光大银行成立光大科技，试图以金融科技推动孵化光大银行新产品、新服务、新模式和新业态。但更多的是将原金融机构IT部门独立，将科技能力对外转化服务，成立独立化运营的科技公司。例如，中国建设银行将总行直属开发中心和研发中心IT部门独立设立建信金科公司。招商银行将IT系统运营管理部门独立设立招银云创，发展面向包括招商银行在内的金融云服务。从实践来看，由于传统金融机构成立的金融科技子公司拥有云计算、大数据和人工智能平台搭建能力、行业应用搭建能力和海量金融数据积累。向科技公司转型的金融企业对行业的理解较深，并拥有切实的新兴科技应用实践，较易获得传统金融企业的信任。不过从具体业务和服务领域来看，多数金融机构成立金融科技子公司仍然是沿袭金融机构信息科技部门的职责和业务领域，并未完全体现促进金融机构整体向金融信息服务转型的创新思考。

表5-1　近年银行成立独立金融科技公司

金融机构母公司	金融科技子公司	成立时间	主要服务领域
兴业银行	兴业数全金融服务	2015年12月	运营信息资产，提供金融信息云服务、金融技术类业务外包和系统集成
平安集团	金融壹账通	2015年12月	运用人工智能、生物识别、区块链等技术，发展金融云等平台，提供基于信息的营销获客、产品开发和风险管理等服务
招商银行	招银云创	2016年2月	整合招商银行系统科技服务，提供金融云和云之上的营销服务等
光大银行	光大科技	2016年12月	基于金融云和信息系统建设，孵化创新银行新产品、新服务、新模式和新业态
中国建设银行	建信金融科技	2018年4月	软件科技、平台运营和金融信息服务
民生银行	民生科技	2018年5月	金融科技研发和金融场景应用

2. 与金融科技和互联网企业合作推进创新转型

金融机构在转型发展中也意识到自身技术和人才问题的缺点，因此很自然与新兴金融科技公司或大型互联网企业合作。据普华永道《2017年全球金融科技调查中国概要》显示，48%的中国金融机构目前向金融科技公司购买服务，而且未来3~5年，68%的金融机构将增加与金融科技公司的合作。如表5-2所示，近两年我国大型银行均先后与大型互联网公司建立了合作关系。

表 5-2　大型银行与大型互联网企业的合作

日期	银行名称	合作机构	合作内容
2017 年 3 月	中国建设银行	阿里巴巴蚂蚁金服	蚂蚁金服将协助中国建设银行推进信用卡线上开卡业务；双方将推进线下线上渠道业务合作、电子支付业务合作、打通信用体系。未来，双方还将实现二维码支付互认互扫、支付宝将支持中国建行银行手机银行 APP 支付
2017 年 6 月	中国农业银行	百度	主要围绕金融科技领域开展，包括共建金融大脑以及客户画像、精准营销、客户信用评价、风险监控、智能投顾、智能客服等方向的具体应用，并将围绕金融产品和渠道用户等领域展开全面合作
2017 年 6 月	中国工商银行	京东	双方将在金融科技、零售银行、消费金融、企业信贷、校园生态、资产管理、个人联名账户等领域展开全面深入的合作
2017 年 6 月	华夏银行	腾讯	共有云平台、大数据智能精准营销、金融反欺诈实验室、人工智能云客服实验室等方面展开深入合作
2017 年 7 月	民生银行	小米科技	继续探索反欺诈实验室、金融业务上云、与理财通平台的全面合作，依托腾讯云搭建智能客服平台、推出专属信用卡和小微信贷等
2017 年 8 月	交通银行	苏宁控股苏宁金服	双方将在智慧金融、全融资业务、现金管理及账户服务、国际化和综合化合作等领域展开全面深入的合作
2017 年 9 月	中国银行	腾讯	挂牌成立"腾讯金融科技联合实验室"，重点基于云计算、大数据、区块链和人工智能等方面开展深度合作，共建普惠金融、云上金融、智能金融和科技金融
2017 年 9 月	光大银行	京东	双方的合作将从产品层面上升到场景和用户层面，进一步加强在大数据风控、用户画像、人工智能等方面的优势互补，拓展智能客服、智能投顾、消费金融等业务场景

3.并购和投资新兴金融科技企业

投资并购新兴金融科技企业也是大型金融机构的一个重要选择。本书第二章曾介绍指出，花旗银行、西班牙国家银行和高盛等都是投资金融科技企业的积极者，日本三菱日联金融集团和住友三井金融集团也在积极追赶。

相比较而言，我国金融机构在这方面并不积极。2016 年，银监会联合科技部和央行印发《关于支持银行业金融机构加大创新力度开展科创企业投贷联动试点的指导意见》，放行银行成立金融科技子公司或股权投资金融科技公司。中国工商银行全资公司工银国际投资了智能风控公司第四范式和人脸识别公司依图科技。总体来看，目前还处于试点摸索阶段，投资并购并不活跃。

二、金融信息服务企业 + 金融科技强化服务和金融特色

（一）利用金融科技强化服务特色

金融科技不仅影响传统金融企业，而且对提供资讯服务、数据服务、信用服务和金融终端服务等传统金融信息服务企业来说也是一次新的机遇和挑战。对这些传统金融信息服务企业而言，其优势是具有较深厚的数据库和金融数据、信息资讯原创采集能力，但与银

行、保险、证券等主要金融部门不同，金融信息服务领域缺乏严格管制，行业进入门槛不高，面对新技术的冲击，当前一个重要发展方向是要强化新技术的应用，提高信息数据采取、存储、加工效率，更贴近用户和市场提高服务水平。例如，在信息、数据采集环节，强调多维度大数据的采集，弥补传统金融数据或单一信息渠道的不足。比较典型的例子就是大数据征信采集非传统金融数据，金融集成平台自动集成全部网上渠道相关信息和金融产品，在此基础上提供比价服务。有些强调利用云计算和人工智能，提高金融信息的结构化使用和数据生产传递的自动化程度，以及背后的机器学习特征和用户行为反馈。这在新一代的金融终端或集成服务 APP 上体现得尤为明显。

在金融信息的利用和消费环节，为了避免同质化的竞争，金融信息服务企业重点是利用金融科技强化服务差别化和服务质量。例如，利用金融科技改进信息加工利用和消费流程，完善消费体验。典型例子是资产交易环节的信息数据支持服务，过去股票投资没有一键下单、组合下单；货币基金申购无法显现当日净值。通过大数据和云计算技术的使用，投资者已实现在移动端，通过移动客户端和接口的配合，都可以用更清晰的方式查询、展示资产或标的价格数据，以更便捷的方式实现购买。在细分领域，如投资研究中，以同花顺"问财"和华尔街见闻"选股宝"为代表，重点都是运用大数据构建的知识图谱，形成投资研究方面的信息决策依据，包括人工智能和量化投资、相关数据库、智能证券咨询等。在保险领域，以车辆的财产险为例，传统定价方法是基于样本统计的历史数据来预测保险标的发生损失的概率，保险价格的调整主要是基于车辆原始价格、购车年份和上一年度出险情况而定。因此，同一年份车辆，无论所有人或驾驶人是谁，保险价格差异性很小。在大数据模式下，保险公司可以借助第三方数据服务，根据被保险人或车辆使用频率、行驶路线、驾驶习惯等数据，准确计算损失概率，实现差异化定价，对具有不同风险的车辆实行不同费率。总体上看，借助于金融科技，服务的差异化、个性化和智能化成为金融信息服务企业发展的一个重要发展方向。

此外，由于同质化，信息服务越来越难以实现盈利，金融信息服务企业越来越多利用其信息数据优势，通过金融科技发展新的业务形态和业务模式。除此前已多次讨论的大数据金融信用服务、金融集成平台服务、金融社区社交、在线金融教育等新模式外，金融信息服务也成为一种新的技术加持的服务手段，应用较多的领域是利用信息获客，增大客户群体，以及为用户画像，识别出不同用户，为用户差异化服务和增值服务奠定基础。例如，通过积累的历史数据建立用户分类和评分模型，结合用户基础信息、交易行为信息、平台行为信息、社交行为信息、支付行为信息、征信等数据信息，为具体客户提供关于用户信用、价值、投资和交易偏好，为用户准确画像，开展用户分层，甚至可以进一步分析用户数据，预测用户行为。

（二）利用金融科技强化金融特色

在金融科技应用大背景下，当前金融信息服务业务转型创新的一个重要方向是进一步强化金融特色，主要是利用其信息和数据的金融属性，将用户导流到金融服务，实现金融信息服务与金融服务的融合发展。在这种情况下，通常也使金融信息服务成为金融服务不可分割的一部分。最极端的例子是东方财富，利用金融信息服务获得大量用户，并在此基础上形成了较高的用户黏性，然后择机获得证券业牌照，转型为互联网证券公司。除此之外，雪球网和华尔街见闻等以金融社区、金融资讯为主的金融信息服务企业，包括同花顺、大智慧等金融终端服务企业，都在信息产品服务中与不同证券公司的交易系统对接，实现了以金融信息服务为金融服务导流，金融信息服务与金融服务融合的发展模式。

三、传统企业发力金融科技＋金融

（一）传统 IT 企业转型发展 IT 服务＋金融

在金融科技和经济金融化的双重影响力下，掌握技术优势的传统 IT 企业也不甘落后。从金融电子化开始，IT 企业都是金融企业的长期和紧密的合作伙伴，拥有先天性的金融科技应用优势，并熟悉金融行业运作模式，其转型自然是将其 IT 服务优势与金融结合起来，积极申请金融牌照，拓展业务布局，走金融科技＋金融之路。

恒生电子股份有限公司（以下简称恒生电子）是典型例子。该公司从 1995 年成立后即围绕金融企业提供金融软件和网络服务，主要业务是为证券、期货、基金、信托、保险、银行、交易所、私募等机构提供信息化解决方案和个人投资者提供财富管理工具，是《美国银行家》杂志评选的全球金融 IT 百强和国际数据公司 IDC 评选的证券业软件、银行中间业务软件供应商第一名，积累了丰富的金融行业信息服务经验和大量的机构、个人用户。从 2012 年开始，为摆脱过去仅限于提供技术和系统服务的弊端，恒生电子开始更加积极介入金融业务活动。2013 年，虽然收购数米基金股权，布局互联网金融失败，包括后来又积极推出的 P2P 网贷系统，联合宁波云汉投资融都科技，反映出恒生电子积极向金融转型的意图。另外，恒生电子发挥技术优势，通过恒生 HOMS 系统与金融系统更加紧密地捆绑在一起，迈出了转型的重要一步，即从向金融企业提供软件产品、IT 托管服务转为提供技术平台，为金融业务提供协同服务，获取协同业务合作分成收入。

（二）传统零售企业借力新零售发力金融科技＋消费金融

电子商务是推动第三方支付，进而推动互联网金融发展的重要变革力量。因此，在传统企业中大型零售企业是积极向金融科技和新金融转型的重要力量。这些企业，由于拥有大规模的用户信息和消费行为数据，在客户服务方面的经验丰富，通常是以金融科技＋新零售为主题，通过申请消费金融牌照，实现积极转型。比较典型的例子有万达金融、苏宁金融、永辉金融和海尔金融等。

四、大型互联网企业推动金融科技赋能

金融信息服务的创新发展离不开大型互联网企业，如表5-3所示，蚂蚁金服（包括独立前的阿里巴巴集团）、腾讯、百度、京东、小米、网易等都是积极的参与者。在某种意义上，甚至可以认为，因为大型互联网企业积极推动互联网科技＋金融的融合，最终才导致互联网金融和金融科技等概念的流行。同时，这些互联网巨头在人工智能、大数据、云计算、区块链、物联网等领域具有无可比拟的技术优势，也是推动金融科技和金融变革最重要的一股力量。

表5-3　部分互联网巨头金融科技＋信息服务发展情况

企业	独立业务	金融科技重点	信息服务重点
百度	百度金融（度小满金融）	人工智能、大数据、百度云服务	大数据分析、智能风控、智能API、智能获客
阿里巴巴＋蚂蚁金服	蚂蚁金服	阿里云、人工智能、大金融信用、第三方支付	云服务、大数据用户画像、芝麻征信、智能风控及金融服务
腾讯集团	财付通	腾讯云、人工智能、第三方支付、金融信用	云服务、智能风控、第三方支付
京东集团	京东金融	大数据、人工智能	智能风控、数据计算、用户画像及金融服务
网易集团	网易金融	大数据、人工智能	智能风控、智能投顾、大数据用户画像

典型互联网企业推动互联网技术与金融的结合，初期主要是以互联网金融为突破口，布局创新发展金融类业务（见表5-4），几乎所有互联网巨头都涉及多个金融领域的业务。最典型的例子是蚂蚁金服服务集团（以下简称"蚂蚁金服"），其脱胎于2004年阿里巴巴集团推出的支付宝业务，目前旗下已发展第三方支付（支付宝）、货币基金（余额宝）、理财（招财宝）、银行（网商银行）、信用（芝麻信用）、理财（蚂蚁财富）、小贷（蚂蚁小贷）、基金销售及蚂蚁聚宝、蚂蚁花呗等众多金融业务，同时阿里巴巴集团还控股恒生电子等金融科技公司。目前蚂蚁金服几乎拥有了除证券经纪之外的所有金融类牌照，几乎就是一个可以开展混业金融经营的金融巨无霸企业集团。

表5-4　部分互联网企业金融布局情况

	百度	阿里	腾讯	京东	小米	360	万达
支付	V	V	V	V	V	V	V
贷款	V	V	V	V	V	V	V
理财	V	V	V	V	V		V
保险	V	V	V	V			V
证券	V	V	V	V			
银行	V	V	V				
征信	V	V	V	V			V
基金	V	V	V	V	V	V	
众筹	V	V	V	V	V	V	V

资料来源：中国信通院、兴业证券经济与金融研究院整理。

金融科技的应用将以互联网为代表的新一代信息技术应用与金融深度融合，促进了

金融交易模式和服务模式的本质变革，金融脱媒去中介化和普惠金融成为可能。但从金融发展的角度来看，由于金融的本质没有变，金融监管的体制框架没有变。在互联网金融呈现种种乱象之后，无论政策制定者、金融监管者还是互联网从业者都意识到，金融科技下的产业转型并非互联网巨头以技术优势通过获取流量的方式拓展金融类业务，与传统金融机构进行用户流量的争夺，与金融机构开展竞争。金融科技的本质是现代信息技术的创新，技术而非金融是金融科技的内涵所在。抛弃技术专长，盲目地发展金融，是当前产业金融化和金融过度发展背景下的一种盲从，不仅可能影响金融市场秩序治理，加大金融风险，也可能影响互联网巨头核心竞争力的培养。因此，互联网巨头应该发挥其拥有金融科技的技术优势，服务并优化金融业本身的运作模式，进而带来金融业技术经济范式的变革。

因此，当前互联网巨头的金融科技发展重点开始由面向用户个人（toC）的 C 端用户服务转向面向金融机构（toB）的 B 端用户服务，利用技术优势为金融赋能。以基于大数据和人工智能的银行信用卡客户服务业务为例，传统模式下需要人工以电话方式或在互联网上解答用户问题，鉴于金融风险防范的需要，甚至需要用户到现场以面对面的方式办理业务。但在人工智能模式下，银行或证券公司不仅可以使用自助式语音导航应答服务系统，还可以利用语音识别和自然语言理解技术，实现用户与人工智能系统之间的人机交互，解答用户问题，甚至结合远程视频技术和动态验证技术，替用户办理一些必须到现场才能办理的业务。人工智能的使用不仅降低了金融机构的成本，提升解决问题的效率，同时人工智能可以更好地理解用户提出的问题需求，获得用户的信赖。

现代金融是数据产业。大型互联网企业拥有面向个人的数据优势和互联网入口资源，利用金融科技为金融赋能几乎可以涵盖金融的各个领域。从实践来看，当前应用重点为金融机构提供从金融云到移动支付、人工智能、大数据风控、用户精准营销和高效管理、信用管理等全方位的服务。同样以蚂蚁金服为例，其拥有大量支付数据和用户数据不仅为其网商银行服务，还通过开放支付宝、数据分析平台、大数据计算服务，以及不同金融科技技术接入标准为其他数据提供商和中小商业银行提供大数据服务和智能客服等服务，形成新的金融信息服务模式。

第三节　我国金融信息服务产业创新特征

一、发展背景

2017 年，我们重点以调研走访的形式访问了北京、上海、杭州三地 13 家金融信息服务企业。在此基础上，利用调查问卷法对金融信息服务行业的产业创新状况进行了调查。

首先选择商业企业数据库，根据金融信息服务行业特征值筛选出候选企业，进一步分层随机抽样选择对象企业，发送调查问卷。回收调查问卷后，检查问卷中存在的疑问或漏答问题，通过电话访问补充调查。共发放问卷 300 份，回收有效问卷 103 份。调查数据主要是 2016 年的。

调查对象主要为金融信息服务类企业，具体访问对象为高层管理者或信息科技部门负责人。在具体实践中，由于越来越多企业是在新技术帮助下利用金融信息和 / 或金融数据推动开展金融服务活动，新技术应用和信息服务成为金融服务密不可分的一部分。最典型的情况是传统金融机构利用互联网提供金融信息服务，以及新兴互联网企业的金融信息服务活动与某些互联网金融活动的界限较为模糊等。因此，在调查问卷发放过程中，进一步适当扩大到传统金融机构的信息科技部门和新兴互联网金融企业。

因不同学科和不同领域对创新有不同理解，考虑到我国政策实践，尤其是《中共中央国务院关于深化体制机制改革加快实施创新驱动发展战略的若干意见》对不同形式创新的区分，为便于调查对象企业对创新的理解，本次调查涉及的创新主要包括科技创新、管理创新和商业模式创新三种类型。

二、产业发展现状和特征

（一）创新驱动金融信息服务行业快速发展

简单直观地看，金融信息服务行业发展迅速，本次调查也反映了这一特点。从工商企业数据库简单查询可以发现，以北京市为例，当前疑似广义金融信息服务企业约为 958 家，其中约 740 家为 1~5 年内注册成立，大约占 77%。从问卷调查反馈情况来看，如图 5-5 所示，13.64% 的被调查企业成立于 2006 ～ 2010 年，绝大部分（73.64%）成立于 2011 年（含）后。少数成立于 2000 年之前的企业（7.27%）主要是传统金融机构，实际上也是在近年传统金融业面向金融信息服务转型过程中才开始从事金融信息服务业务。

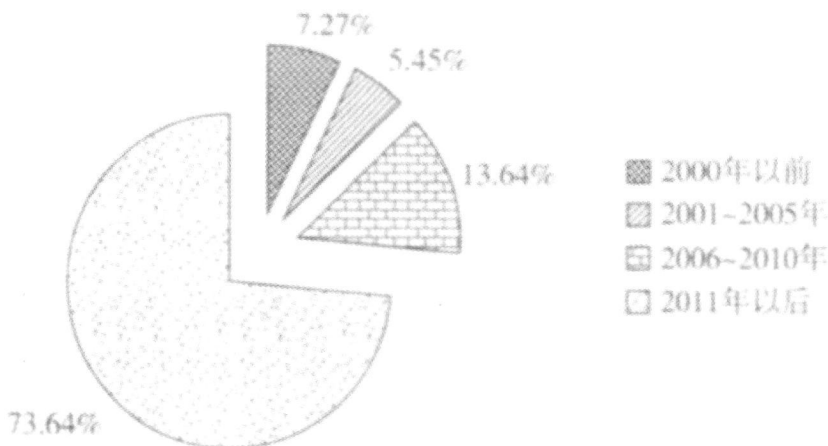

图 5-5　金融信息服务企业注册时间分布

从时间上来看，大约从 2010 年后，我国创新驱动战略开始成形，创新政策力度明显加大。例如，国务院先后印发《关于加快培育和发展战略性新兴产业的决定》和《"十二五"国家战略性新兴产业发展规划》，包括新兴信息服务产业等在内的新一代信息技术产业成为重点培育对象。2012 年底，党的十八大正式提出要实施创新驱动发展战略，一系列有利于创新的制度设计先后被推出。同一时期，以互联网为代表的信息通信技术基础设施日趋完善，创新扩散加快，互联网得到普及，互联网信息资源快速增长。据统计①，1997 ~ 2009 年，互联网基础设施建设投资达 4.3 万亿元。2009~2017 年，以网页数计算的互联网信息资源增长了 8 倍，如图 7-6 所示。到 2009 年，第三代移动通信（3G）牌照开始发放，标志着开始进入移动互联网时代。据 CNNIC 最新调查统计②，截至 2017 年底，我国网民规模达到 7.72 亿，手机网民高达 7.53 亿，互联网普及率达到 55.8%。互联网应用模式创新极为活跃，市场上检测到移动应用程序（APP）在架数量接近 400 万款。以网上支付、网络银行、互联网理财、网上证券交易等为代表的互联网金融类应用程序大量涌现，用户增长迅速，使用率稳步增长，既培养了大批习惯和依赖互联网信息数据驱动的金融用户，也普及推广了互联网金融知识，促进了金融信息数据的生产和应用环境。因此，正是在国家创新驱动政策的制度创新激励，以及以互联网为代表的信息通信技术创新双重作用下，推动了近年来金融信息服务行业的快速发展。这也是未来一段时期金融信息服务行业发展的关键驱动要素。

图 5-6 以网页数计算的互联网资源量变化

（二）从业企业具有典型中小微和新兴行业特征

从问卷调查反馈情况来看，按从业人员计，超过半数企业（51.82%）是中型企业，从业人员不足 50 人的微型企业和人员超过 1000 人的大型企业占比均约为 11%，人员数 50~200 人的小型企业占比约为 26%（见图 5-7）。显然，由于多数企业注册成立时间短，行业组织结构整体上以中小微企业为主。但相对于其他服务型企业而言，按照成立 1~5 年计，这一从业人员规模成长性仍然是相当可观的。

另外，按照主营业务收入计，年收入 500 万元以下企业占比只有 10%，约一半企业年主营业务收入超过 1 亿元，其中约 15% 的企业年收入超过 10 亿元（见图 7-8）。虽然被调查企业注册成立时间短，从业人员规模较小，但年收入规模仍远超过一般服务业同等寿命企业和同等人员规模企业的收入水平，在某种程度上，这也体现出金融信息服务行业具有典型的金融业特性和创新型新兴行业属性。

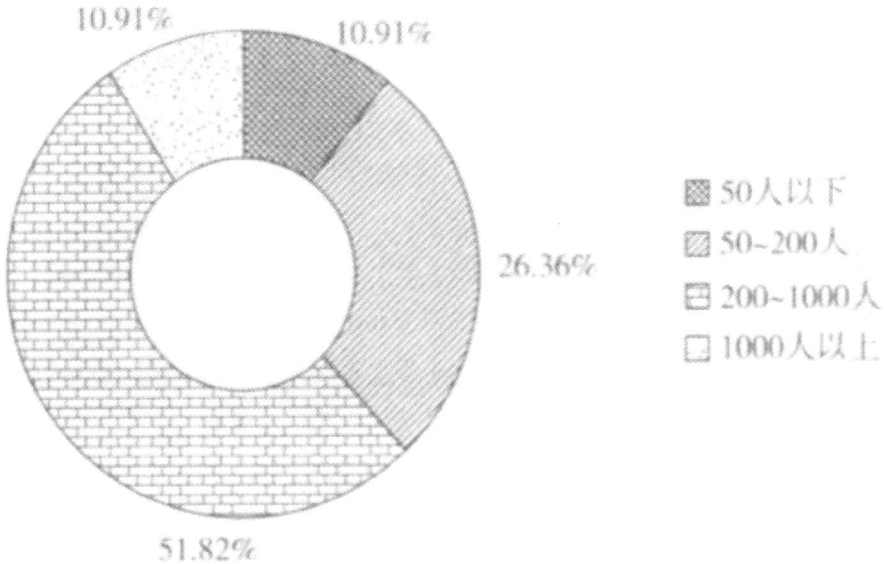

图 5-7　按从业人员计的企业规模结构

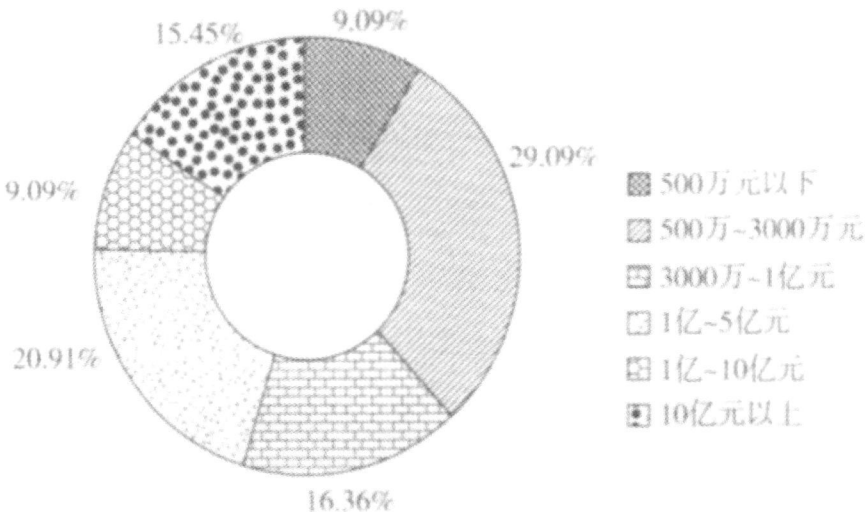

图 5-8　按收入计的企业规模结构

另一个体现金融信息服务行业的创新型特征的是研发机构设立情况。调查发现，只有 2.7% 左右的企业尚没有设立研发机构，接近一半（47%）的企业设立有独立研发机构或研发部门，其他则与高等院校、科研院所等合作设立研发机构。

三、产业创新现状和发展特点

（一）企业和行业创新投入现状与特点

金融信息服务是典型信息通信技术驱动的创新型新兴产业。研发机构设立和研发投入是科技创新活动的基本保障，上述调查中研发机构设立情况也反映出金融信息服务企业普遍较为重视研发活动，几乎所有企业都有不同程度的创新研发活动。从创业投入情况来看，金融信息服务企业创新投入水平既具有典型中小企业和典型创新型产业特征。例如，约 27.3% 的企业研发支出占人员费比重低于 5%，大约一半（49.1%）的企业研发支出占人员费比重介于 5%~15%。与此同时，占比超过 15% 的企业比重也高达 23.6%，其中约 5.5% 的企业研发支出占人员费比重超过 30%。

2012 年 9 月，中共中央、国务院颁布的《关于深化科技体制改革加快国家创新体系建设的意见》明确提出，到 2015 年我国大中型工业企业研发经费占主营业务收入的比例要提高到 1.5%。如果单纯从研发支出占主营业务收入比重来看，金融信息服务行业创新研发投入水平整体较高，其创新性特征更加明显。如图 7-9 所示，只有 6.36% 业务企业研发支出占主营业务收入比重在 2% 以下，这一比例略高于以中小企业和新兴企业为主的一般服务型产业。接近一半的企业（45.45%）研发支出占主营业务收入比重超过 6%，其中超过 10% 和 15% 的企业占比分别达到 18.18% 和 10%，这基本上相当于 Facebook、Google、华为和微软等企业的创新投入水平。如果仅按照我国高新技术企业认定的研发费用条件，现有超过一半的金融信息服务企业可以归属于高新技术企业之列。企业对研发投入的重视和高比例投入，充分显示出金融信息服务行业科技创新潜力较大，创新后劲较为充足。

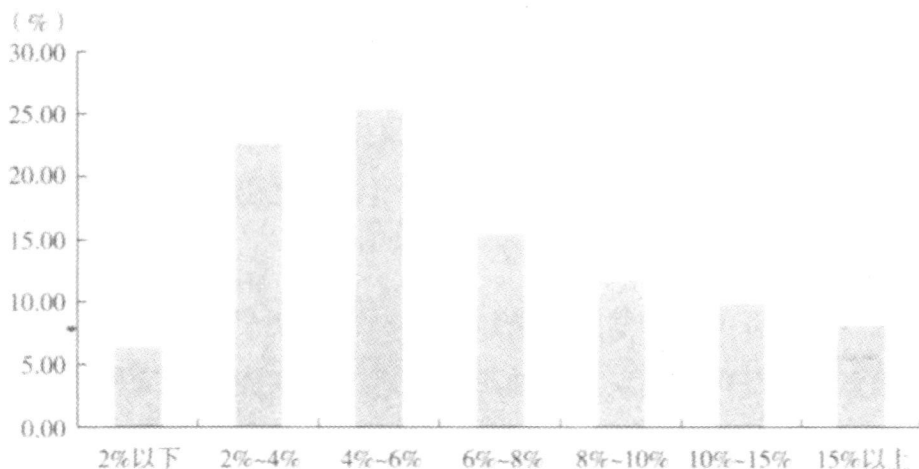

图 5-9　研发支出占主营业务收入比重分布

（二）创新意识和创新能力现状与特点

企业对研发机构设立、研发投入的重视，反映出企业普遍具有较强的科技创新意识。一方面，对京沪杭部分企业的调研可以发现，被调研金融信息服务企业普遍对大数据、人工智能、移动互联网等信息通信技术的进展和应用较为关注，也是投入研发力量较多的领域。但另一方面，问卷调查反馈发现，超过一半的（54.5%）被调查企业承认目前其创新重点在于商业模式创新，12.7% 企业的认为其创新重点在于管理创新，只有约 32.7% 的企业认为其当前创新重点在于科技创新。与此同时，对自身创新不满意的企业占比只有 4.5%，高达 63.6% 的企业对自身创新基本满意。这也是为什么直观上来看，相当一部分企业商业模式大同小异，行业发展低水平竞争的重要原因。

以知识产权为例，问卷反馈调查企业中大约 91% 的企业拥有注册商标，更有大约 81% 的企业拥有独立品牌，反映出企业普遍重视知识产权。但从新闻媒体报道来看，行业内侵权事件时有发生。具体到发明专利，问卷反馈企业中，大约 8.2% 没有任何发明专利，一半企业拥有 1~5 项发明专利，拥有 10 项以上发明专利的企业占比只有 14.5%（见图 5-10）。显然，这说明并非企业科技创新意识或知识产权意识淡薄，而根本原因在于行业整体的科技创新能力和创新水平不高。

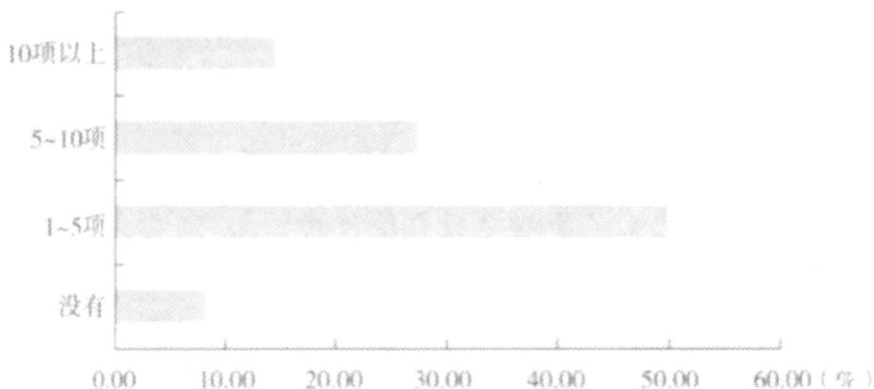

图 5-10　企业发明专利数量分布

（三）管理创新和科技创新联动发展特点

管理创新是规划创新目标、优化配置资源、激发创新活力、克服创新障碍必不可少的组织、制度和管理变革。在调查中，虽然只有 12.7% 的企业认为其创新重点在于管理创新，但对企业创新特色的简要描述中，却有更多企业认为其特色在于管理方面，包括管理意识超前，重视人才引进和人力资源，管理执行力强和重视细节管理，创新分班制管理，在企业内部建立信任和诚信文化，网络宣传推广能力强等。在对企业创新特色的回答描述中，与管理创新相关的描述和与科技创新相关的描述在数量上几乎一致，显示出企业对管理创新和科技创新的同等重视。

在调研走访的一些企业中，虽然多数是未公开上市企业，但股票期权、合伙人等创新性的制度设计，人性化和重视员工健康福利等以人为本的企业文化建设等，都已成为推动科技创新和提升企业创新能力的重要助益。在某种意义上，在金融信息服务这样的新兴和交叉性的行业中，管理创新和科技创新的有机联动已成为提升创新能力的独特选择。

（四）创新路径和创新模式特点

对金融信息服务企业技术获取途径和创新信息来源的调查发现，自主研发（80%）、引进人才和培训（68%）和技术入股（33%）成为企业获取技术的三种主要方式，几乎没有企业采用购买专利或技术成果的方式获取技术，企业并购（16%）的方式也很少。这可能是由于多数金融信息服务企业成立时间短，企业规模小，不擅长大企业采用的专利购买或并购方式，而是更加倾向自主开发、人才引进和技术入股。另外，超过 80% 的企业认为其创新信息来源于竞争对手或其他外部市场/商业源，仅选择来自企业或企业集团内部源的比例不足 30%。这也是当前金融信息服务行业低水平竞争的一个重要例证。

由于企业自身创新能力不足，除了上述渠道借助外力外，与外部机构合作也自然成为企业快速提高创新能力的重要选择。问卷调查反馈情况发现，50% 的企业设立了合作研发机构。结合对京沪杭企业的调研发现，万得资讯、东方财富、华尔街见闻、算法征信、同花顺、大智慧、挖财网、百融金服等行业有一定规模和影响的企业除建立了自己的研发团队或机构外，或者设立研究机构、研究平台、研究课题，或引进人才团、人才顾问等，均与不同高校开展了不同形式的研发合作。集聚创新资源，以产学研合作推进自主创新的发展模式初步形成。

（五）产业科技创新的重点和短板

在关于未来影响金融信息服务最重要技术或技术领域的选择（问卷调查选择回答不超过3项）中，企业选择最多的三个技术领域分别是大数据、人工智能和移动互联网。而当下较流行的区块链、人脸识别等技术领域虽然也有被提及，但并不突出。除此之外，物联网、云存储、支付（网上和移动）技术也分别被不同企业关注。这不仅体现了未来金融信息服务对信息通信技术和行业发展技术环境的依赖，更充分体现了金融信息服务行业是以信息和数据收集、加工处理为主的行业特性。

另外，值得注意的是，有多家企业提到通信网络环境，尤其是多家企业反映数据中心（机房）建设，包括扩容、备电等问题较为突出。显然，信息通信技术基础设施建设的短板问题应引起足够重视。

四、创新环境和制度创新对产业创新的影响

企业创新能力和创新产出是产业创新水平的体现，同时又不可避免地受到政策环境的影响，尤其是对于金融信息服务这样与金融密切相关的行业，金融信息服务中的征信、投资咨询、金融新闻资讯传播等更直接由相关部门实行进入许可管理。在这方面，我国对传统金融领域和部分金融信息服务领域都实施了较为严格的许可管制，非国有企业申请银行、保险、证券等传统金融业许可牌照，或申请证券咨询、征信、金融终端服务等都面临较高进入障碍和成本。再加上金融市场不成熟，国有金融机构占主体，大量非国有企业和中小微企业可选择的融资渠道和方式极为有限，很多企业以互联网金融或金融信息服务名义开展金融业务，也让监管者不得不实施更加严格的准入限制。因此，了解企业对相关政策的熟悉程度及其对监管的态度至关重要。

受调查企业中，只有不足2%反映基本不了解国家和所在地创新扶持政策，超过一半（53.6%）的企业认为比较了解。与此同时，认为行政管制和政策对创新基本无影响的只有5.5%，有大约24.5%的企业和70%的企业认为对创新影响很大或有一定影响（见图5-11）。在被问到是否有必要根据企业技术能力和技术水平对金融信息服务行业从业企业进行分级管理时，只有3.6%的企业认为完全没有必要，而36.4%的企业认为完全有必要，认为需要配套政策的企业则有60%（见图5-12）。这表明绝大多数企业认可国家创新政策和行业管理政策在金融信息服务产业创新中扮演重要角色，且大多数企业希望能建立与

企业技术能力和技术水平相匹配的政策管理体系。

通过调查也反映出，尽管企业普遍认为创新环境、政策和制度等对金融信息服务行业的发展有着重要影响，但从行业健康发展的角度，企业普遍认可需要加强管制，但需要有健全综合的配套措施。

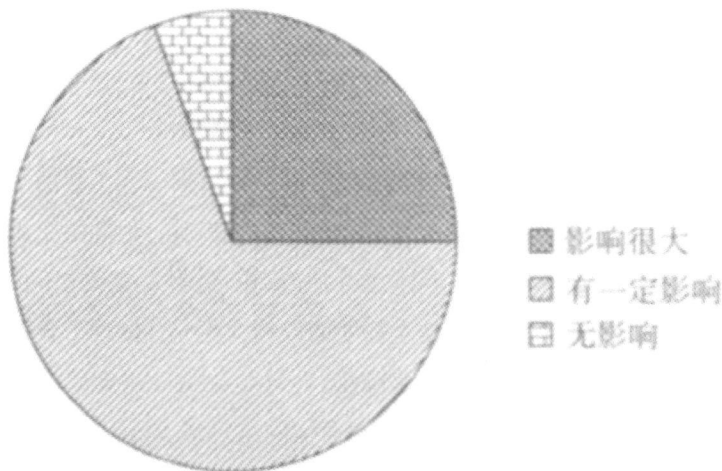

图 5-11　行政管制和政策对创新的影响

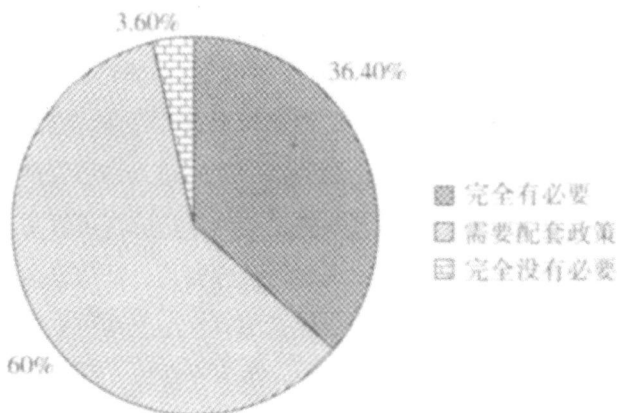

图 5-12　基于技术能力实施分级管理的认可度

第四节　金融信息服务产业创新发展趋势

一、产业创新呈现明显集聚态势

无论是根据对工商企业数据库的检索情况，还是根据调查问卷反馈情况来看，金融信息服务企业目前主要集中在北京、上海、杭州和深圳四大城市，其中在如北京的中关村和望京地区，上海的陆家嘴地区，杭州的西溪和黄龙等地区，又分别形成了各具特色金融科技和金融信息服务产业集聚区。这一方面既与北京、上海和深圳等城市金融业的高度发达密切相关，另一方面也与这些城市以互联网为代表的信息通信技术应用产业集聚密不可分。例如，在杭州的调研发现，多个企业创始人均有来自蚂蚁金服及其前身支付宝的工作经历。在当前国家实施创新驱动战略的大背景和金融科技热潮的带动下，这些城市既有金融要素又有创新资源，金融业、互联网产业和创新资源的结合，加上地方政府有意识的规划和推动，不仅将加速京、沪、杭、深四大城市金融信息服务产业集群的形成，将加快现有产业集聚区向创新集聚区的转型。例如，杭州市明确提出要打造金融科技创新中心即是一个典型例证。

二、金融信息服务产业呈现明显多样化商业模式趋势

在金融信息服务发展的早期，不包括相对独立的征信业务，金融资讯业务、金融终端业务和金融数据业务是三大主要业务领域。但在金融科技应用的驱动下，用户参与金融活动更加便捷，金融场景更加丰富多样，推动原有金融信息服务终端、金融资讯、金融征信、证券指数服务等主要的服务业态进一步分化，金融信息服务商业模式创新更加活跃。这可能也是高达 54.5% 企业认为其创新重点在于商业模式创新的部分原因。另外，从问卷反馈情况来看，被调查企业对其主要业务（产品或服务）及创新特色的描述，金融资讯、信息终端等仅占了较小比例，其他企业则广泛涉及基于信息和数据基础的金融投资理财工具服务、金融信息、数据服务管理外包、数据处理、风险分析与评估、移动支付数据应用等。由于金融信息服务的行业属性决定了大量中小企业的存在，可以预计，行业组织规模特性将决定未来创新继续推动金融信息服务商业模式呈多样化发展趋势，产业生态将更加丰富

三、专业化分工驱动产业链条和产业链条呈延长趋势

专业化分工是创新的基础，反过来创新又是专业化分工的重要源泉。从科技创新的视角看，上述金融信息服务发展呈现商业模式多样化趋势，实际上是信息通信技术创新推动形成专业化分工，促进创新链条和产业链条不断延长的结果。最典型的如信用服务，传统金融生态模式下，征信公司收集银行等主要金融机构借贷数据，按一定算法对数据进行加工处理，为金融机构或消费金融公司提供对应的信用分数或信用报告。在这一链条中，只有三类主体，即提供原始借贷数据的银行等金融机构、征信公司以及利用征信分或征信报告进行风险评估的机构。当前在移动互联网条件下，由不同类型公司从金融机构和不同互联网活动场景中采集数据。在数据加工处理和汇总分析过程中，可能因专业大数据解决方案公司提供数据分析和算法服务，加工后的数据不仅可以将征信的信用形式提供给金融机构，还可以为金融机构或其他机构提供信用验证、风险分析评估与控制、反欺诈等服务。这些服务都可以由专业化的企业来提供。显然，信息数据来源的多渠道化，信息数据加工

的复杂化，信息数据应用场景的多样化，在科技创新推动下，任何一个环节都可以形成专业化的应用和服务，从而推动创新链条和产业链条的不断延长。

四、金融服务与金融信息服务呈现明显融合趋势

通过调研和问卷调查发现，随着移动互联网的普及和国家互联网＋政策的推动，大量新进入者在信息通信技术应用创新和商业模式创新的双重驱动下，或者从金融信息服务的角度切入金融服务，或者是把传统金融信息服务与金融服务融合在一起，提供创新性的信息服务。前者典型如东方财富信息技术股份有限公司（通称东方财富或东方财富网），其发展路径是从金融信息服务切入基金销售业，进而转型为证券经纪公司。在当前东方财富收入结构中，金融信息服务的收入占比不到2%。但与其他传统证券公司或基金销售公司不同，在东方财务的业务模式中，金融信息服务仍发挥着不可或缺的作用。后者典型如金融超市、智能投顾、智能理财等业务模式，以及相当一部分互联网金融企业。在这些新的业务模式下，金融信息服务多数是与互联网金融业务甚至金融服务业务捆绑在一起，主要发挥获客、引流和提升服务价值作用，本身不直接创造经济效益。不仅如此，除这些依托互联网发展起来的新兴企业外，传统金融企业也在加速面向金融信息服务转型，比较典型的是证券公司。例如，华泰证券在其终端平台上为客户提供越来越多的信息增值服务，以强化其客户服务，提升竞争力。在这种情境下，金融信息服务和金融服务都成为不可分割的一个整体。

现代金融本质上是以信息和数据驱动的服务，可以预计在互联网条件下，金融服务与金融信息服务的融合将更加紧密。换言之，在特定的互联网业务环境下，金融服务与金融信息服务的边界也将日益模糊

第六章　我国农村金融服务创新研究

第一节　基本理论概述

我们为了更好的阐释农村金融理论的发展历程，从重新界定农村金融与农村金融服务切入主题，分别按照国内外理论发展的不同背景来说明农村金融理论的发展。国外的农村金融理论变迁基于时代环境的变化，结合当时不同程度的资本化，国外的经济学家根据不同的现象分别提出了信贷论、市场论、不完全竞争论。而国内的农村金融理论按照市场化不同的进度，可以大致将文献的理论整理为政策论、合作论、三维论、普惠论。

一、核心概念界定

（一）农村金融

1. 概念界定

王玉琨（1981）认为，只有更好的甄别"农村金融"和"农村金融发展"的概念，才可以从根本上出发分析原因，发现问题，解决问题［106］。他完成了准确分析和正确定义了"农村金融"和"农村金融发展"的问题以后，才被认为是完成了有关于农村金融理论研究的基础工作的主要部分。在细节上，首先要明确一个目标，推动农村金融发展的同时，还应当不断深化农村金融改革。张元元、廖建祥（1987）等认为深化内部改革是推进农村金融服务的一个重要环节。我们只有在这个环节内认真发现问题，仔细处理问题，才能更好地建设农村金融［107］。我们可以从以下三个方面来充分认识农村金融：

第一，我们结合历史资料，从最久远的历史文件上找寻关于"农村"范围的界定，我们发现农工商联合企业课题组站在不同的历史维度和文化主题下，给出了我们现在广为认可的范围，这个范围就是传统的"三农"。也就是说，只要跟农村，农业，农民有关的，我们都可以将其划分到"三农"这个范围里。

第二，我们需要重新刷新一下对"金融"的理解。传统的金融观念就是说促进资金的循环利用，只有资金流可持续的流动的时候，才是金融发展的最好表现。但是新的理论，例如现代金融理论，史忠良（1986）扩大了金融的层面，可以说是丰富了金融这个名词的内容。例如，目前的金融衍生品，比如期权期货保险等等之类的都可以称其为金融的一份子。

第三，要正确认识到农村金融的产生是时代发展的必然趋势，是社会的必然选择。农村经济作为整体经济的一部分，为了更好的促进整体经济的发展，必须要发展农村经济，并且纳入到整体经济发展中来考量。农村金融作为驱动农村经济的核心和关键，必须优先考虑。唐中吉（1982）认为农村金融的成长和农村经济发展如影随行，大趋势的变化走势相近［110］。虽说两者还是存在着细微的差别，但是农村金融是农村经济发展到一定阶段的产物，两者具有相同的经济目标，相同的发展需求。从实践的角度出发，农村金融结合了农村的特征，应该衍化出了新的具有农村特征的农村组织以及农村服务。

农村金融的本质是信用化制度下的产物。农村金融是建立在海量信息，社会责任，良好信誉，完善制度的基础上，通过广泛应用金融产品及其衍生产品，将各式农村社会资金整合到一起借贷给需要发展的农村机构的大规模交易活动。

2.农村金融与农村经济的关系

对于农村金融作用的分析，要同农村经济发展结合起来，并且放在一个动态的环境中进行研究：两者相互影响，农村金融能够为农业地区的经济发展提供资金支持，优化配置农村社会资源等有力保障；同时，农村金融的发展也离不开农村经济的发展，农村经济发展对资金的需求状况直接决定了农村金融的业务内容与发展速度。另外，农村金融可以引导农村新型产业的产生和发展，农村金融的快速发展必须依靠实体经济与其他产业混合发展。

（二）农村金融服务

农村金融服务指为金融机构为农村地区提供金融服务与产品。狭义上看，世界贸易组织（WTO）认为农村金融服务主要包括银行，证券，保险以及其他服务。银行的主要服务就是吸收存款，对有需求的农户主发放贷款。证券服务主要包括自行交易代课交易各种证券的发行。保险业务主要包括直保，再保，转保以及附属业务。其他业务包括担保租赁票据有关业务管理等。赵秋喜（1980）认为从农村金融的广义角度出发，其本身抛开为农村服务的服务体系，还应该包含农村金融服务意识、服务水平、创新意识等，农村金融应该是服务于整体农村金融产业和经济的一系列内容。

在我国，目前农村金融主要以提供传统的银行信贷服务为主，这是当前农村经济发展实际情况所决定的。一般农村金融服务地域指在县及县以下地区，类别大致可以分为正规金融服务、非正规金融服务和创新型服务三个大类。目前，我国已经逐步形成包括政策性、商业性、合作性金融机构在内的，以农村信用社为核心、国有商业银行为主体、民间借贷作补充的农村金融体系。

1.正规金融服务

农村正规金融服务主要是指由正规金融机构，即银行、信用社、保险公司提供的服务，集中于贷款和农业保险两大类。其中，贷款又根据是否有抵押和担保分为信用贷款、抵押贷款和担保贷款三大类，但其本质都是相同的，即为农户和涉农企业融资。贷款主要来源于商业银行、政策性银行、农村信用社和农村新型机构。

除了贷款之外，农村正规金融服务的另一个重要组成部分是农业保险。我国《农业保险条例》于 2013 年出台，2016 年又做了进一步修改完善，对农业保险的角色定位、支持政策、经营规则和监督管理进行了规范。原保监会也制定了相关的市场准入、承保、产品管理等各项政策，地方政府以及税务部门也明确了保费补贴、税收优惠、大灾风险准备金管理等配套制度。2014 年，我国成立了中国农业保险再保险共同体，截至 2020 年末，成员公司 32 家，提供再保保障 3600 亿元，同时继续推行信息平台建设，推动农业保险大数据应用。

目前农业保险主要是以政策性保险为基础、商业性保险和互助性保险作为补充，开展农业保险的 33 家机构中，综合性保险公司和专业性农业保险公司、相互制保险公司和农业互助合作保险组织均发挥了各自的独特作用。

除了直接向农户提供融资之外，国家积极推进证券市场对"三农"领域的支持力度。股票融资方面，2017-2018 年涉农企业 IPO10 家，融资 70 亿，增发 9 家，融资 100 亿。新三板 2018 年挂牌涉农企业累计超过 400 家，2018 年融资 25 亿元。私募基金方面，投向农林牧渔行业的私募基金已经超过 1100 支，总规模 5300 亿，在投项目本金超过 800 亿。期货市场方面，上市 26 个农产品期货和期权，覆盖了粮棉油等主要大宗农产品，积极引入做市商制度。债券市场方面，2018 年支持涉农企业发行公司债 14 只，融资 80 亿元，涉农企业债务融资工具融资近 1400 亿元，存量债务余额约 3000 亿。

2. 非正规金融服务

非正规金融服务，简单来说是由非正规金融机构提供的金融服务，主要表现为不受政府监管、服务透明性较差、外部约束力弱等特点。主要形式集中表现为农户与农户之间、企业与企业之间、甚至农户与企业之间的民间借贷行为，具体又可以表现为农户之间以亲戚朋友关系为基础的无息借贷，和其他群体之间以赚取利息为目的的有息借贷，前者更多的是基于血缘关系的风险分担与互助行为，后者更类似于一般的金融服务。其他形式包括私人钱庄、合会（标会）、民间集资、民间商业信用、网络信贷平台等多种多样不同的特点。

由于金融对于风险与流动性的要求，加上农村金融服务基础设施、信用体系与抵押品不健全，获得正规金融服务实质上具有很高的进入"门槛"，因此我国农村地区的非正规金融相当活跃。非正规金融因不受到监管而存在较大的风险隐患，对于金融合约参与方合法权益保障存在很大的问题，我国长期以来对于除了民间信贷以外的非正规金融并不持有鼓励态度，而是引导他们向正规金融机构转变。

非正规金融服务也具有自身一些较为独特的优势，主要表现在，一是非正规金融服务参与方，通常具有很强信息优势，对于借款人生产、生活、社交情况较为了解，也能够对借款人的家庭状况、信用记录、偿债能力等进行有针对性且深度的调查，从而在源头上控制风险。二是因为非正规金融不受监管的约束，运营相对较为容易。表现在产品合约设计上没有正规金融产品复杂的条款，操作也比较简单，运作效率较高，对贷款人的需求反应非常迅速。同时，由于不受监管约束，无需在固定网点等方面投入人力、物力和财力，也没有在准备金、风险控制和审计上付出额外成本。此外，非正规金融活动通常单体规模量较小，体现出很强的机动性，能够随时根据情况的变化灵活地决定经营政策、经营方针和主打产品，机会成本和试错成本更小。三是非正规金融通常能够借助亲戚关系或者依赖借款人的名誉，形成隐性担保或者特殊担保。并且由于借贷双方信息不对称问题相对较弱，甚至借款方可以通过多种手段监控借款人的财产和消费情况，能够有效地降低违约风险。即使当借款人出现违约情况，非正规金融催收和担保补偿的力度通常会比较大，从而降低了违约机会损失［115］。

总的看，非正规金融服务既有其缺点，也有一定的优点，必须要以辩证地眼光来看待，积极引导非正规金融对正规金融发挥好补充作用。

3. 创新型服务

近几年，金融机构积极探索服务创新，也取得了不错的成果，主要集中在信贷和农业保险两个领域。

信贷创新方面，各地结合当地农业发展情况因地制宜地发展出不同的创新模式，探索"银行贷款 + 风险补偿金"、"政银保合作"、"互联网 + 农村金融"、"农业 PPP 项目"等多种模式。例如，农业银行创新推出了美丽乡村贷、治水专项贷、小城镇环境综合整治贷等多种新产品，向浙江投放贷款 600 亿。农业银行 2017 年推出以治水专项贷款为主要基础资产，在银行间市场创新发行了全国首单"绿水青山"专项资产信贷 ABS 项目，发行规模 14 亿。

为了支持新型农业经营主体，培育多元化市场主体，推动农业转型升级、提高竞争力，银行业金融机构对经营管理比较规范、主要从事农业生产且规模和效益相对稳定的家庭农场等，按照"宜场则场、宜户则户、宜企则企"的原则，开发了"农民专业合作社贷款"、"农业产业链贷款"等适合其金融服务需求的专属产品，推行"金融 + 产业联盟 + 合作社 + 农户"、"金融 + 龙头企业 + 基地 + 农户"等贷款模式。

农业保险方面，各项创新试点扎实推进，比较有代表性的有两个。一是收入保险，在江苏、安徽等地推广试点，按照《关于开展三大粮食作物完全成本保险和收入保险试点工作的通知》要求，推动保障水平在保障成本向保障收入的高保障水平迈进。该保险农户自缴比例最低可以为 30%，中央财政对中西部、东北地区补贴 40%，对东部其他地区补贴35%，对建档立卡贫困户自缴部分保费满足条件的可以减免。

二是"订单农业+保险+期货"模式。由大连商品交易所联合永安资本、人保财险等公司在吉林省推进试点，引入龙头企业与投保农户签订订单合同，既保障了农民的售粮价格又稳固了售粮渠道。试点期间，对2.2万吨玉米提供了价格保障，对于玉米实际价格1672元每吨低于保障价格1727元每吨的差额，全部55元每吨的差额又保险进行赔付，保费均由龙头企业吉林云天化承担，有效保障了农民的利益。

二、国外农村金融发展理论概述

农村金融理论在国外的发展并不是一帆风顺的。具体的理论成熟阶段可以说是在上个世纪。经过一百对年的发展，后人不断的补充总结完善，目前的农村金融理论在国外大致可以分为以下三类。

（一）农业信贷补贴理论

农业信贷补贴理论也称作农业融资论，是农村金融发展的一种旧的理论范式，在上个世纪八十年代之前，是处于主导地位的农村金融理论，其基本的假设前提是金融机构数量严重不足、农户没有储蓄意愿、信贷组织管理服务不健全等诸多问题Besley(2001)[116]。为了更好的服务于农村经济，减少农村贫困人口，国家需要专门的政策以及款项来缓解农村金融压力，同时，还要有效整合非正式的农村金融机构。

农业信贷补贴理论诞生时，当时的农村生产力较低，农民一般不具备储蓄能力，因此，发展中国家在农业上的投资相对不足，对农村的扶持力度不够大。农村金融发展面临的困难在任何国家发展初期都存在相似的问题，农业生产周期长，效益低，风险大。因此，国家只能通过强制的手段措施将资金注入农村金融市场，并通过实施特殊的保护农村的金融手段维护资金流的稳定流转。信贷论认为，通过对农村金融组织的资金补贴来弥补初期低利率的放贷增加对农村经济发展的扶持。这种扶持可以打破固有的农村高利贷现象，同时因为补贴的存在可以引导商业银行将经营目光转移一部分到农村中成立新式的跟农村经济结合的一个有助于服务农村金融的组织。上个世纪末，经历了经济大萧条的国家通过这一政策有效的推动了农村经济的恢复，提升了农村人口的效用。

但是，单靠政府补充资金，出台维持新政策是无法持续的。这种宏观干预的手段虽然能在初期农村的经济建设中起到一定的效果，但是也存在很大的负面效应。具体表现为：一是市场作用被强制改变。市场本身具有平衡交易活动的职能，原本存在的农村金融机构可以通过市场机制调节供给需求，但是通过政府的调整导致农村金融机构失去了原有意义和储蓄能力。政府长期的低利率的补贴资金政策会使得农村人口认为借贷资金本就该低利率的存在，在这个预期下，使得人们在依赖政府补贴的同时降低自身的努力行为。缺少驱动的农村人口并不能将这股政府注入的资金链长期持有，一旦政府的补助减少或者停止，资金的外流就是必然的，这种不能被长期持有的资金链可以说是一个虚假的可持续繁荣。

二是理想与现实存在着巨大差距。政策理论上将注入的资金提供给低收入群体，但资金对于用主本身也是具有选择性的［117］。Ruttan（1986）通过大量欧洲数据研究发现大多数发展中国家的资金并没有像想象的一样借贷给贫困人口，资金本身的规模效应使得其聚集在了较为贫困的极少数富农中，他们在农村金融资金的借贷中获得了丰厚的利润，使得农村信贷论在广大农村地区也没能体现出资金流通可以改善人民生活的特性［118］。国家将资金流通引向农村以后，农村金融机构更倾向于对那些体量大，信誉好的大农户进行贷款。这就违背了农村金融机构设立时要减少农村贫困人口的初衷和目的。三在资金的回笼过程中也存在着巨大的问题。AvishayBraveman 和 MonikaHuppi（1991）认为，发展中国家除了经济发展的不完善，还包括法律制度的不健全。不健全的法治最终会导致没有完善的监督以及还款制度。对于农村金融机构而言，他们对农户的还款能力的不信任以及对农户还款能力的认知，会加大不良贷款的比例，长此以往会对农村金融体系产生破坏。四是关于农村金融可持续发展的讨论。信贷论的产生基于国家制度的偏向，资金的非正常流向，这种将资金流向一个巨大且无效的金融机构虽说在初期有着一定的效果，但是长久看来是必然会被历史所遗弃。

（二）农村金融市场论

1. 农村金融市场的需求理论。

农村金融市场也存在供给、需求和平衡。其中，需要主要包括三个层面：首先，从产业层面上来说，农业是我国经济发展的基础，农村金融需求存在的季节性的特征与农业生产本身所存在的季节性特征是紧密联系在一起的。农业受到自然灾害的影响是比较大的，因此，农业信贷的风险也比较高，因此，需要不断完善农村金融机构的服务创新能力，提升风险的防控能力。但是，农村金融的贷款利率又不能过高，否则不利于农村经济发展，这种情况下又会增加贷款收回难度。另外，农村生产要素也会对农村金融的需求产生一定的影响，比如，农业生产技术、农村人力资本、农民土地等，都会对农村金融需求产生不同程度的影响。

其次，从市场层面来看，金融市场的交易成本对于正规金融机构的商业贷款来说具有重要的价值和意义，但是对非正规金融机构来说，更多的是通过人脉关系、关联交易等来降低交易成本。Claudio（2003）提出，通过改善农村地区的教育、基础设施等能够一定程度上降低农村金融的交易成本，从而提升农民对农村金融的需求。

最后，从制度层面来看，农村金融融资需求受到了抑制，主要原因在于：农民家庭长期的消费观念导致农村地区的货币化程度不高，对资金的需求量也不高。另外，制度供给的短缺也会导致金融需求不足。

2. 农村金融市场的供给理论

首先，农村金融产业存在弱质性。与其他产业的金融支持体系相比，农业金融产业支持存在弱质性，尤其是在二元经济结构下，农村金融体系显得更加的薄弱。农村金融机构为了能够给农户提供更多的金融服务，需要面料较大的"拓荒"成本。

其次，农村金融的信息存在不对称。农村金融市场的信息具有严重的不对称性，农村金融结构在放贷之间并不了解农户的风险特征和风险概率，对某一个项目只能执行单一利率，很难有效的分散风险。对于低风险客户来说，由于支付了较高的利率会导致收益出现了下降，而对于高风险客户来说，由于支付了较低的利率而实现了收益的增加，这种情况会进一步推动农村金融信息不对称下的逆向选择。

最后，农村金融存在一定的道德风险。由于信息不对称，也会导致农村金融的道德风险，也就是说，农户可能由于种种原因无法按时偿还贷款，导致金融机构回收资金较慢，引发金融结构的损失。如果存在"激励相容"效应，一定程度上可以缓解由于信息不对称所引发的道德风险问题。在农村金融市场上，农户能够抵押的物品较少，如果出现了违约，兑换抵押物也较为困难。在这种情况下，农村金融机构的贷后成本较高，会导致信贷供给的降低。

3. 农村金融市场的均衡理论

农村金融市场的供求要想实现平衡，需要满足一定的条件，影响因素主要包括：

首先是利率因素，利率既会影响农村金融市场，也会影响农村信贷需求，许多发展中国家都一定程度上存在"金融抑制"现象，尤其是对正规金融机构来说，受到的影响更大，对农村信贷资金的均衡会产生较大影响。

其次是补贴因素，图 6-1 体现的是补贴对金融信贷均衡的影响。当不存在政府信贷补贴，信贷资金的需求曲线为 D，供给曲线为 S'，均衡点为 E'，通过均衡点作水平线和垂直线，可以得到均衡利率 R'，供给数量为 D'。如果政府提供信贷补贴，信贷资金的需求曲线不变，信贷资金的供给曲线 S' 右移至 S，此时均衡点变为 E，均衡的信贷资金数量为 D，均衡利率为 R。通过这个变化可以看出，政府提供信贷补贴后，信贷利率出现了下降，下降了 R'-R 个百分点，信贷需求量增加了 D-D' 个单位，更多需要借贷的农民获得了信贷资金。

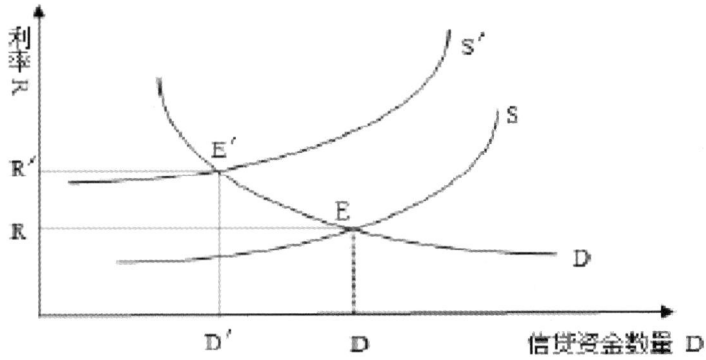

图 6-1　补贴在农村信贷均衡中的作用

另外是垄断因素，农村金融市场的垄断性较强，这是由农村制度、农村市场自身以及农村经济等多种原因引起的。农村金融的垄断性决定了农村金融市场供给与需求的失衡，具见见图 6-2 所示。

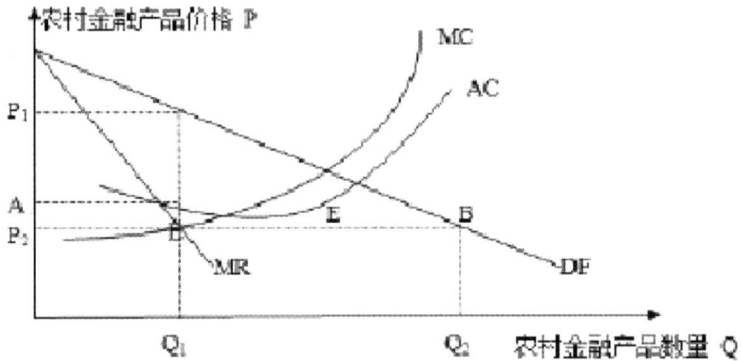

图 6-2　垄断竞争市场条件下农村金融市场供求均衡模型

其中，金融需求曲线为 DF，向右下方倾斜，Q 与 P 成反向关系。农村金融机构可以控制金融市场价格，MR 和 MC 分别表示边际收益曲线和边际成本曲线，当 MR=MC 时，实现均衡点 E，对应的均衡产品数量和价格为（QI，P1）。

在完全竞争市场条件下，均衡产品数量和价格为（Q2，P2），可以看出，垄断条件下实现的产品数量比完全竞争条件下少 Q2-Q1 个单位，说明农村金融的垄断性造成了整个社会的福利损失。

（三）不完全竞争市场理论

不完全竞争市场论可以说是市场论调的一个延伸，这个延伸是在面临新的经济环境的背景下出现的。在上个世纪末，世界上诸多国家都面临着前所未有的经济危机。经济危机可以说是市场上自发产生的。市场变化本身就有一个浮动的过程，随着市场经济低谷高潮的更迭，在上个世纪末的危机中使得所有人都发现了市场本身自己的局限性，这个局限性是其市场本身自有的，不容忽视的。这个局限带来的十数年的危机使得本就脆弱的农村金融更加支离破碎。人们在实践中才逐渐认识到人为干预市场行为是理智且必须的。这就是市场论逐渐被不完全的竞争市场论所慢慢取代的根本原因。于此同时，诸多科学家经济学家为了分析此次危机，分别从不同的角度出发来解释其作用机理。其中较为著名的分析有斯蒂格利茨的实验。他结合了当时最新的数据运用了信息工具来分析农村金融市场，通过诸多手段跟方法，总结出来了一下导致农村市场机制失灵的原因：第一，信贷本身具有的外部效应的特性。农村金融机构本就脆弱而敏感，它的存在就会无限放大这种外部效应；第二，农村的金融机构地处偏远，无法有效形成信息链。信息的不对称性在借贷过程中会造成巨大的能量差异，这种差异会增加系统风险，使得帕累托竞争无效；第三，市场机制不完善。农村毕竟不是经济建设的核心区域，虽说在整体经济建设中农村经济对其有着不可或缺的作用，但大头还是在城市。城市的经济管理法则的制定都还存在诸多需要讨论的部分，就更不要说监督管理更加薄弱的农村地区。综上诸多因素的综合作用使得农村市场机制失灵 [119]。

因为农村地区的信用监管制度的不健全不完善，所以信息不对称的效果被加剧。我们为了从根本上克服这种市场不健全，Gale（1987）认为只有政府的参与才可以用最少的投入产出最大的效果 [120]。政府参与市场的行为是被市场论的论调所否定的，但是在不完全竞争论中重新提及，在这次不完全竞争的论调中，有出现了新的声音：

第一，要做到稳定的发展。我们为了让农村金融市场和平长久稳定的发展，必须做到杜绝高利率，高利率的存在会破坏已有的农村经济的和谐；

第二，在稳定发展的基础上做到有序发展。稳定的增长是一个低的可持续的增长，在这个基础上我们应该发掘自身的潜力，挖掘自身的内力，做到有序发展；第三，政策应当出现适当倾斜。在市场论调中是杜绝这种政策的倾斜的，但是在不完全竞争的市场论调中，我们需要保护农村银行的利益，在对其补贴政策使得其能在恶劣的农村金融环境中正常存活下来。这种政策的倾斜是允许的；

第四，在做到了以上三个部分以后，需要通过政府的手来减少信息差异。因为差异的存在引起了很多不利于发展的并发症状，我们通过现代化的信息技术，连接城市金融的信息系统，完善农村个人信息，尽力做到信息一致，同时承认部分非正规金融机构在市场中的作用，发展新式的农村金融服务人员对其专业技能和服务方向的确定，来完善农村金融服务。

三、国内农村金融发展理论概述

（一）农村政策性金融理论

金融对于当代中国经济发展的重要性不言而喻，高度发达的金融业不仅提高我国人民的生活水平，同时还促进了其他产业的蓬勃发展。邓学圣（1996）在研究我国的农村金融问题的时候发现我国长期存在着城乡二元化的问题，使得在城市如火如荼发展的金融业，在农村地区却十分安静[121]。农村这种生产要素流通的不畅使得农村经济的发展受到了严重的阻碍，这种阻碍最终会波及到其他产业最后影响整体经济。同时，白钦先（2006）教授在结合了国内外诸多史实，发现了政策性金融存在的必要性。政府的干预在农村金融经济的发展过程中是必不可少的一环[122]。

白钦先教授关于适用于国内农村金融的方式方法的研究是通过比较的方法来完成的。他在逐步对比国内国外的研究中，发现政策性金融的存在是具有一定年代的。根据白教授的找到的文献记载，国内最早的政策性金融的出现是在上个世纪中期。结合史实我们也可以发现，恰好处于世界二战期间，国外列强都在忙着斗争，放松了对国内金融的管控，正因为如此，我们才在那个阶段获得了黄金发展的年代。但是国内走的路是一条崭新的道路，关于资本主义的经验不能照本宣科，因此我们也是在一次一次的摸索，一次一次的磕磕绊绊中前进的。但是在1997年的亚洲金融危机中，政策性金融的优势就体现了出来。因此政策性金融机构的成果得到了世界其他发展中国家的认可，他们也都建立了各式各样的本质上为政府管控的金融机构。发达国家例如美国日本也都在他们发展较为落后的农村地区建设了不同类别的政策性金融机构，来应对不同程度的市场危机带来的金融风险。

政策性金融并不是我国所特有的。长久的发展使得政策性金融已经成为了一个时代的产物，它的存在以各式各样的方式方法影响着世界人民。它的名称可能不同，但相同的职能却造福着每一位人民。这种职能的服务影响长期存在。因此我们可以大胆预测，在未来市场的固有局限性并不会消失，政策性金融的地位牢不可摧。因其诸多作用可以起到润滑作用。在袁英华（2008）研究为什么二战中的日本遭受了不可磨灭的创伤以后还是能在极端的时间里恢复到了发达国家，她发现了了日本在农业金融政策中出台了一条法律，将农村金融机构确定为"永久法人"[123]。我国本就是一个农业大国，通过目前我国的基本国情以及外部经济金融运行环境，我们可以发现我国较之于其他国家，无论是发达国家还是发展中国家都更加需要政策性金融的扶持。因此，政策性金融对农村和谐发展以及农村社会的稳定都作出了不可磨灭的贡献[124]。因为，我国农业自身特点需要强而有力的政策支持来改善那些风险大收益低效率不稳定的农村项目。政策金融产生于市场初期缺陷明显，宏微观主体结构不合理，经济目标错位失衡。中国的农村金融相对于城市金融发展落后，所以其选择空间较小，市场化程度低，缺乏较高的技术含量的项目，市场可选能力也较弱。中国本身城乡分立二极化很严重，贫富差距大，不使用政策性金融的方案来对其改善的话，农村的资金会自发流入城市，需要人为的改善这一现象。蔡洁认为通过大力推进农村政策性金融就可以很好的改善这一问题。

（二）农村合作性金融理论

合作金融的诞生是以商业金融为基础，政策金融为辅助的加上一部分人性化金融理念的一种金融模式。合作金融是合作经济与农村金融共同发展衍生出来的一种金融理论。合作性金融理论出于自愿性的原则，将自愿入伙的社员缴纳的原始资本作为初始股金。初始股金作为入伙人的个人财产，其合伙资金的上限下限都有限制。合作金融组织必须给入伙人支付入伙红利。因其对入伙资金的上下限都做出了限制，所以入伙社员对资金拥有量呈现出了低离散特征。这种特征说明合作金融内的人员对合作范围内的金融资源大致均等占有。陆磊、丁俊峰（2006）认为以上就是农村合作金融的基本骨架［125］。

随着经济的发展，曾经困扰农村金融发展的诸多问题已经被解决，但是，关于"三农"问题上，农村合作异化还是一个需要时间精力来解决的长久问题。中国金融有一个较为基本的理论错误，这个错误就是广大人民群众将合作金融视为商业银行的衍生。曾康霖（1994）曾指出这种认识错误是一种理论和实践错误的结合。这种错误的出现是因为在合作金融中没有体现出来合作金融的本质，合作金融并不是之前的金融理念，这不是一种将利润实现最大化的途径。合作金融的诞生是一种政府行为。是一种经济发展方式的改变，这种改变使得农村经济的发展方向更加明确［126］。

黄永华（2000）认为目前的中国金融状态是历史的选择，目前发展方式、经济结构也都是时代呼应的结果［127］。当客观条件发生了变化的时候，中国的农村金融服务也会随之改变。当合作金融出现了以后，我们就开始从信用工具的发展，业务在局部的扩张来深化管理，优化服务。我们也开始讲发展的方向转向了之前并没有注意到的群体组织，农村金融。这种强调对弱势人们的关注，跟冯果（2005）强调的强调有着异曲同工之意，他们都在关注着有关农村居民平等机会以及关于权利的公平性［128］。

汪小亚（2014）总结到要通过民主的方式、协调的基调、互帮互助的合作金融方法，最终达到优化金融资源的配置的目的［129］。合作金融不是一个面子工程，也不是一种虚情假意，我们要严格执行有关内容的要求，将严格的落实到章程的规定中，在充分满足合作金融组织内的成员需求；在有充裕金融资源的情况下才可去满足外部需求。这一切的过程都必须遵循严格的合作制度。这个过程必须涵盖到合作金融的方方面面。因此，姜旭朝和杨杨（2004）认为，合作的过程是需要按照制度进行的，我们为了更好的服务合作金融，不仅仅是政府给予的优惠利率，也是需要机构内部充分合作，最终达到理性共赢的局面［130］。

显然，在政府的帮助下农村金融具有了政策性，在农村金融的发展过程中农户主又发掘出其合作性，而金融本身就具有这商业性，这三种特性在农村金融上互帮互助，相辅相成。李静（2002）认为金融的政策性说明金融机构处于政府的管理之下，合作性说明群众万众一心合理整理控制融资高成本的问题，商业性又具有盈利能力，使其从理论阶段实现了可持续[131]。在这个农村金融属性的范围内，他们作用有机结合，因此，施同兵（2013）认为，金融理论的合作性的发现是一道曙光，这道曙光照进了一个没有被照进的巷子，也就是打破了金融属性的财务惯性[132]。

（三）农村三维金融理论

阮祥双（1992）的三维式金融理论的构想基于我国的金融，将金融的商业性，合作性，政策性三者充分结合。这种结合不是简单的叠加，而是一种渗透，这是一种你中有我，我中有他的新式金融理论。这个三维金融论旨在充分发挥金融职能，利用金融资源，最终实现经济发展的可持续[133]。三维金融理论体系是通过金融机构分配金融资源将其作用到人民生活的福祉水平，社会经济健全发展，社会环境和谐稳定，以此来构成一个国家最基础的金融制度安排。

我们所说的农业金融的商业性，就是通常经济学中的利益最大化。如果是从农村金融的商业性角度出发，所有的金融资源都是为了实现利益最大化而出现的。因此，在实现这个利益最大化的过程中就必然会忽视掉一部分非主导地位的东西，例如，社会道德的沦陷。这种违背人伦纲常的贪心私欲也是常常金融危机的祸源。数百年的金融历史的发展历程就在控诉着商业金融的贪婪以及不公正。这个时候就需要一只手来抑制住这种金融的黑暗面。此时，政策性金融的出现就完美的压制住了金融商业性引发的弊端。政策性金融可以说是一种政府行为，政策的出台可不是为了盈利而是为了广大人民的福祉，创造广大人民群众的效用。它是一种扭正社会行为，抑制金融商业性弊端的存在。因此杨再平（2011）认为政策性金融使得国家的竞争力得到了充分发挥，但是国家的顶层设计者对农村实地情况并不了解，不充分的信息使得官僚主义肆意破坏商业性，这种过度遏制了商业性的行为损害的也是经济的发展，金融资源官僚化以及不合理的配置必然引发一系列的社会矛盾[134]。金融的合作性此时就被广大人民挖掘了出来。合作性的农村金融可以说一种变态的资本力量，这种力量遵循了基层人民的意愿，合作性金融的诞生并不是为了一时的目标业绩，而是为了每一位参与合作金融的组织人员的长久利益。这种站在每一位参与者自身经济利益的角度上的行为必然会被广大受益者所维护。这也就成为了和谐社会，可持续金融发展的必要保证。

综上，白钦先、文豪认（2013）为金融被发掘出来的三个特性，商业性，政策性，合作性它们之间互相合作共同发展，最终形成了一个坚实可靠的基础，一个可以为社会长治久安的稳定结果[135]。因此，我们也可以说三维金融结构是在经历了市场变迁，时代检验之后的必然产物。它的产生是顺应时代潮流的诞生，是民众智慧的结晶，是政府应该大力推崇的一种金融理念。独立来看，商业金融，政策金融，合作金融可以说是金融的多个方面，是无限放大某一方面以后的产物，我们应当整合一个大型金融理念。这个理念中的金融属性没有高下之分，只有统筹兼顾，合作共赢金融体系。但是，三维金融并不是说三者之间简单的加总，而是一种有机的结合，三者之间的关系是立体的，通过立体的关系来达到"1+1+1>3"的效果，最终实现了社会经济金融有效可持续的发展。成熟三维经济体系，是每一个属性都能得到健全的立体金融。我们不应该仅仅因为金融本身的商业性质而对商业金融投入大量的时间和精力，因此，忽视或者轻视政策金融和合作金融。为了达到提高民众效用的目的，我们应该在维系商业金融盈利的同时使得政策性金融跟合作金融同时发光发热。为了做到将三维金融更好的适应于农村地区，马晓楠（2014）认为三维金融是要做到降低准入门槛，放松监管措施，加强政策指引，运用政策组合，拓宽资金渠道等方式来完善的［136］。

（四）农村普惠金融理论

农村普惠金融理论提出以后就被各个国家所认可，不过在执行普惠金融理论的同时，侧重地方也有差异。因为文化理念的差异性，使得专家学者也在从不同的视角下观察普惠金融理论。目前，中国农村就存在着大大小小的金融排斥，这种排斥是复杂动态的，我们不可能用单单一种原因来解释清楚。宋陆军（2014）认为为了更好的发展金融经济，我们必须要做到排除排斥，所以我们就提出了普惠金融的概念［137］。李晶（2017）认为由于普惠金融应该建立成一个金融体系，这个体系应该服务于存在于社会上的任何一个人民。任何一个需要金融服务的人都应该能享受到其提供的金融服务，这才能促进社会的进步，经济的发展［138］。但是在现实面前，因部分人口自身具有金融排斥性，不公正的金融现象不平等的金融服务在农村金融机构随处可见。所以，我们只有在农村地区就是普惠金融照顾的重点区域。所以，薛阳（2018）认为农村普惠金融理论包含以下主要内容［139］：

第一，明确普惠金融的侧重目标。普惠金融的目的就是为了满足每一个对金融服务有需求的人。因为满足了每一个金融需求就可以充分实现经济的可持续化的最大发展。目前金融歧视、金融排斥在农村地区较为明显，只有我们能实现普惠金融，就可以促进农村地区的经济发展，这不仅可以创造农村地区的就业机会，也是体现基本平等权的体现。只有达到共同发展，和谐发展，才能实现一个国家的富强，一个民族的复习。普惠金融的出现就是为了金融的和谐发展而诞生的。它的诞生是可以惠及到每一个人。

第二，发展普惠金融可以说是一个提供平等权利的平台。普惠金融的提出是为了社会弱势群体获得帮助。这个平等的平台可以充分发挥自身作用，将原本因成本因素，城乡因素以及其他相应因素被金融发展过程过滤的人重新获得金融服务的权利。金融排斥现象会在普惠金融体系中慢慢被化解，普惠理论的提出是为了社会的长治久安。金融排斥现象的长久存在可能会引发社会排斥，最终导致社会两极分化，这在这个社会是一个不和谐的声音，我们可以通过发展普惠金融来控制遏制消灭它。所以，在这个发展平等权利的平台上，扩大了传统金融服务对象，拓展了服务范围。

第三，普惠金融可以说是秉持合作金融的主旨，并且继续发扬光大其内核。合作金融理论、三维金融理论都是可以将金融服务范围进行扩大的理论主张。这种在量上的扩张再加上普惠金融理论在质上的改革，可以引发一场金融革命。这场无声无息的革命使得之前被隔离在金融服务范围以外的人获得了同社会共同发展的趋势。在这场革命中每一个人都获得了一个从金融服务中提升自我、改善生活的机会。

第四，农村普惠金融的最终目标是消除农村贫困人口的同时改善社会各个阶层居民的生活福利。在被历史的实践中，我们可以各国目前的普惠金融在减少贫困人口上做出了不可磨灭的贡献。农村本身的局限性使得其本身就是普惠金融的重点照顾对象。在实现农村普惠金融的过程中，农村金融机构要做到的就是与政府的精确扶贫对应，用财政帮助与金融扶持双管齐下的方法来实现最终的金融目标。总之，普惠金融就是秉持明确改善目标，通过不停完善方法的方式给予了每一位可以享受到金融服务人员消除贫困的机会。在这个人人平等的机会面前，扩大人民总体效用，最终达到提高福祉的目的。

第二节　我国农村金融服务现状分析

从 1982 年开始，中央多次以"一号文件"的形式对农村改革和农业发展作出具体部署，充分体现了"三农"问题的重要性。2004-2020 年，国家连续发布了 17 个指导"三农"工作的"一号文件"，这是国家根据农村经济发展变化提出的有效的对策措施。我国政府以及社会各界高度重视发挥农村金融在服务"三农"中的核心作用，2003 年以来，国家推动农村信用社深化改革等一系列重要改革，2007 年开始，单独统计涉农贷款，陆续出台了所得税、准备金、MPA 考核等多项支持政策，推动了农村金融服务的发展。目前，农村金融服务体系不断完善和优化，能力明显提升，环境持续改善。本章对我国农村金融改革的发展脉络进行梳理，对农村金融服务的总体情况进行分析，并对主要服务模式进行了剖析，研究提出当前存在的问题。

一、我国农村金融改革发展脉络

（一）1979 年 -1992 年：农村金融体系重构阶段

改革开放以来，我国农村金融开始，农村金融改革的初期主要是通过建立多元化的农村金融体系，以此来带动整个农村经济的发展。1979 年，为加强支农资金的管理，更好地发展农业生产及四个现代化服务，国务院发布《关于恢复中国农业银行的通知》，国家开始关注农村金融体系的建设。当时，中国农业银行是促进农业发展的主要银行，同时具有商业银行和政府银行的双重属性。

随着人民公社的解体，农村信用合作社逐步承担了农村金融的部分作用。在当时的体制机制下，农村信用社在业务上受农业银行的领导与管理，但并不属于农业银行。因此，农信社以一种特殊的形式存在于农村基层并办理农村金融业务，国务院通过农业银行对农村信用社的各项业务进行了大力支持。在当时情况下，农业银行在农信社重要业务及人事管理方面拥有决定权，因此，农业银行主导当时的农村金融市场。

改革开放之后，我国经济中心逐步由农村转向城市，城市化、工业化的发展对传统金融模式产生了冲击，新的金融服务模式逐渐兴起。在当时的背景下，工商银行、中国银行、建设银行为了更好的适应城市的发展，有了一定程度的发展，网点数量也逐步增多。工中建三大行有进入农村金融市场的意愿，但由于定位问题，对农村金融的参与程度往往较低，对农村经济的支持力度也不够。在这一阶段，邮政储蓄银行于 1986 年 4 月恢复存款业务，网点和办事机构大量设置，部分也下沉到乡镇，积极参与部分农村金融业务，以农村信用社为主的农村金融核心受到动摇，但由于邮政储蓄只办理存款而无贷款业务，因此农村资金加速由农村流向城市。

在农村金融体系当中，除了正式的金融机构之外，还包括农村合作基金会等非正式金融机构。农村合作基金会等组织的建立有力的推动了农村融资，在一定程度上促进了农村金融的发展。但发展到后期，农业合作基金会有些脱离政策的金融规范，过分重视商业利益，并不局限于本地农村，并逐步扩展到外部乡村，而且贷款利率快速上调，贷款业务量也激增，给市场带来了很大的风险压力，国家也开始着手对农村合作基金会进行整顿。

另外，在这个阶段，我国实施家庭联产承包责任制，这一时期既是农村经济转型的重要时刻，也是农村金融改革的初级阶段。这一阶段是农村经济与农村金融均高速发展的时期，农村工业化进程也在此带动下不断加速，农村金融业务也得到了一定程度的发展。但在当时农村金融体制不完善，监管无法兼顾的情况下，极易产生金融风险，一定程度上影响了农村金融的健康发展。

（二）1993 年 -2002 年：现代农村金融组织体系基本形成阶段

在改革开放的推动下，我国社会环境有了新的变化，我国经济也有了新趋势，农村金融改革在摸索中前进，形成了很多有益经验。在这一阶段逐步形成了农村政策性、商业性和合作性金融"三足鼎立"的局面。

1994 年初，中国农业发展银行成立，承担原先属于农业银行的政策性金融业务，属于政策性银行，而农业银行变身为国有性质的商业性银行。1996 年 8 月，国务院出台关于农村金融体制改革的决定，其中明确提出农村信用社要脱离农业银行的管理。中国人民银行监管逐步转变为"农民入股和社会民主管理，主要是为会员服务的合作金融组织"。受到 1997 年亚洲金融危机的影响，国有商业银行的基层金融机构网点大量合并收缩，截至 2001 年底，撤并的农村金融机构接近 4 万个。这期间，农村信用合作社发展成为农村信贷业务的中坚力量，快速的向商业化的模式转变。在此阶段，现代农村金融以合作金融为基础、政策性金融和商业性金融相互协作的体系基本形成。

（三）2003 年 -2012 年：现代农村金融制度构建探索阶段

国家进一步深化农村信用社的改革，改善农村金融服务。2003 年出台《深化农村信用社改革试点方案》，试点地区由原来的 8 个省市扩展到了 21 个省市，改革主要集中于产权关系和管理体制与经营机制。通过这次改革，明确了农村信用社的产权关系，法人治理结构得到了极大的完善；另外，地方政府负责农村信用社的管理，并成立了农村信用社省（市）级联社。农村信用的监管主要由 2003 年成立的银监会负责。2006 年和 2007 年，中国银监会陆续发布了一系列的政策文件和管理办法，主要是对农村银行业金融机构的准入政策实行了调整，准入条件得到了放宽，从原来的甘肃、青海、内蒙古等 6 个省市扩展到了全国 31 个省市覆盖率低、资金供应低、竞争不足的县（市）及县（市）以下地区。新型农村金融机构逐步建立并发展起来，农村金融发展进入新阶段。

（四）2013 年至今：农村金融制度改革创新深化阶段

党的十八大提出了"全面建成小康社会"的目标，而农村建设是全面建成小康社会的一个重要方面。农村金融对农业生产、农民收入提升以及农村经济发展起到了支持和保障作用。国家始终都对"三农"工作给予的高度重视，把解决"三农"问题看作是国家经济工作当中一个非常重要的方面，2013 年以来，国家发布的"一号文件"中都会对农村金融制度创新、体制改革等方面提出具体要求，推动农村金融更好的满足日益增长的需求。另外，国家也在积极的推动普惠金融的发展。2015 年政府工作报告中明确提出：要大力发展普惠金融，让所有市场主体都能分享金融服务的雨露甘霖②。同年年底，出台《推进普惠金融发展规划》，明确界定了普惠金融的概念，并提出"鼓励金融机构创新产品和服务方式，提升金融机构科技运用水平"。2018 年，出台《乡村振兴战略规划（2018-2022 年）》，提出要不断加强金融支持"三农"的力度，建立健全适合农村实际情况的农村金融体系，把金融资源配置到农村经济发展的薄弱环节和重点领域，加强金融服务的创新，满足日益多样化的农村金融需求。央行联合其他四部委于 2019 年 2 月发布《关于金融服务乡村振兴的指导意见》，指出要加大商业银行对乡村振兴支持力度，把更多金融资源配置到"三农"重点领域和薄弱环节中。在这段时期内，我国普惠金融、农村金融发展与创新以及金融扶贫等都获得了快速的发展，并且取得了较好的成绩。

二、我国农村金融服务创新的实践

农村金融服务创新的实践主要体现在宏观政策环境、财政税收政策、监管政策和基础设施等四个方面。

（一）宏观政策环境总体宽松

国家高度重视农村金融服务三农发挥的作用，给予了较为宽松的整体环境。主要包括以下三个方面：

第一，稳健支持的货币信贷政策。央行在准备金率、再贷款、再贴现等多种政策工具以及 MPA 监管上提供支持，推动市场主体提高对"三农"、民营企业和小微企业的金融支持力度。存款准备金率方面，从 2017 年 9 月开始，央行将原有对"三农"和小微企业实施的定向降准拓展至脱贫攻坚、双创等普惠金融。同时优化定向降准标准，聚焦授信 500 万元以下小微企业的贷款，以及农户、创业、助学等贷款。截至 2020 年末，县一级农村商业银行执行 6% 的存款准备金率，农村合作银行、信用社、村镇银行执行 7% 的存款准备金率，较大型商业银行 12% 的准备金率相比政策支持力度明显。

同时，在再贷款、再贴现方面，央行持续扩大支农、支小再贷款合格抵押品范围，优化利率政策，发挥政策的正向激励作用，帮助企业降低融资成本。适度下调支小再贷款利率水平，将运用支农、支小再贷款资金发放贷款最长期限延长 1 个月，创新落地"先贷后借"模式。对民营企业票据、票面金额 500 万元及以下的小微企业票据和涉农票据，以及直贴票据有限办理再贴现，贴现利率低于同期同档次的贴现加权平均利率。

第二，持续完善金融扶贫政策措施，从信贷、直接融资等方面推动金融机构加大对深度贫困地区脱贫攻坚的金融支持。主要措施集中在三个方面。一是优化扶贫再贷款管理，2018 年 9 月将再贷款定价机制试点范围扩大至河南、云南等 12 个省（自治区），由试点地方法人金融机构按照保本微利、综合考虑贷款风险等因素，自主确定运用扶贫再贷款发放贷款的利率水平。非试点地区同类利率政策，由不超过央行一年内贷款基准利率调整为不超过同期限贷款基准利率。2020 年扶贫再贷款余额 1723 亿元，增长 4.9%。二是加大资本市场支持力度，形成多层次、多渠道、多方位的精准扶贫格局。由证监会主导，在资本市场上更好地发挥证券行业优势。比如将扶贫纳入上市公司信息披露范围，要求上市公司在年报和半年报中披露扶贫开发工作信息，进一步引导上市公司强化扶贫担当。同时，对贫困地区融资需求提供支持主力，对于新疆等地贫困县企业上市融资享受"即报即审、审过即发"的绿色通道政策，对注册在扶贫地区复核条件的企业发行债券和 ABS 施行"专人对接、专人专审、即报即审"，同时支持注册地不在贫困地区的企业发行用于扶贫项目的专项债券和 ABS 债券。截至 2020 年 10 月，深市债券市场共发行贫困地区公司债券 22 只，金额 121.8 亿元。三是完善扶贫小额信贷管理政策，解决以往出现的资金投放不合理、贷款发放不合规、风险管理不到位等问题。在推广扶贫小额信贷的基础上，加强对信贷对象的审查，防止非贫困户"搭便车"，必须经过县、乡、村三级公告公示。明确政府与银行金融机构的风险分担比例，确保信贷资金用于发展生产等带动脱贫的特色产业，杜绝向金融理财、消费型支出外溢。

第三，大理推广普惠金融服务，着力提高金融服务的可得性和质量。银行结算账户和银行卡广泛普及，基本上实现了每人、法人企业拥有银行账户稳步增加，农业保险密度和深度持续上升，投资理财产品渠道更加通畅，电子支付使用率有所提高（详见后文 3.2.4 中关于金融服务基础设施建设的有关内容）。

（二）财政税收政策提供较大支持

近年来中央财政和税务部门在相关政策上进一步发力，综合运用多种手段支持农村金融服务创新发展。主要包括：

第一，出台多项税收优惠政策，在增值税、合同印花税、所得税等方面提供减免税政策，减轻农村金融机构的税收负担，提高业务积极性（过去 3 年的税收优惠政策见表 3.1 所示）。

表 6-1　2017-2019 年税务总局出台的涉及农村金融税收优惠政策

序号	涉及税种	政策文件	主要内容
1.1	增值税	《关于支持小微企业融资有关税收政策的通知》	2017 年 12 月至 2019 年底，对金融机构向单户授信不超过 100 万元的农户、小型微型企业以及个体户所发放小额贷款取得的利息收入，免征增值税。
1.2	印花税		2018 年至 2020 年，对金融机构与小型、微型企业签订的借款合同免征印花税
2	增值税	《关于金融机构小微企业贷款利率收入免征增值税政策的通知》	2018 年 9 月 1 日至 2020 年底，前述（1.1 项目）符合免税条件的小微企业和个体工商户，由单户授信不超过 100 万元上调为单户授信不超过 1000 万元。
3	所得税	《关于延续支持农村金融发展有关税收政策的通知》	2017 年至 2019 年全年，对于金融机构农户小额贷款的利息收入以及种植业、养殖业保费收入，减按 90% 计算收入纳入应纳税所得额。
4.1	增值税	《关于小额贷款公司有关税收政策的通知》	2017 年至 2019 年全年，对经省级金融管理部门批准成立的小额贷款公司取得的农户小额贷款利息收入免征增值税。
4.2	所得税		2017 年至 2019 年全年，该利息收入按 90% 计算收入总额纳入应纳税所得额，并且按年末贷款余额 1% 计提的准备金准予税前扣除。
5	增值税	《关于租入固定资产进项税额抵扣等增值税政策的通知》	018 年至 2019 年全年，为农户、小微企业以及个体工商户借款、发行债券提供融资担保取得的担保费收入，以及相关的再担保收入，免征增值税。
6	所得税	《关于中小企业融资（信用）担保机构有关准备金企业所得税税前扣除政策的通知》	2016 年至 2020 年全年，符合条件的中小企业融资（信用）担保机构的准备金允许税前扣除：一是按照不超过年末担保责任余额 1% 计提的赔偿准备金；二是不超过当年担保收入 50% 计提的未到期责任准备金。（上述计提要求将上一年度提取的准备金转回收入）
7	增值税	《关于中国邮政储蓄银行三农金融事业部涉农贷款增值税政策的通知》	2018 年 7 月至 2020 年底，对邮储银行纳入"三农金融事业部"改革的省分行下辖县级支行，提供涉农贷款取得的利息收入，可以选择按照 3% 税率的增值税简易征收方法计算缴纳。

资料来源：本表由作者自行整理所得

第二，设立普惠金融发展专项基金。该基金主要用于四个方面：一是县级金融机构涉农贷款增量奖励，对符合条件的机构当年涉农贷款增幅超过 13% 的部分给予奖励。二是农村机构定向费用补贴，主要是面对符合条件的新型农村金融机构和西部基础金融服务薄弱地区的银行分支机构，按照当年贷款平均余额给予一定奖励。三是创业担保贷款贴息，主要针对个人和小微企业担保贷款给予一定贴息，范围是小微企业创业担保贷款额度最高不超过 200 万元，期限在 2 年以内，个人创业担保贷款期限在 3 年以内，额度不超过 10 万元。四是政府和社会资本以奖代补，针对存量转型项目按照项目规模给予一定奖励（差异化奖励），对于示范项目中的新建项目工业按照项目规模给予一定奖励（新建项目）。2016-2019 年，财政部累计提供以奖代补资金 55 亿元。

（三）监管差异化框架不断加强

银保监会持续健全银行业差异化监管，要求银行单列信贷计划，指导建立续贷、尽职免责等内部管理机制。将普惠金融服务纳入 MPA 监管评价体系，设立了专项指标，专门考察金融机构服务小微企业进行贷款的情况，在资本管理、不良贷款等方面明确了差异化监管政策。围绕小微企业、农户等普惠金融重点客户设定增速、户数等监管考核指标。

第一，普惠金融服务情况纳入监管评价体系。落实原银监会的要求，大中型商业银行普惠金融事业部经营情况由银保监会进行差异化监测和考核，银保监会派出机构分别对其辖区内大中型商业银行普惠金融事业部开展情况进行监测评估，重点关注基础金融服务、信贷投放以及服务的覆盖率、可得性和客户满意度。

第二，细化普惠金融考核目标。在原银监会印发的《关于做好 2018 年银行业三农和扶贫金融服务工作的通知》（银监办发 [2018]46 号）中进一步明确了普惠金融的考核目标。一是监测小微企业的"三个不低于"（贷款增速不低于各项贷款平均增速、贷款户数不低于上年同期户数、申贷获得率不低于上年同期水平），确保小微企业信贷规模稳中有升，重点针对授信一千万元以下小微企业贷款，明确"合理控制贷款质量水平"、"合理控制小微企业贷款综合成本"的目标。同时力争实现单户授信 500 万以下的普惠型农户经营性贷款和一千万元以下普惠型涉农小微企业贷款增速总体不低于各项贷款平均增速，对符合条件建档立卡贫困户的小额贷款能贷尽贷，推动金融资源向农村金融进一步倾斜。

第三，提高对于农村金融贷款服务的风险容忍度。涉农贷款、精准扶贫贷款的不良率，不超过各项贷款不良率年度目标 2 个百分点，可以不影响银行内部考核。同时，要求各银行业金融机构在涉农、扶贫金融服务领域，制定出台或完善尽职免责制度，保护从业人员切身利益。

（四）金融基础设施建设取得积极进展

农村地区金融除了运营主体较少之外，基础设施建设落后，也是制约农村金融快速健康发展的重要因素。对此，国家高度重视，央行牵头出台了多项制度，夯实了农村金融服务发展基石，主要体现在以下几个方面：

第一，农村信用体系建设稳步推进。信用体系和金融体系长期以来是相互依存共同促进的关系，没有信用的支持，信用卡、贷款等基本金融服务难以开展，而没有金融服务的支持，深化信用体系建设也无从谈起。与城市地区人人开户、工资和消费数据丰富相比，农村信用体系商祺以来存在着许多短板。近年来，我国央行将农村信用体系建设作为一项长期重点工程持续推进，与地方政府和金融机构开展深入合作，为尚未获得贷款服务的农户在办理业务之前提前建立信用档案，提前分析村镇、农户信用情况，预先筛选出具有贷款资质的农户进行预授信，实现对良好信用的正向激励机制，为金融企业开展业务提供有力指引。

一是推动国家金融信用信息基础数据库（俗称"央行征信系统"）积极对接农村信用体系建设。截止 2019 年末，央行征信系统已经基本覆盖农商行、农村合作银行等主要涉农放贷机构，支持通过金融专网直接接入、搭建省级平台统一接入、互联网接入等多种手段，提高金融机构信贷审批效率。央行征信系统已收录办理过农户贷款的自然人近 1 亿，占全系统 10.2 亿自然人的大约 10%；收录办理过农林牧渔类信贷业务的农村企业等组织超过 60 万户，占全系统约 2800 万户企业的约 2.1%。央行征信系统通过信息共享，有效缓解了信息部队称，既帮助金融企业防范风险，又推动没有信贷记录的农户、企业获得融资机会，帮助有良好信贷记录的农户、企业获得更优质的服务。同事，通过提供信用报告查询，帮助涉农主题了解信用记录，提高信用意识。

二是建设动产融资统一登记公示系统。该系统提供应收账款质押和装让、融资租赁、保证金质押、存货和仓单质押等多种登记和查询服务，有效解决农户和涉农企业不动产等抵押担保品不足的问题。截至 2019 年末，已注册农村信用社、村镇银行、商业银行等各类登记用户超过 2 万家，累计提供查询 2000 万笔、查询证明 186 万笔，质权人为涉农金融机构的应收账款质押和转让登记 8.2 万笔，存货与仓单质押等其他登记 7000 笔，涉及农林牧渔企业登记累计 3.1 万笔（其中含应收账款质押和转让登记 2.3 万笔）。

三是建设应收账款融资服务平台。该平台于 2013 年底建成，服主要通过在线确认账款、融资需求传递、应收账款质押通知等功能，推动银行与企业之间的信息交流。2016 年该平台于供应链核心企业、商业银行进行数据推介，实现应收账款数据传输自动化、实时化，提升业务效率。截至 2020 年底，以农户为主的个人用户超过 1.5 万个，涉农企业超过 7000 家，合计占平台注册总用户 17 万家的 13.5%；促成应收账款融资 2.3 万笔，占总交易量 15 万笔的 15.3%；融资金额约 2000 亿元，占总融资金额 8.4 万亿的 2.4%。

四是建设农业信贷担保体系。成立国家农业信贷担保联盟有限责任公司和各省级城市农业信贷担保公司，规模稳步扩大。截至 2019 年末，全国农担体系在保余额达 1190.32 亿元，占同期全行业涉农融资担保余额的 31% 以上。自全国农担体系组建至 2019 年末，累计担保金额 2203.04 亿元，政策效能放大 3.73 倍，惠及 65 万以上新型农业经营主体，户均担保额度 33.85 万元，提高了政策普惠性和农民获得感。2019 年，纳入再担保项目 13.68 万个，金额 603.49 亿元；累计纳入再担保项目 22.18 万个。2020 年，全国农业信贷担保体系，在保项目达到 69 万个，在保金额 2060 亿元，政策放能放大了 3.21 倍。并且逐步推动农业信贷担保由省级覆盖，逐步向市级、县级机构延伸。

第二，加快推进农村支付体系建设。一方面持续推广非现金支付，另一方面加强农村地区现金服务工作，改善人民币流通环境。

一是完善农村支付配套政策支持。持续优化企业开户服务，提升开户审核效率，推广电子渠道预约开户、改进账户许可服务，推出了多项针对性措施。明确了对小微企业按照 "2+2" 限时办结，即原则上应当在受理小微企业开户申请之日起 2 个工作日内完成开户审核，及时关注人民银行开户许可，并于当日或者次日将开户许可交付或通知企业。经过央行的持续努力，目前小微企业开户时间平均缩短至 3 天，试点取消开户许可证的江苏泰州和浙江台州进一步缩短至 1–2 天。同时，加强支付领域数据基础建设与检测，央行制定了《关于修订农村支付服务环境建设业务统计的通知》。

二是强化农村支付服务基础设施。截至 2019 年末，农村地区个人银行结算账户接近 45 亿户，基本实现人人拥有独立银行结算账户。其中，贫困地区个人银行结算账户 17.7 亿户，人均 3.8 户，人均持卡量 3.4 张。扩大 ATM 机布局，基本实现乡乡有 ATM，农村地区 ATM 机至 2019 年末累计超过 400 万台，万人拥有数量 4.12 台。POS 机进一步下沉到存，创建一批刷卡无障碍示范区，每万人拥有 POS 机数量达到 83 台。优化农村银行营业网点，扭转了农村地区银行营业网点逐步收缩的趋势。

三是升级支付服务服务工具和方式。持续推动农村由现金向刷卡方式转变，降低刷卡手续费，促进银行卡使用。截止 2019 年末，农村地区银行卡数 35.43 亿张，人均持有量超过 3 张。大力度推广网络银行、手机银行，网上银行和手机银行开通数量均超过 6 亿户。鼓励支付宝、银联、微信等非银行支付向农村拓展，2019 年，农村地区发生移动支付 100.58 亿笔，网上支付 126.60 亿笔。

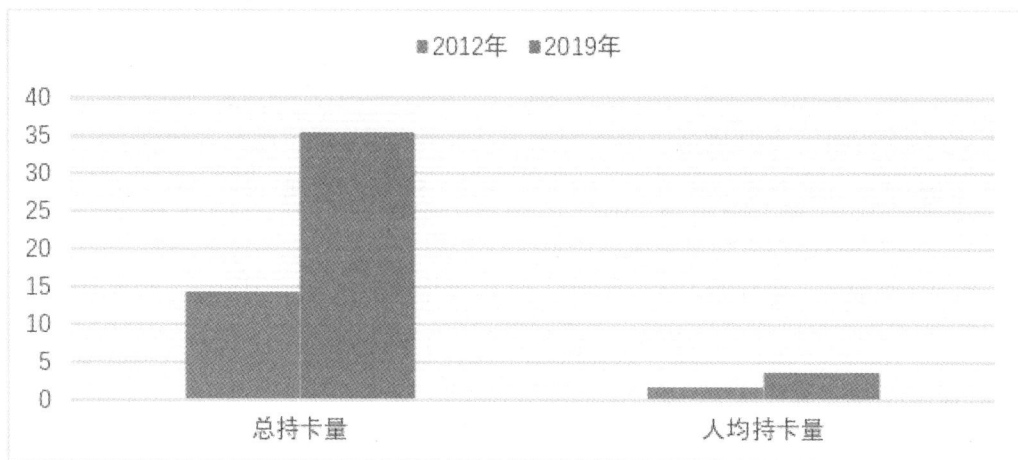

资料来源：本图数据来源于中国人民银行调查统计司

图 6-1　2012 年、2019 年农村银行卡发行量与人均持卡量

四是强化现金服务。央行分支机构为农村现金服务提供大量支持，因地制宜开展现金服务，供应、回收两手抓，通过上门服务等多种方式提供小面额新钞票，加强以旧换新，新币找零，提高人民币整洁度。将普惠金融与反假币工作有机结合，配备点验钞工具，提高反假币意识，促进农村金融免受假币伤害。

三、当前我国农村金融服务发展取得的成效

近几年我国的金融改革发展不断深化，不断发展，农村金融发展的层次和水平都得到了有效的改善，可以说极大的促进了农村经济的发展。目前，农村金融服务在总体上保持了良好的发展态势，一方面，贷款规模持续增加，从人民银行单独统计涉农贷款之初（即 2007 年），全国涉农贷款合计 6.1 万亿，经过 10 余年的发展，2020 年末已经超过 39 万亿元，在全国总贷款的比重为 22.55%，同时，涉农金融机构网点数量有所回升。另一方面，农村金融机构持续深化改革，涉农银行业回归本源，将服务实体经济作为出发点和落脚点。

（一）涉农贷款余额持续快速增长

近年来，在政府部门政策引导下，各金融机构共同发力，"三农"信贷投入保持稳定增长，有利支持了农业生产和农村经济发展。截至 2019 年末，县级及以下区域贷款余额 28.84 万亿元，增长 8.3%，占各项贷款余额的比重为 18.84%。农户贷款余额 10.34 万亿元，增长 12.1%，占比 6.75%。农业贷款余额 3.97 万亿元，增长 0.7%，占比 2.59%。相关数据具体见表 6.2 和表 6.3 所示。

表 6.2　2007 年以来全口径涉农贷款余额

（单位：亿元）

时间	余额			较年初增量	
	本期数	同比增长	占所有贷款之比		
2007	61000	–	22%	–	–
2008	69000	21	22%	13000	26%
2009	91000	32	22%	23000	22%
2010	118000	29	23%	26000	32%
2011	146000	25	25%	27000	35%
2012	176000	21	26%	30000	33%
2013	209000	19	27%	34000	37%
2014	236000	13	28%	30000	33%
2015	264000	11	28%	29000	29%
2016	282000	7	27%	24000	20%
2017	310000	10	25%	31000	20%
2018	327000	6	24%	22000	16%
2019	352000	7.7	23%	26800	16%

资料来源：本表数据来源于中国人民银行调查统计司，数据四舍五入至千二位。

按大项的划分来看，"三农"贷款当中大部分都流向了农村贷款，具体见表 6-3 所示。按照用途来看，其他类（主要是出有明确统计用途之外金融机构发放给企业和各类组织用于支付农业产前、产中、产后各个环节的各类贷款）所占比重比超过了 50%。其次是农业基础设施建设贷款和农林牧渔业贷款，相关数据具体见表 6-4 所示。

表 6-3　2019 年"三农"贷款余额分项目

（单位：亿元）

	农村贷款	农业贷款	农户贷款	全口径贷款
贷款余额	288400	39700	103400	352000
同比增速	8.3%	0.7%	12.1%	7.7%
占比	81.96%	11.28%	29.38%	100%

资料来源：本表数据来源于中国人民银行调查统计司，数据四舍五入至千位，农户贷款与前两项有部分交叉统计。

表 6-4　2019 年"三农"贷款余额分用途

（单位：亿元）

用途	贷款余额	当期新增贷款余额	同比增长	占比
其他类	197000	14000	7.7%	55.98%
农村基础设施建设	6800	11000	19.3%	19.32%
农林牧渔业	39700	714	0.7%	11.28%
农用物资和农副产品流通	25000	−2000	−8.1%	7.1%
农产品加工	13000	1000	8.3%	3.69%
农业生产资料制造	6500	500	8.3%	1.84%
农田基本建设	2200	200	10.1%	0.6%
农业科技	500	100	25.2%	0%
合计	352000	26800	7.7%	100%

资料来源：本表数据来源于中国人民银行调查统计司，数据四舍五入至千位。

从信贷资金的提供者来看，全国性的大型银行和中资小型银行各占据了资金提供的三分之一左右，相关数据具体见表6-5所示。在增速较快的小型银行当中，农村商业银行是贷款主力，所占的比重已经超过了六成，相关数据具体见表6-6所示。

表6-5　2019年末贷款余额来源统计

（单位：亿元）

提供者	涵盖对象	贷款余额	同比增长	占比
全国性大型银行	工商银行、农业银行、中国银行、建设银行、国家开发银行、交通银行、邮政储蓄银行	123000	4.2%	34.94%
中型银行	中国进出口银行、农业发展银行等政策性银行；招商银行等全国性商业银行；北京银行等地方性银行	80000	3.9	22.72%
小型银行	恒丰银行、浙商银行、渤海银行，其他小型城商行、农村合作银行、村镇银行	121000	10.1%	34.38%
信用社	—	26000	23.8%	7.39%
其他	企业财务公司等	1900	90%	0.54%
合计		352000	6%	100%

数据来源：本表数据来源于中国人民银行调查统计司，数据四舍五入至千位。

表5-6　2019年末小型银行贷款余额来源统计

（单位：亿元）

提供者	贷款余额	同比增长	占比
农村商业银行	82000	10.81%	67.77%
农村合作银行	2000	50%	1.65%
村镇银行	8000	14.29%	6.61%
其他	29000	7.4%	23.97%
合计	121000	10.1%	100%

资料来源：本表数据来源于中国人民银行调查统计司，数据四舍五入至千位。

从涉农贷款余额各省余额来看，排名靠前的5位依次为浙江、江苏、山东、河南和四川，均为农业相对发达的地区；排名靠后的5位依次为西藏、海南、上海、天津和青海，主要是农业相对不发达或经济以第二第三产业为主的省份。相关数据具体见表3.7所示。

表6-7　2019年末涉农贷款余额分省份

（单位：亿元）

	地区	贷款余额	同比增长	占比
前五位	浙江	35600	9%	11%
	江苏	32300	4%	10%
	山东	26300	2%	8%
	河南	18500	11%	6%
	四川	16600	3%	5%
—	—	—	—	—
后五位	青海	2200	−3%	1%
	天津	1800	−22%	%1
	上海	1600	−14%	0%
	海南	1600	5%	0%
	西藏	1400	19%	0%
	全国总计	352000	6%	100%

资料来源：本表数据来源于中国人民银行调查统计司，数据四舍五入至百位。

（二）农村金融服务覆盖面持续扩大

启动农村金融服务建设之初（2009 年），没有金融机构的空白乡镇大约有 2950 个，占全国乡镇总数的 7% 左右，截至 2019 年末，空白乡镇已经不到 800 个。同时，村镇银行在县一级覆盖面持续提升，截至 2019 年末，全国已经有 1300 个县设立了村镇银行超过 1600 家，覆盖率达到 70%，村镇银行有 60% 设在中西部规模，累计发放贷款金额 4.7 万亿。开展农业保险业务的保险公司包括综合性保险公司、专业性农业保险公司、农业互助合作保险组织等，保险服务网点对于乡镇一级的覆盖率达到 95%，村一级覆盖率超过 50%。

从机构数量来看，2019 年农村金融机构数量达到 3274 家，较 2012 年增长 19.5%，营业网点 8.4 万家，较 2012 年增长 11%，从业人员达到 96 万人，较 2012 年增长 18.5%，具体见表 6-8 所示。其中，农村商业银行规模扩张较快，在从业人员和营业网点方面几乎实现了翻番，其主要原因是符合条件农村信用社和农村合作银行向农村商业银行改制。

表 6-8　2019 年末农村中小银行机构情况统计表

机构名称	从业人员			法人机构数			营业网点		
	2012	2019	增幅	2012	2019	增幅	2012	2019	增幅
农村信用社	502829	210383	−58.2%	1927	812	−57.9%	49034	19468	−60.3
农村商业银行	220042	645492	193.3%	337	1397	314.5%	19910	58246	192.5%
农村合作银行	55822	9369	−83.2%	147	30	−79.6%	5463	918	−83.2%
村镇银行	30508	93465	206.4%	800	1616	102.0%	1426	5764	304.2%
贷款公司	111	104	−6.3%	14	13	−7.1%	14	13	−7.1%
农村资金互助社	421	345	−18.1%	49	45	−8.2%	49	45	−8.2%
总计	809733	959158	18.5%	3274	3913	19.5%	75986	84454	11.1

资料来源：本表数据来源于中国银行业保险业监督委员会

（三）农村金融机构改革更加深入

通过持续优化农村金融机构改革，释放发展活力，推动金融服务提供商能够更加高效、高质量地服务好农村金融。主要体现在三个方面：

一是农村信用社改制与优化公司治理。推动农村信用社增强市场意识和竞争能力，通过内外部多种手段引导农村信用社逐步、化解历史包袱，潜在遭受系统性风险可能性大幅下降，资产和财务得到了较为明显的改善，净资产回报率略有下降但稳定在健康水平，具体见图 6-2 所示。同时，农村信用社、农村商业银行、农村合作银行成为农村金融服务的主力军，各项贷款余额的 60% 都投向了涉农领域，贷款占全国涉农贷款的 30%。

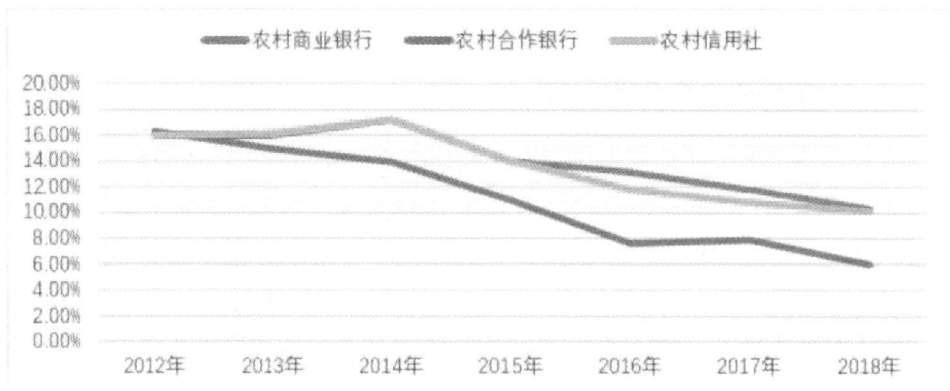

图 6-2　2012-2018 年农村信用社、农村商业银行、农村合作银行 ROE 情况

二是积极推进农业银行"三农"金融事业部改革。从 2010 年开始，农业银行根据国家要求开展深化"三农"金融事业部改革试点，经国务院批准后分别在 2011 年、2013 年和 2015 年三次扩大试点，通过改革，农业银行"三农"金融事业部已有专门的、有别于城市业务的政策和运作模式，资源投入也得到了充分保障。在农业银行总行增设"三农"渠道管理中心、"三农"互联网金融管理管理中心，形成了"三个部门 + 八个中心"的组织架构，退出了"惠农 e 贷"等一系列特色产品。截止 2020 年末，农业银行县级网点 12545 个，县级贷款余额 4 万亿，较 2010 年增长 67%，比农业银行整体贷款增速 33% 快 34 个百分点。

三是邮政储蓄银行"三农"金融事业部改革进程加快。2016 年在邮政储蓄银行成立"三农"事业部，同时在内蒙等五个省份开展试点，至 2018 年中 36 家一级分行服务"三农"的组织架构基本建立。截至 2020 年末，邮政储蓄银行涉农贷款余额 1.41 万亿，农户贷款超过 1 万，同比分别增长 12.7% 和 9.8%。

四是商业银行普惠金融事业部成效显著。根据《中小企业促进法》的要求，各商业银行对照银监会《大中型商业银行设立普惠金融事业部实施方案》的要求，构建专业化经营机制，发展出各具特色的差异化普惠金融事业部模式。其中，工行、建行、交行主要是垂直的条线化服务体系，中国银行与集团内中银富登村镇银行、中银消费金融公司形成了"1+2"的服务模式。截至 2017 年 6 月底，5 家大型商业银行完成了普惠金融事业部挂牌，实现机构落地、人员到位、专人专岗。截至 2018 年末，中信银行、平安银行等 8 家银行在总行层面设立了普惠金融事业部，招商银行在总行零售信贷部下设普惠金融服务中心，浦发银行单独设立了小微业务专门营业机构。

五是完善国家开发银行改革。国开行成立于 1994 年 3 月，成立之初业务主要集中于"两基一支"（基础设施、基础产业和支柱产业大中型基建）。但其早期业务运营管理并不理想，1997 年底不良贷款率高达 32.6%。1998 年以后，国开行开始逐步探索转型，经营机制注重追求市场业绩与盈亏平衡，并在之后几年将不良资产剥离给中国信达资产管理公司。2003 年 5 月，时任国开行行长陈元在内部工作会上首次提出"开发性金融"概念，主要是为了与传统政策性银行（即当时的农发行、口行）体现区别，摆脱传统政策性银行官僚化、行政化的形象［140］。2007 年，国开行进行商业性改造，但随后爆发世界金融危机，开行实际上仍承担了支持国家战略的业务。2015 年，国开行实行了深化改革工作，确立了开发性金融机构的定位，进一步完善运作模式。开行将国际先进微贷技术与中国国情有机结合，探索出以管理平台筛选项目、统贷平台统借统还、担保平台提供担保、公示平台透明信息、行业协会加强信用管理的"四台一会"模式。国开行积极支持乡村振兴战略，至 2020 年上半年，"三农"贷款余额 1.76 万亿元。

六是持续完善农业发展银行改革。农发行成立于 1994 年 4 月，主要承担国家粮棉油储备收购、农业开发政策性贷款、代理财政支农资金使用。1998 年，国务院决定农业综合开发、扶贫、粮棉油业务贷款等划给中国农业银行，农发行主要负责粮、棉、油等主要农产品收购。2014 年底，农发行开始了深化改革工作，明确了以政策性业务为主体，对政策性业务和自营性业务实施分账管理、分类核算，建立规范的治理结构和决策机制。农发行 2015 年确立了"一二三四五六"总体发展战略，提出要全力服务国家粮食安全、全力服务脱贫攻坚、全力服务农业现代化、全力服务城乡协调发展、全力服务国家重点战略。十三五期间，农发行累计投放扶贫贷款 2.32 万亿元，为推动农业农村优先发展作出重要贡献。

四、当前我国农村金融服务存在的主要问题

我们国家仍然是世界上最大的发展中国家，解决好"三农"问题依然刻不容缓，其重要性主要体现在以下几个方面。一是粮食生产关系到国家总体安全，过去几年我国粮食总产量稳定在 1.2 万斤以上，但对于放开永久基本农田面积（即所谓的耕地面积红线）等关键性问题长期以来存在着较大争议。因此必须通过金融服务，稳定农村发展，抓好粮食生产，方能做到手中有粮心里不慌，成为经济下行压力加大背景下的压舱石。二是打赢脱贫攻坚战的重要内容，也是落实国家已经明确的 2020 年现行标准下农村贫困人口脱贫、贫困县全部摘帽、解决区域性整体贫困等全面建成小康社会的硬任务，同时推动 2020 年农民人均收入较 2010 年增长 1 倍是全面建成小康社会的硬指标。三是改善农村环境、建设好基础设施和公共服务，这是乡村振兴战略的重点任务，也必须确保 2020 年实现人均居住环境阶段性明显改善的要求。

面对前述"三农"领域所需要承担的硬任务，虽然目前农村金融服务建设已经取得了积极进展，但还存在许多短板，一些深层次体制机制问题还制约农村金融快速发展，供需矛盾依然严重且突出。其主要表现在以下几个方面：

（一）市场化程度偏低，农村金融服务创新动力不足

目前，我国农村金融市场依然是政策性金融机构和国资背景的商业性金融机构发挥主渠道作用，但从全球来看，非正规金融是多层次农村金融服务体系的组成部分，对于解决农户和小微企业融资问题发挥积极作用，可以有效地弥补正规金融渠道的短板和不足［141］。虽然我国金融市场上各种产品、机构、模式创新不断涌现，服务越来越丰富，但是客观地看，农村和县一级金融服务建设仍然相对滞后。主要表现一是农村金融服务机构较少，这是制约当前农村金融服务发展的重要因素，目前来看，农村金融服务机构主要有农村合作信用社、农业银行、邮政储蓄三大类，农村金融服务网点非常少，尤其是在那些偏远的地区，根本没有设立相应金融服务网点，农民要办理金融业务往往需要进入到城镇的服务网点办理，在这种情况下，农村金融服务创新工作难以顺利开展下去。二是立足当地、特色鲜明的中小金融机构培育不够，国家对于小额贷款公司、融资性担保公司、新型合作金融组织等的积极作用重视不够［142］，缺乏清晰的发展战略和监管规则，互联网金融企业层次不齐、市场秩序较为混乱。而发展较快的农村信用社、村镇银行等中小型金融机构，内部治理不够完善、外部监管不够到位，也缺乏相应的政策体系以激励中小金融机构更加贴合当地特色开展服务［143］，部分机构出现了偏离当地，脱农向城，资金投向金融领域而非实体经济等问题。

从金融机构自身来看，小型农村金融机构及新型农村金融机构根植于农村，但金融服务创新的能力较为薄弱；其他各涉农金融机构处于成本效益原则及规避风险原则的考虑，并没有将农村金融市场作为业务发展重点，由此更加缺乏对农村金融服务创新考核的有效举措，农村金融服务创新的内在动力不足。同时，我国对于农村金融创新也缺乏明显的政策激励措施，导致农村金融服务创新缺乏外在推动力。

此外，由于国家对于农村中小金融机构的准入和退出扔进行较为严格的准入控制，也是导致农村金融市场化不足的重要原因［144］。这一方面导致了外部竞争性的激励和约束不足，另一方面也造成有能力、有意愿的民间资本难以进入，小贷公司等非存款类房贷组织发展缓慢，消费金融公司、金融租赁公司等新型业态发展缓慢，急需创造更加公平的市场环境。

（二）风险管理水平有待提升

受限于各方面因素，目前蓬勃发展的金融科技以及大数据分析手段难以在农村金融领域直接运用，传统的授信模式和风险管理手段依然是农村金融领域的主流，这也极大地制约了农村金融整体风险控制水平。同时，在农村和县一级领域，财产抵押登记、评估、不动产转让等基础公共服务和金融基础设施存在明显的短板，服务"三农"的融资担保机制存在合作机制不完善、资本补充不畅等问题，进而导致部分业务难以为继、抵押物处置困

难，业务风险水平居高不下。农业保险方面，农户的保险意识以及对保险产品的认识还存在很多不足，保险机构服务下沉的能力不强，部分产品保障能力低、大型自然灾害的风险分散机制不健全等，导致农户有的不想保、有的不敢保、有的不愿保，使用保险工具分担风险运用不全 [145][146]。

此外，相比于整体金融市场，农村金融存在的监管空白更为严重，系统性风险累积的隐患不容小视。个别机构打着农村金融、普惠金融的名号，实际上却在做影子银行 [147]，甚至是非法金融。监管空白也导致监管机构难以通过穿透监管，行使审慎监管的职责，金融消费者合法权益保护依然是一个难题。迫切需要压实各级金融监管部门的职责，加强早期纠正的信息共享和监管合作，强化监管专业性，提高监管效率。

（三）农村金融服务创新还无法跟上内外部环境变化

从需求端看，农村产业结构的变化正在引发金融服务结构性升级，特别是农村一二三产业的融合发展，出现了规模经营的家庭农场、设施农场、标准农场，不能再简单地把小农户生产方式作为主要服务对象，必须通过竞争创新满足各领域、各层次的金融需求。目前，随着农村经济的不断发展，农民收入不断提升，对资金的需求也不断增加，对金融服务的要求也在提升，但受到众多因素的影响，很多金融机构无法提供针对性的金融服务，而一些金融机构为了追求更多的利润，不断降低贷款权限。另外，由于历史的原因，很多金融机构所提供的服务主要集中于存贷款方面，已经无法满足农村经济发展对金融的各种需求。从供给端来看，金融科技正在从城市向农村深度渗透，智能手机和移动银行的应用，以及数字征信和支付手段便利化，农村金融服务的成本持续下降，为更多场景化应用提供了可能。但是目前，由于正规的金融机构服务的匮乏，导致在农村非正规的金融市场活动活跃，并呈现出泛滥的趋势，这些非正规的金融机构在农村的发展，可以从部分解决农村对金融资金的需求，但是并不能满足农村的需求，同时在这些金融机构的运作过程中出现了很多矛盾，这其中一个非常突出的矛盾就是借贷不规范，并且贷款利息非常高，有的甚至接近于高利贷，这就给本来资金淡薄的农民带来了更大的负担，

相比于上述环境变化，金融服务创新的步伐还有待提高。特别是银行业金融机构，需要在商业可持续的基础上，持续简化贷款审批流程，提高效率，需要持续创新产品以更好地提供与农业生产经营周期相匹配的流动资金贷款和中长期贷款。抵押贷款业务需要更好地考虑农村公共基础服务和金融基础设施建设的改进，酌情考虑将土地经营权抵押、集体经营性建设用地使用权、集体资产股份等合法资产抵押权纳入考虑，拓宽抵押贷款模式。

同时，农村金融对于数字技术的使用还不够充分。数字技术是解决信息不对称、服务成本高、网点少等难题的重要手段，但当前在农村金融领域推广数字技术，还缺乏相应的金融标准和技术标准，用户使用习惯和能力也有待长期培养，数字技术相关知识和防风险

意识也有待提高［148］。

（四）农村金融创新领域窄

目前，我国注重农村金融产品创新，而金融制度创新、服务创新、组织创新等落后于前者。特别是目前金融组织创新缓慢。农村商业银行、农村合作银行、新兴的农村金融机构数量少，并且新兴的农村金融机构还存在着资本金不足、规模小、业务覆盖面窄等问题。金融创新集中于信贷领域，而在农业保险、投资理财及其他等领域较少涉及。出于规避风险的考虑，信贷创新主要集中于抵押贷款、担保贷款的创新，而缺少信用贷款的创新。信贷创新以短中期贷款创新为主，长期贷款创新较少。如目前创新的土地流转贷款、林权抵押贷款规定：若贷款对象为农民，期限一般为一年，若贷款对象为企业期限一般不超过五年。

（五）配套支持政策还有改进空间

虽然国家从财税、监管等各个方面出台了一系列监管政策，但还有很大的优化空间。当前政策设计的思路，还是"补差机构"，监管集中在出现问题的金融机构，采取事后管理、事后弥补的居多[149][150][151]。但是金融本身具有"嫌贫爱富"的特征，而农村金融本身具有正的外部性，必须向正向激励转变，改进市场规则，增强金融机构按照市场公平竞争提升服务的内生动力。农业保险保费补贴机制和再保险机制还有待加强，以更好地推动农业保险"扩面、提标、增品"。同时，要从整体出发，鼓励地方政府完善农村产权登记等机制，推进信用体系建设，加强跨部门联合执法，提高农村经济主体的信用意识，为农村金融长远发展打好理念基础。

（六）农村金融服务创新的相关人才匮乏

农村金融服务创新工作需要依靠创新型人才，然而现阶段来看，农村金融服务创新人才还比较少，一些有能力的人才都不愿留在农村工作，大都奔向大城市发展，留在农村的金融人才大多是一些非专业、年龄偏大的人，这些人缺乏服务意识和创新意识，在金融服务中不主动、不积极，不能根据农村金融市场以及客户的需要，推动符合市场需求以及农民需要的金融产片，制约了农村金融作用的发挥，不利于农村经济的发展。

第三节　我国农村金融服务创新的总体思路

未来，农村金融需求将与经济同步发展、持续扩张，与此同时农村金融的供给和需求还存在很多矛盾和亟需解决的问题。继续推动农村金融服务创新，以全面提升农村金融服务的质量和效率，是新时代深化农村金融改革、改善农村金融服务、促进信贷结构优化调整的重要内容，对于支持和推进社会主义新农村建设具有非常重要的意义。

一、现实背景

（一）供给不足的问题客观存在

根据相关数据统计，长期以来，我国的农村当中只有 30% 左右的农户能够通过银行等一些正规的金融机构获取贷款，其余大部分的农户仍然是依靠向亲朋好友借贷等方式，这其中一个非常突出的矛盾就是借贷不规范。通过非正规渠道获取资金支持，这从一个侧面说明了当前农村金融供给的不足仍然客观存在。其背后，则是部分金融机构惜贷、甚至违规将信贷资金向城市转移等多种原因。非正规金融市场发育层次低，运作极不规范，没有法律保护和监管约束，民间借贷良莠不齐，纠纷频发，矛盾四起，增加了农民债务负担和农村金融体系的风险。

一方面，在市场经济条件下，农村金融当中最主要的资金来源仍然是依靠农户在银行当中的存款，并且这部分资金能够通过一些金融中介机构以信贷的形势发放。但遗憾的是，这些资金并没有非常有效的转化成农村的贷款资金，用于"三农"建设等具有迫切需求和正向激励效应的用途。另一方面，随着国家对金融机构市场化改革的深入推进，追求盈利目标成为了市场化金融机构核心经营目标，在盈利的驱动下，不少金融机构由农村向城市转移。导致过去较长一段时期内，商业性金融机构在农村的网点数量和覆盖率都处于相对较低水平，许多农村地区长期只有农村信用社和邮政储蓄提供金融服务。虽然这一现象在过去 10 年内有所改观，但仍有部分地区至今都没有任何金融机构设立网点，更不用说提供金融服务了。

（二）需求增多，多样化趋势明显

目前，我国农村经济发展较为快速，而农村经济的发展必须有一个良好的金融服务作为支撑。目前，农村对于金融服务的需求越来多，并且呈现出需求多样化的发展趋势。随着农民收入的增加以及农村经济的快速发展，农户也由之前的以农业经营为主逐步转向多样化的经营，个体农户逐步减少，农村中的中小型企业不断增多，因此原先针对过去"小农经济"的金融供给模式需要改变。特别是，农业的专业化生产经营需要更多专业化的机器设备，因此对于资金数量方面的需求量会大幅增加，农业的发展对于信贷资金的需求和依赖不断升高。同时，农业龙头企业也涌现出来，涉及农业从生产到销售的各个环节，这有利的推动了农业现代化发展，同时也导致了资金需求不仅仅是用来进行扩大再生产，农业生产中的所有环节都产生了对资金的迫切需求，同时，农业生产的各环节对于金融服务的需求存在差异，也导致了农村金融需求的多样化。另外，农村经营主体的形式也发生了变化，农户个体、合作社、农村企业等对于金融服务的需求也各不相同，这也需要金融机构针对不同主体提供差异化的产品和服务。

（三）制度、技术持续创新营造了新的外部环境

一方面，我国乃至全世界范围内，对于农村金融服务的重视程度日益提升，越来越多的国家、地区，将改进和提升金融服务，作为刺激农村经济发展、保障粮食稳定、减少贫困人口的重要手段。通过出台并持续完善农村金融相关的支持、监管和财税政策，给农村金融发展营造了良好的外部环境，大多数制度、政策对于农村金融创新都持积极态度，这为创新提供了机遇和氛围。

另一方面，信息技术的高速发展，也推动金融服务逐渐形成并完善基于信息技术的新业态，最主要的表现在网络技术下数据收集、整理和整合的效率大幅提升，同时大数据、云计算等基于大量样本的分析技术和模型更加成熟，实现了对信息进行高效的结构化，输出有价值的决策参考。从根本上，打破了传统金融在时间、空间方面的约束。传统的金融创新主要是集中在产品层面的创新以及规避监管的创新，信息技术发展下的金融创新则更多的是根据新场景、新业态、新技术和新信息进行的全方位创新，农村金融创新也将从其中获益。

信息技术对农村金融的影响同样是革命性的，特别是信息技术影响了农村的生产、生活模式，从而创造了全新的金融业态、需求和服务方式，进一步激发了农村金融的活力，成为推动金融创新不断向前发展的重要推动力。首先，农村金融服务的覆盖范围以及提供载体发生了根本性改变。传统金融服务依赖于营业网点线下开展业务，对于网点和员工具有很强的依赖性，但随着智能手机等智能设备的逐步普及，网点的依赖性大幅下降。智能手机的普及，对金融机构而言相当于零成本、预先给用户提供了一个接触全方位金融服务的有效平台，从而发挥信息技术高效率、低成本、便捷性等优势，从而极大的降低了金融机构设立网点等固定成本支出，推动金融机构将业务触角向过去难以覆盖的"尾部"市场、空白市场延伸。其次，信息科技为金融服务"创造"了大量的可用信息。如手机定位信息，能够有效的识别手机持有人的生活轨迹。电子化消费信息，能够向金融机构提供消费状况等信用评级信息。通讯录与往来记录，能够帮助金融机构识别手机持有人社交网络，从而综合研判信用记录，在一定程度上控制风险。最后，数据整合能力更加强大，风险识别、分析形成定量结果越来越普遍。通过大量信息的收集，金融机构可以使用大数据模型和机器学习等技术，对消费者信息进行综合判断，实现风险评级更加符合实际，从而有效指导利率定价以及风险控制、跟踪手段，从而在一定程度上解决农村金融"两高一低"（风险高、成本高、收益低）问题，并逐步推动零散化的金融服务，统一管理，形成规模效应。

二、农村金融服务创新路径遵循的原则

农村金融服务并不是要盲目的进行创新，而是应当遵循一些基本的原则，具体来说，主要包括以下几个方面：

（一）良性互动原则

金融的根本目的依然是服务实体经济，二者相辅相成、缺一不可。脱离了金融服务和支持，农村产业发展就只能依靠内生资源的缓慢积累，难以实现健康快速发展。反过来，而农村产业发展缓慢，将拖累农村整体经济社会进步，各项金融业务风险也将继续高企，金融服务的系统性风险大大提升，整个金融系统变得十分脆弱，也很难发挥其促进经济、分配资源的应有作用。因此，金融与经济紧密联系的关系不容忽视，金融创新也必须围绕着服务实体经济的基本要求来进一步发展。

也就是说，农村金融服务的创新最主要的目的就是通过推动农村金融的发展来带动整个农村经济的发展，因此，金融机构不能仅仅满足于某个产品和服务的创新，还应当注重农村金融对于农村经济发展的促进作用，提升资源配置的效率，推动农业产业发展方式的转变等。农村金融服务的创新要能够实现农业金融发展与农村经济增长的良性互动和共赢发展。

（二）需求导向原则

农业同其他的产业相比，周期性的特征非常明显，并且很容易受到自然因素的影响，同时对于农业的投资，其收益的回收期时间相对来说有点长，回报较慢。因此，部分金融机构并不倾向于投资与农业，而农村金融服务的创新最主要的目的应该是为了满足农业、农村和农民发展的实际融资需求。

进入到新世纪以来，我国农村经济实现了快速发展，并呈现出多元化、层次化的发展趋势。但是我国地域广阔，不同区域和地区之间农村经济的发展水平存在较大的差异，即便是同一地区内部的发展状况也不尽相同。因此，对于农村金融服务的需求也存在多样性，比如说，农村产业化、农村城镇化、农村基础设施建设等对于农业金融服务的需求不同；农村里的龙头企业与小微企业对于农业金融服务的需求也不可能相同；农业发展和农户自身对于农业金融服务的需求自然也会存在很大不同。因此，农业金融服务的创新应当以农村经济主体的实际需求为导向和原则，要适应农村经济的发展规律和趋势。要立足当地的省情、县情、乡情和村情，根据当前农村发展的现状，积极探索、创新可操作性强的金融服务方式，让农业、农村和农民能够得到更好的金融服务，加快推进农业发展方式转变。

（三）风险可控原则

创新和风险是一对孪生兄弟，开展农业金融服务创新的前提就是要做好风险防范工

作。农业属于风险较高的行业，对于金融机构来说，一方面农村金融交易信息不完全和信息交流的不充分提升了交易的成本，另一方面，由于所面对的是众多的小规模农户和村镇企业，对它们的贷款存在一定的风险，尤其是当国外内的经济形势出现波动的时候，对于一些较小的金融机构影响更大。因此，金融机构在进行农业产品和服务创新的过程中，需要充分的考虑成本和收益的问题，要做好风险的预警、防范、化解，同时有效的降低成本，提升金融机构对于金融服务的供给，促进农村金融的发展。要坚持市场化和政策扶持相结合的原则，以市场化为导向，以政策扶持为支撑，健全和完善正向激励机制，合理分散金融风险，科学防范法律风险，坚决严控道德风险，有效防控操作风险。

（四）完善配套政策原则

长期以来我国的"二元结构"经济发展导致了农村发展速度较慢，随着我国对于"三农"问题的日益重视，对于农业、农业的发展在政策和资金等方面都给予了大力的支持，但是由于农村地区各方面的基础条件都比较薄弱，未来对于农村地区的支持力度还应该继续不断加强。农村金融服务的创新，很多都是政策性较强的工作，高风险、低利润，没有政府提供完善的配套政策，很多金融机构的积极性会不高。因此，财政政策、货币政策、监管体系等各方面的配套政策都应该继续完善和不断加强。农村金融服务创新要注重各种相关政策的协调配套，形成合力，激发金融机构参与农村金融市场的积极性和创造性，引导更多的金融资源投向"三农"。

三、农村金融服务创新基本要求

（一）在把握好基本原则的基础上，选准创新的重点和突破口。

加快农村金融服务创新，根本目的是要提升农村金融综合服务水平，让农业、农村、农民能够得到更好的金融服务。因此，农村金融服务创新不能单纯为了创新而创新，不能不顾风险盲目创新，要结合当地的实际情况，找准农业、农村、农民最需要的金融服务，努力寻求新的突破。务必要求真务实，坚持可持续发展，严控风险，为农业和农村发展，农民增收提供坚实的保障。

（二）要注重加强政府部门间协调配合，提升农村金融创新的内在激励和政策合力。

加强农村金融服务创新并不是一蹴而就的，而是一个长期的过程，需要许多部门通力合作，共同努力。在农村金融服务创新过程中，金融部门之间更要建立起有效的工作协调机制，尤其是要加强各种政策之间的协调和配合，形成合力。同时，要加强农村金融基础服务设施建设、农村信用体系和金融生态环境建设以及金融专业人才培育，不断增强农村金融创新的内在激励、政策合力和发展可持续性。

四、农村金融服务创新路径

通过前文的分析我们已经了解到，当前农村金融服务存在的一个最为主要的问题就是金融需求难以得到有效的满足，但根源在于有效供给不足，以及银行等金融机构作为供给方能够有效识别、区分有效需求的能力还存在很大缺失。换言之，通过创新改进农村金融当前存在的问题，不应该从需求端入手，而应该从供给端进行综合考虑，有序推动创新。

因此，从供给端角度入手来考虑，农村金融创新路径可以主要围绕三个方面展开。首先是组织创新，即坚持市场化运作的基础上，逐步推动金融机构等供给方根据新业态，完善组织形式，提高运行和风控效率，提升农村金融服务效率和质量。其次是模式创新，即结合当前需求和金融基础设施的实际情况，设计契合需求的业务模式，逐步营造具有较大业务潜力、疏解需求痛点、风险整体可控的新业态。最后是产品创新，即在前两者的基础上，针对具体需求的形式、内容、时间等要素，开发出具体金融服务，能够有效的满足当前金融市场上还没有得到满足的金融需求，以及即将出现的一些新的金融需求。

（一）农村金融组织创新

组织创新，一方面包括培育新的市场主体，提高整体市场化运作程度，另一方面还需要金融机构自身完善组织架构、改进内部管理，以创新释放活力逐步提高金融服务水平。

（1）从市场主体来看，坚持市场化模式运作，不断培育和丰富市场经营主体，持续激发市场活力，以竞争倒逼市场主体持续创新。政府、监管部门需要通过各类手段，不断引导、吸引社会资金、商业资本将资本投向农村金融领域，特别是根据农村的实际情况建立适合农村金融发展的新型金融机构，例如村镇银行、小额贷款公司、农村资金互助社等[170]。通过建立新型金融机构，持续明确金融机构的服务对象、服务方式，找准市场定位，从而有针对性的填补市场空白，与现有金融机构开展良性竞争，构建农村金融市场竞争格局。同时，要鼓励现有市场主体按照国家要求积极改革改制，明确自身定位，逐步向正规金融服务转型。

（2）从经营管理来看，鼓励金融机构将农村金融相关的业务单独设立部门，进而实现单独管理、单独核算，有利于推动金融机构完善农村金融业务的组织行为。农村金融服务因其性质特殊，如果与金融机构提供的其他产品进行混合管理，因为农村金融风险高、利润难以保证等特点，在当前金融机构利润为导向的考核体系下，将逐步丧失开展业务的相关资源。因此，非常有必要对农村金融业务单独设立部门或者事业部，设立单独的指标和制度进行单独的管理和考核，从而保障金融机构内部将适当的资源和人力投入到农村金融相关业务当中。同时，通过专门事业部设置，有利于组建专门团队，聚焦市场进行具体创新活动。这也与当前《中小企业促进法》中，要求大中型银行单独设立普惠金融事业部，以及监管机构对农村金融服务单独设立政策的大趋势保持一致。

（3）从考核晋升来看，需要为农村金融业务及从业人员单独进行考核，拓展合适的晋升渠道，以保证业务人员的积极性。一方面，农村金融业务相对复杂，仍然需要大量专职人员从事相关业务，但农村金融业务政策效应足、经济效应相对有限，按照传统的方式进行考核，从业人员长期难以得到职业发展，容易挫伤从业人员积极性。另一方面，绝大多数农村金融需要直接对接到最终的金融消费者，虽然可以使用信息技术进行一些辅助沟通工作，但需要大量基层员工进行展业以及具体业务办理。从客观情况来看，农村金融基层人员业务压力大、指标难以完成，加上长期在偏远地区服务，通常难以全身心地投入业务发展中，需要在金融机构内部提供一定的组织保障。

（4）从团队设置来看，需要提前嵌入金融科技的相关考虑，为业务长远发展奠定坚实基础。农村金融碎片化的态势短期内难以扭转，大部分金融服务采用"标准化"方式以控制成本，保持经济可行性是唯一的现实选择。这就要求金融机构在农村金融业务团队安排金融科技相关人才，在创新阶段就将业务与金融科技深度融合，推动业务发展。

（二）农村金融模式创新

组织创新是金融机构改进供给的重要基础，而模式创新则是链接组织创新和具体产品创新的有力桥梁，只有完善创新业务模式，推动形成具有活力的新业态，针对当前存在的痛点、难点进行针对性改进，才能保障创新业务真正具有长久的生命力。针对当前农村金融业务存在的难点，建议采取如下方式的创新：

1.创新信用增级、信用提升的机制

信用风险高是制约农村金融业务的关键难点，也是未来一段时间内难以从根本上解决的难点。在不改变当前业务模式的基础上，为各类信贷主体增加信用等级，是推动解决金融机构开展信贷困难的有力推手。

目前来看，可以从其他金融领域借鉴采用的创新机制。主要包括：政府介入帮助农户、农业企业增信，可以采用的方式多种多样，如成立政府担保公司为农户提供担保，同时要求农户亲属或其他方提供反担保，或者与农户个人征信、政策补贴等多种外部政策相衔接。区域互助增信，过去传统的方式是金融机构针对某些地缘等社会网络核定授信总额，鼓励区域内具有血缘、亲戚、业务等关系的贷款申请人相互共保，用专门的区域信贷政策推动业务发展[171]。但目前来看，传统模式只有国开行助学贷比较稳定，其他模式则因为共保借款人的风险通常是同质的，容易在同一风险面前同时产生违约，从而导致业务模式难以为继。因此，区域或者其他形式的互助增信，必须由传统的、松散的共保借款人，向更加正式的、具有会员制性质的信用共同体转变。如成立区域行业协会、会员协会、龙头企业合作农户群等相关组织，以互助、互保、互督为基础，从而真正实现个人信用集合为群体信用，确保个人风险在群体内部实现分散，以保证相关业务的风险可控。

2. 创新授信管理机制

鉴于当前信息不对称、信息不完善的问题依然制约农村金融的发展，因此需要金融服务机构根据当前农村生产、生活方式的变化，适时创新授信管理机制，推动有条件、与外界有多方的农户"借用"第三方信用额度，从而降低农户获取信贷资金的潜在门槛。

目前来看，之前农户单独进行农业生产已经逐步向多方参与，多方协助的方向逐步完善，给农户基于业务往来、交互信息获得贷款的可能性大大增加。比如，龙头企业与农户签订了长期农业订单，金融机构可以根据过往农业订单的履行情况，与龙头企业协商合作，通过占用龙头企业授信额度的方式，向龙头企业合作农户提供贷款，在订单农业项下提供创新。比如，农户、农业企业、商贸企业、出口企业之间存在长期供应的交易关系，金融机构可以基于当前已经较为完备的供应链金融思维，将金融服务向链条最前端的农户进行延伸[172]。再比如，农户参与多种多样的农业成本保险、农业价格保险等多种保险，可以通过农户定向转让保险项下收益权的方式，形成一种"隐性担保"，从而推动金融机构占用保险公司授信额度对农户提供贷款服务。

3. 创新风险管理机制

要实现农村金融长远发展，就必须解决当前风险过高、风险管理手段匮乏等问题。这就需要金融机构携手各参与方共同完善风险管理机制，夯实风险管理基础。

当前具备可操作性的风险管理创新机制有很多，主要包括：构建多方共担的风险防范机制，扭转当前风险管理职责集中在银行等金融机构，但金融机构获益有限的现状，充分发挥政府部门在管理个人征信等方面的作用，压实基层政府机构贴近群众、随时监督的责任，同时提升金融机构在面对农户违约时可以采取的政策措施，实现义务和收益更加对等。

酌情考虑引入金融机构业务"熔断"机制，当金融机构农村金融整体业务或创新业务指标达到某一阈值时，比如贷款规模持续下降、贷款损失率高于某一水平、关键业务人员更换过于频繁等等，要求金融机构暂停新业务受理，对存量业务进行全面风险排查，有效防止发生系统性风险。

4. 创新金融基础设施建设方式

金融基础设施是农村金融最薄弱的环节，直接影响着风控和定价这两个金融运作的核心要素，因此必须要根据农村现状，开拓思路，持续创新完善基础设施建设方式，扩大金融机构有效信息来源。

比如，加强农村地区民事、经济法律普及，加强对借贷相关的法律效力、利息等法律条款的宣传力度，推动农村民间借贷以及金融机构借贷更加正规。鼓励担保、评估、公证等中介机构将营业范围逐步向农村扩大，指导各类担保机构借助基层政府部门的支持探索担保业务。创新信息来源的渠道和途径，在获得农户书面授权许可的条件下，允许金融机构在安全保密的基础上获得农作物产量、亲友关系、个人纳税、政府补贴等与农户密切相关的信息，推动金融机构恰当评估农户风险，提供金融服务。

5. 创新金融产品在不同主体之间的风险分担

目前已有多地探索"政府＋银行＋担保"的业务模式，通过建立风险分担机制，有力地解决了金融机构风险管理难、风险处置难，所导致的不敢贷款的问题。但随着这个模式逐步丰富完善，风险分担机制也需要进行同步调整，以保障银行等金融机构开展业务的积极性。

建议针对不同贷款品种，由银行、担保、政府以及参与的企业、农户等，根据参与方实际情况，约定按照不同的比例共担风险，采取不同的形式进行合作，以最大化政策资源的撬动作用。如具有较强扶贫性质的贷款，政府担保需要发挥更大的作用，担保范围应当包括本金和基础利息，保障合作银行参与的积极性。对于不具有较强扶贫性质或者基于正常商业模式的贷款，政府担保应当适当收缩，将担保范围限制在本金，或者本金的一部分，甚至退出，以刺激银行等金融机构按照市场化条件评估风险、管理风险。对于基于保险保障的贷款服务，银行贷款的比例不宜超过保险金额的 90%，鼓励农户、银行、保险公司之间形成有效的风险共担［173］。同时，需要持续完善农产品期货市场的参与方、报价机制和结算机制，鼓励更多市场主体参与农产品期货交易，完善期货市场指导市场定价和交易的功能，协助农户和农业企业通过金融市场分散风险。

（三）农村金融产品创新

组织创新与模式创新解决的是农村金融当前的痛点和难点，但农村金融的需求非常多样，传统金融产品能够满足的相对有限，必须要通过持续在产品和服务创新，解决农村生产、生活的具体需求，与农业发展新趋势、新业态相适应。

1. 创新抵押品的形式和范围

在风险和信息不对称情况下，通过完善抵押品的形式，能够在一定程度上解决农民贷款难的问题。过去两年国家做了许多尝试，如 2016 年《国务院办公厅关于完善集体林权制度的意见》（国办发〔2016〕83 号）完善了集体林权抵押贷款的机制，2019 年新《农村土地承包法》提出了"三权分置"制度，为土地承包权抵押贷款提供了法律基础。上述两项措施极大地便利了农民通过抵押林权和土地承包权获取金融服务。但从实践来看，"三权分置"制度下农民抵押土地承包权和宅基地及其地上附着物在许多地区仍然处于试点阶段，需要在政府的支持和引导下，在全国范围内有序全面推开，确保创新落到实处。同时，适时推动集体土地使用权、集体资产股份等作为抵押品，以融资改进农村土地获得金融支持的能力［174］。

此外，在取消农村土地承包权等抵押在实践中所遇到限制的同时，还可以持续推动完善农业企业厂房、大型农机具、农业养殖圈舍等大型固定资产的抵押制度，改进基于活体畜禽、其他动产、仓储提单等动产质押活动，逐步探索上述抵押、质押品创新从农业企业向农民农户转移。鼓励大型金融机构开展融资租赁、金融租赁业务，发挥租赁业务所有权清晰、债权人有保障、税收有优惠的制度优势，为农业企业和农民生产提供更新灵活的资金服务方案。

2. 创新支付结算方式

随着科技发展、互联网和智能手机的普及，网上银行、手机银行等电子支付工具已经逐步成为支付结算的主流方式，城市居民只携带手机就能完成日常生活开销网络支付。但在农村地区享受等同于城市居民的便利，还需要改进支付结算方式在农村推广的形式。一方面，农村传统上对于现金交易存在较强的"心理依赖"，需要在观念上持续推广完善，营造非现金结算方式使用氛围。另一方面，农村非现金结算大多集中在具有稳定客源的商业店铺，下一步需要在居民间资金往来电子化上下功夫。

在现金服务与其他结算服务方面，需要扩大助农自助取款等机具的服务范围，逐步向智能柜员机转变。传统的助农取款服务点，极大地方便了农村居民办理存取款业务，在一定程度上解决了网点少、存取款不易等问题，但客观地看，这些服务点的业务范围非常有限，集中在存取款、转账、查询服务这三个方面。在电子网络支付和手机银行面前，服务点功能有限，除了存取现金服务以外，其他业务只对于服务不会用电子支付群体还有一些价值，整体上略显"鸡肋"。因此，建议对助农服务点进行升级改造。比如，加强助农服务点自动机具的升级，逐步向具有更多功能的自助柜员机转变，丰富助农服务点的功能〔175〕。加强助农服务点与公共服务机构的合作，实现水电煤网等各类业务在助农服务点实现全方位的代理缴费。拓展助农服务点的金融服务功能，推动银行、基金、保险金融机构合作共建，逐步成为理财、基金、保险等金融综合服务业务，把助农服务点变为农村金融服务"一站式"中心。

3. 推动金融扶贫和电子商务深度融合

未来一段时期，扶贫任务依然任重道远，金融扶贫、普惠金融需要逐步和产业扶贫、教育扶贫进行有机结合，推动农村改善生产经营能力，真正实现脱贫致富。其中，电子商务因其推广费用相对较小、推广效果有所保证，能够有效地帮助产品打开市场，是产业扶贫的最有力的抓手之一。金融扶贫必须与产业扶贫进行深度结合，利用好电子商务的积极作用，将资金投向具有较强发展潜力的电子商务产品产业。

同时，建议将传统助农取款服务点、金融扶贫服务站、农村电商服务站进行融合，更好地发挥普惠金融的重要作用。前文已述，助农取款服务点当前的服务功能已经有所弱化，继续补充丰富。与金融扶贫服务站、农村电商服务站融合不失为一个非常好的方案，过去由于主管部门的不同，这三个服务点或服务站都是分开建设，难以协同。如果能够推动合作共建，不仅可以节约办公场地，更能够促进金融、产业和扶贫有机融合，推动金融更加贴近需求方实际，刺激金融产品根据需求持续创新。

4.继续大力创新各类农业保险产品

与直接投入信贷资源不同，保险产品具有投入小、效果大的杠杆作用，并且运作模式更加公开透明，效果评估反馈简单，是未来农村金融发展的重要手段和载体，必须要持续创新，在保险防范、分散生产风险等方面发挥更大作用。

首先，要推进保险对农产品的覆盖范围持续扩大。水稻、生猪等农业保险已经相对成熟，未来需要继续扩大农业保险对不同农产品的覆盖面。考虑到各地农业都具有独特的特色，建议各地根据自身特色农产品、特产农产品，由政府、保险公司牵头研究特色产品农业保险[176]。政府部门可以选择适当的合作伙伴，将特色产品相关的气象、产量、灾害等数据与保险公司进行共享，共同研究创新保险产品，同时要求保险公司为基于上述共享数据研发的产品以优惠费率提供给当地农民。

其次，要创新改进保险损失评估和定价技术。建议保险公司引入农业专家以及机器学习技术，探索建立农产品损失与气象之间关联模型，通过保险损失模型的建立和创新，实现风险控制和损失预警，协助农民做好突发气象和极端天气的应对工作。同时探索运用无人机、图片识别等新技术运用，实现对重点区域的实时监控和分析。

最后，要丰富保险产品与其他金融产品的关联功能。保险产品是基于最大诚信原则订立的合同，能够在相当程度上了解投保农户的经营实际情况。因此，充分发挥保险基本作用的基础上，可以发挥保险的信息优势，拓展保险产品和其他金融服务的连接，成为改进农村金融服务的突破口。一方面，可以基于保险产品保障，拓展农户获得融资的渠道，如保单融资、保险收益权转让融资、保单质押等等[177]。另一方面，政府部门、金融机构也可以考虑将历史投保情况以及保单义务履约情况，纳入个人信用、个人征信系统等基础信息，对于满足条件的申请者适度公开，既能够为金融机构厘定费率、风险评估提供参考，也能够逐渐形成完善农村金融基础设施。

第四节　推动我国农村金融服务创新的建议

农村金融对于解决"三农"问题未来将发挥更加重要的作用，因此必须通过加快推进产品和服务创新，进而持续改进、提升农村金融服务、有效调整金融服务的结构和流向，从而在新形势下进一步缓解"融资难、融资贵"问题，持续引导资源向农村和农民流动，为解决城乡金融服务均等化、解决城市农村二元发展为题形成有力支撑，最终实现建设社会主义新农村的宏伟目标。鉴此，本章从加大政府的支持力度、加大创新力度、营造良好的外部环境、构建推动农村金融服务创新的长效机制四个方面提出了政策建议。

一、加大政府的支持力度

农村金融具有两个基本特点：一个是农村金融具有很强的正外部性，通过改善农村金融服务能够促进农业生产、减少贫困人口、优化产业结构、促进社会稳定，但农村金融业务本身并不具有很强的盈利性。二是农村金融具有很强的规模效应，当金融基础设施投入达到一定量级，将会实现农村金融从量变到质变的转变，从而极大的降低农村金融的平均成本，提高农村金融运行效率和吸引力。因此，有效推动农村金融创新，单纯依靠商业性主体、走市场化运行的道路固然具有一定的可行性，但是所需要的的时间跨度将明显拉长，政府介入就显得十分必要。通过政府引导，以自上而下的方式推动，以财政政策、货币政策及监管体系等具体内容为有力抓手，才能为农村金融创新提供基础。

（一）财政政策支持

农业本身具有不确定性和弱质性，在自然灾害面前非常脆弱，单纯依靠市场化手段难以满足农村金融的需求，尤其是供给端会出现明显的不足，从而使得市场难以正常运转。因此，就需要财政，将资金投向具有正外部性的产业，从而在不完全市场的情况下有机创造供给，通过各种政府手段，将外部性逐步内部化，从而推动市场有序健康发展，达到政策目标。这也是政府财政服务于经济发展的重要手段。

上世纪50年代至80年代以来，单纯依靠政府直接提供金融资源的方式已经被实践证明不具有可行性。特别是随着时间推移，政府金融因为无偿性特点，使得越来越多市场主体逐渐对政府财政资金产生依赖。与此同时，直接在市场上提供金融供给，不仅政策目标是否实现难以保障、难以评估，一旦长期财政直接介入市场经营，就容易对商业性金融、私人领域产生或强或弱的"挤出效应"。最终的结果通常是恶心循环，不仅加重了信贷约束，而且使得政府财政负担越来越重，最终难以为继。

因此，如何科学合理地使用、投入财政资源，在有限的投入下最大化财政资金的"政策效果产出"就成为了重中之重。特别是上世纪末，世界范围内大量政策性金融机构的破产提供了许多经验教训。使用财政资金、进行市场化运作、确保财务可持续的方式越来越多的受到认可。换言之，就是在商业性金融和财政政策性金融之间走出一条开发性金融的路径。因此，除了直接的金融扶贫需要采用财政资金进行直接转移支付以外，未来财政政策必须将重点集中在奖励市场参与供给方上面。从而通过激发市场主体活力，推动市场供给有序增加，同时确保整体风险可控。建议主要有几个方面：

一是适当扩大地方政府政策自主权，充分调动地方政府积极性，完善中央政府和地方政府财政资金分担模式。我国幅员辽阔，各省市实际情况存在较大不同，农业农村发展水平、基础设施建设等不尽相同，采用"一刀切"的方式推进效果不太理想。在保证税收政策普惠性的基础上，应当适度扩大地方政府政策的自主权，让更了解实际情况的地方政府有针对性的出台相应的制度，结合财政状况研究合适的资金扶持力度。

长期以来，除了少量政策是由国家财政统一支付以外，大量具体政策的资金是由地方政府支出的。过去几年，中央与地方分税制度持续推进取得了积极成效，但地方政府财政困难的情况也不容忽视。特别是国家严格地产调控，以往依靠土地出让金的"土地财政"模式也难以为继。虽然能够通过合理安排地方债务适度缓解地方财政压力，但在日益增长的新型城镇化建设等重要任务面前还不能完全满足，自然也会影响到将有限的财政资源投入到农村金融服务当中。因此，就需要中央政府持续完善与地方财政的资金分担模式，综合考虑地方财政的实际情况，对于经济相对落后、农业较为集中的中西部省份，适度提高中央财政的转移支付力度；对于经济相对发达、第二三产业较为发达的沿海省份，鼓励地方采取其他方式鼓励市场主体积极参与，能够使用市场化手段解决的尽量按照正常的商业模式有序开展［178］。

二是继续以税收优惠政策为主体，同时进一步提高政策的连续性和稳定性。与补贴政策相比，税收政策明确具体，与企业经营实际联系紧密，具有很强的可操作性，是支持农村金融创新的重要手段。国家也针对创新产品及其相关的金融机构提供了流转税以及所得税优惠政策（见第3章相关内容）。但从目前来看，还有大量政策处于试点或者试运行状态。有些政策即使全面推开，政策时限通常也不够长，呈现出一定的应急性特点，长远规划明显不足。

从过去的政策来看，大多数政策的时效性在2年到4年不等，早期出台的大量政策因时效问题已经废止或者由其他政策加以替代。这样固然能够确保政策根据实际情况灵活调整，但是鉴于农村金融市场存在的特殊性，依然存在改进的空间。因为农村金融的潜在需求无穷无尽，供给不足是问题的关键所在，而解决供给必须依靠各类金融市场主体主动参与。因此，稳定和连续的政策能够给予金融机构盈利和未来业务发展稳定的预期，是提高金融机构积极性的最重要手段。因此，建议在总结过去10多年农村金融政策措施的基础上，总结试点经验，将其中有利于农村金融创新发展的好经验、好做法进行固化，进而形成长期的固定政策，形成长效机制。

三是鼓励创新持续扩大金融服务和政策扶持覆盖面，让创新服务惠及更多群体。过去，由于手机电信行业不发达，并且农村距离银行分支机构、信用社等距离较远，大量农民难以享受到金融服务，更不用提金融服务的质量，直接影响了其生产生活。近几年，随着便民金融服务点和营业网点的普及，填补了乡镇农民金融服务的空白，为农民脱贫致富、解决生产生活需要提供了强有力的帮助。以上措施，不但减轻了农民四处奔波的辛苦，方便了农民生活，让农民有更多时间可以用在其他生产生活上［179］。而且，减少了农村现金使用，避免了假币等问题，有效防止了抢劫等恶性案件。

未来，政府支持农村金融服务创新依然要将重点放在扩大覆盖面上，让更多农民使用更便捷的方式获得金融服务。最好的抓手就是推动互联网建设和手机银行建设，结合国家推动"数字中国"、"家电下乡"、"村村通"等其他重大战略，实现"1+1>2"的集成效果。鼓励银行运用多种手段积极到农村推广手机银行、网络银行，同时加快农村地区电信网络建设，使用网络手段创新金融服务推广方式。

四是改进财政投入思路，注重保险、担保的杠杠作用，加大对优质机构奖励力度。客观来说，地方财政的能力是总体有限的，难以承载持续膨胀的农村金融服务需求，因此必须要调整财政投入思路，提高投入的放大效应和使用效率。其中，最重要的方法就是通过财政投入，吸引商业资金和民间资本，实现资金投入在效果上的倍数放大效应，也就是"杠杆作用"。

从目前的实践来看，行之有效的方法集中在保险和担保上面。因为商业机构参与农村金融最大的顾虑主要来自于农村金融基础设施落后，以及信用体系不健全带来的各类信用风险，通过政府手段对授信主体增加信用，或者帮助农民、商业机构等市场参与主体分担风险，能够有效地解决市场不健全的问题。部分地区已经通过成立地方政府背景的担保公司，取得了积极效果。比如地方政府担保优先偿付，同时落实个人借贷主体、法人代表反担保等措施，并且将相关借贷纳入征信体系，与惩戒失信人结合起来，从而控制风险[180]。

另一方面，农业保险是保障农民收入和基本水平最佳的市场化手段，并且政府只需要在保费层面予以一定的补贴，具体服务可以交给成熟的、具有丰富经验的保险公司来执行和运营。因此中央和地方政府应当积极支持保险公司创新保险产品，扩大能够参保的范围，改变目前农业保险集中在水稻、猪、奶牛等大类农产品的现状，尽可能地向油料作物、水产养殖与捕捞等方面发展。世界银行已经在某些渔业大国对水产养殖农业保险进行试点，相关经验可以借鉴。此外，部分农业保险保障水平较低，虽然有个别地区农业保险已经从保成本向保收入转变，但大部分地区的赔付标准距离综合投入还有一定的差距。

推动金融服务创新，操作主体依然在金融服务机构。过去与现在，财政投入的主要思路依然是以弥补亏损，在普惠性支持的基础上，向亏损金融机构适当提供一定的倾斜。但是这种思路并不利于金融服务的创新，因为金融服务创新的动力来源于盈利和市场竞争，只有具备一定实力的金融主体才有创新的内在动力[181]。因此，必须将财政投入从弥补亏损企业，向奖励优质企业逐步转变，鼓励企业通过创新提升服务效果，这样才能培育更多市场创新原生主体。

（二）货币政策支持

我国货币政策早已进入间接型操作，货币政策主要决定货币供应量和货币流向。因此，在货币政策方面，支持涉农金融机构也应当主要围绕积极引导货币资金投向农村金融，以持续增加可用资金、缓解供求矛盾。具体来说，为了保证既定的政策目标顺利实现，必须通过构建完备的制度，同时运用好主要货币政策操作工具。

一是完善差异化存款准备金制度。把握好差异化存款准备金制度对涉农金融机构的吸引作用，持续完善涉农金融机构存款准备金率，保持一定的弹性和差异化处理，在条件成熟时进一步降低农村金融相关的存款准备金率，发挥准备金调节货币供给的作用。同时，考虑条件成熟时，在明确相关制度规则的基础上，进一步允许农村金融先发放贷款，后补充存款准备金，鼓励同业机构以优惠利率实现涉农金融机构同业拆借。

二是完善农村金融利率政策。充分利用好贷款基准利率向贷款市场报价利率（Loan Prime Rate，LPR）转轨的有利成果，在积极推进整体利率市场化的进程中，进一步完善农村金融服务相关的利率制度。具体来说，可以借鉴房贷与 LPR 对接的机制，采取各地自主决定 LPR 加点或减点浮动的方式，推动当地政府、金融监管部门有针对性地指导不同地区的利率政策，使利率更加契合当地发展的实际需要。

三是完善再贷款支持与存款保险制度。推动央行发挥银行的银行职责，为涉农金融机构开展业务提供保障，逐步增加涉农再贷款的总量，简便再贷款操作和时限。同时，对再贷款的结构和投向持续优化，以进一步提高资金的使用效率，确保资金切实流向更需要的经济领域。通过再贷款释放政策信号，引导金融机构积极参与农村金融服务。此外，发挥好存款保险分散储户风险的作用，有序支持经营困难的涉农金融机构，提供担保、损失分摊，或者向经营困难机构的收购方提供资金支持。

四是完善再贴现方式。虽然目前来看，随着商业票据贴现与转贴现市场的发展，再贴现已经不再是央行调节的主要货币政策工具，但在涉农金融服务领域，再贴现政策依然大有可为。建议根据市场需求、信用等级，综合考虑涉农金融机构的经营情况，以及底层农村经营主体的投资、运营情况，有针对性地为"三农"开展再贴现业务，提高再贴现的额度，降低再贴现利率，从而增加农村金融货币供给量。

五是完善公开市场操作。近年来，央行通过公开市场操作向银行等金融提供流动性支持，调节基础货币供求已经成为主流的操作手段，因为公开市场操作公开透明，并且传导工具和规模可以灵活调节，具有多种优势。因此，完善农村金融的货币支持政策必须从公开市场操作着手。首先，建议进一步放开农村金融机构在银行间债券市场和同业拆借市场准入条件，推动涉农金融机构有序参与公开市场。其次，建议考虑在做市商和农村金融机构之间建立特定服务渠道，并明确其为受补偿交易，享受一定的优惠和支持。第三，条件成熟时，可以考虑单独向涉农金融机构进行独立市场交易，已实现定向投放的目的[182]。

此外，完善货币政策也需要同时做好与财政政策、产业政策、环境保护政策之间的协调配合，将增量投放资金引导至符合国家战略导向的领域、区域和产业，从而实现政策合力，发挥出最大作用。

（三）完善监管政策

不可否认，农村金融基础设施建设薄弱，因此该领域风险相对较高，除了财政、货币予以足够的支持，在金融监管方面也必须实现相应的配套，从而避免"一放就乱、一抓就死"的困局。通过不断完善监管理念、监管职责、监管手段和监管操作，推动涉农金融监管在现代金融监管框架下，符合当前农村金融发展阶段和实际需要。同时，在确保风险管理基础上，鼓励农村金融服务持续创新。

一是监管理念上，建议始终坚持推进市场化的核心理念，构建更具有竞争性和市场活力的农村金融市场。根据央行等方面统计的情况来看，地方财政在资金配套上还存在一些困难，财政投入有限的情况短期内难有好转。因此，农村金融长期的出路依然是政府在充分指导下的市场化运作。所以建议监管部门继续坚持推进市场化的核心理念，在把好入口关的基础上，进一步深化监管改革，适度放宽准入条件。

比如考虑以社区银行为突破口，满足一定条件的情况下放开转入，吸引民间资本进入。同时，坚持权利平等、机会平等、规则平等，为各类金融机构进一步往村镇等下沉市场创造公平平等的市场环境。积极探索农村信用社改革路径，推动信用社向专业化服务发展，完善公司治理，提高风险管理总体水平。此外，建议监管机构研究非存款类房贷组织的监管规则，明确准入、运营、风控等各项标准，推动小贷公司等非存款类机构规范有序发展，积极发挥其创新动能，形成对正规金融服务的补充作用。有条件的非存款类机构，鼓励他们申请牌照，升级成为地区性消费金融公司、金融租赁公司，实现农村金融服务提供商和产品内容的多样化，更好地满足消费者多层次需求。

二是监管职责上，建议理顺各监管主体各自的责任，盯住核心指标，实现有抓有放。鉴于银监会和保监会已经合并成为银行保险监督委员会，对农村金融服务的监督主体已经相对清晰和明确。因此，在农村金融服务创新的过程中，央行和银保监会需要响应国家简政放权的要求。一方面，对于简单的、标准化的产品，建议采用备案制的方式，放权给经营主体，抓好事后监督检查。另一方面，要积极认真履行职责，通过多种方式，有效识别、计量、监测创新可能引发的各种风险，做好潜在监管预案。同时，加强各级监督机构、跨地区监督机构之间的信息共享，做好早期干预，提早控制各项潜在风险。

建议继续按照宏观审慎的监管思路，实现有抓有放，结合涉农金融发展情况，按照"三支柱"的监管体系，抓住农村金融经营的关键节点。通过关键节点监控，带动涉农金融企业经营管理全面改进。第一支柱方面，资本充足率和偿付能力充足率是金融机构监管的核心与重中之重，必须要盯紧盯牢，把握"杠杆率"等多种核心指标，确保金融机构具备足够的风险承受能力以偿付各类款项。同时发挥存款保险基金早期干预作用，将风险控制在最小范围。第二支柱方面，强化金融机构自身公司治理与风险管理能力，从而将各机构的非系统性风险控制住。第三支柱方面，建议要抓好农村金融日常经营行为的及时检查，特别是产品真实性、资金流向真实性的检查，从而避免金融服务脱实向虚，违背了发展农村金融的初心和本源。

履行监管职责，关键在于做好监管能力建设。首先必须要加强监管人员队伍建设，让更多具有一线经验的人才参与到监管队伍中来，同时让监管人才走进基层，在基层中锻炼经验、磨炼经验。农村金融不仅和当地实践结合的紧密，而且与时俱进变动和创新速度也不慢，监管人才队伍必须加强持续学习，提高监管的专业水平。此外，随着电子信息技术在农村金融中的普及，只懂金融不懂技术的监管人才队伍未来将难以适应监管的客观需要，因此建议加大人才引进与培养力度，多培养金融和IT的复合型监管人才。

三是监管手段上，建议持续创新金融监管手段，以信息化为切入点，增强金融科技在监管领域的应用。监管创新需要与农村金融创新保持基本同步。农村金融因为其特性，使用"人海战术"成本高企，故涉农金融机构也大多在走集约化和信息化道路。因此，监管机构必须创新监管方式，针对农村金融的新业态、新模式进行有效监管。

首先，需要逐步改进金融监管方式，将过去依靠人工为主的监管逐步引入信息化手段监管，一方面节约人力资源，另一方面提升和改进监管效率，从而有效管控创新产品的风险。具体可以集中在以下几个方面：在反洗钱方面，增强各级金融机构向央行的数据汇总，强化跨区域数据共享，尽早发现潜在风险；在信息安全方面，推广电子签名安全技术和信息安全技术，抓好信息系统运行环境的整体监管，确保各项交易环节安全，降低黑客等外部篡改数据风险。

其次，建议积极引入大数据分析等金融科技助力监管。基于大数据分析能够对预测以及监控提供非常具有参考价值的预警信息，目前已经广泛应用在社会经济生活的不同领域。面对数量日益增加的涉农金融机构，这些机构体量小、业务规模小，但是数量较多，依靠人工方式监管难以实现全覆盖，必须依靠大数据分析等手段和方式，透过经营数据分析实现预警，从而加强监管的针对性[183]。同时，运用大数据对舆情进行分析，提前监控潜在风险。还可以考虑在监管投诉电话中引入智能客服，更好地发挥消费者监督和舆论监督功能。

第三，建议根据不同金融机构的规模细化差异化监管标准和措施。通常来说，大企业内部控制和风险管理机制较为健全，人力资源也相对丰富，但中小型机构在制度和人员安排上无法与大公司比拟，采用同样的监管措施，容易造成小机构合规成本过高，不利于进一步丰富和完善市场主体。因此，需要进一步根据规模，将金融机构进行适当的分类。对于小型金融机构，按照差异化的方法减少监管指标，将监管核心放在关键性资本充足率等指标和相应的市场行为监管上，从而在严控风险底线的同时，保障小机构有序发展，为创新贡献力量。

四是监管操作上，建议健全和完善非现场监管体系和措施，提高监管效率。随着农村金融的发展，越来越多的金融机构会深入偏远地区，向消费者提供金融服务。与金融机构等市场主体逐渐增多相比，监管机构人员编制客观上存在一定的限制，也不可能随着市场主体增多而随之增加。因此，除了增强监管人员的技能，制定更加科学完善的监管规则，还必须要改进监管操作，起重点就是建立健全非现场监管系统。

首先，建议构建具有较强前瞻性和预警性的风险监测指标体系。通过整合过去一段时间发生的各类风险事件，经过系统的提炼和总结，发现具有较强参考性的客观规律，总结提炼出具有前瞻性的风险监测指标。比如出现风险时间前 3 至 6 个月金融企业财务发生的异动、舆论信息发生的异动、投诉信息发生的异动等等，从而有效地指导监管。

其次，建议将现场检查和非现场检查相结合。通过非现场检查发现端倪，通过监管函、警示函等多种手段对金融机构进行提示，督促其进行说明解释或者在内部进行整改。同时，发挥现场检查的作用，将非现场监管发现的严重问题，通过现场检查进行准确打击，两者密切配合，有效纠正农村企业金融和创新中出现的问题，及时纠偏纠错。

第三，建议完善远程监控方式。对具备完善视频监控系统和智能终端系统的金融机构，在获得金融机构授权的基础上，从事后检查变为实时接入监管部门系统，从而运用云技术进行远程监控。如果存在违反监管规定的行为，可被及时发现，更重要的是增加对金融机构从业人员的威慑力，从而在源头上减少违规行为的发生。

第四，建议建立创新产品后评价机制。针对农村金融产品，既要保持鼓励的态度，更要做好消费者权益保护。因此，建议建立新产品后评价机制，由创新部门在产品退出后半年、一年各进行一次创新产品评价，针对新产品销售情况、风险水平、客户满意度以及是否达到预期效果进行事后评价。一方面，督促金融机构对创新产品质量进行有序把控。另一方面，方便监管机构进行事后评价，针对金融机构提交的评价报告进行评估分析，对于成熟的产品模式，在尊重金融机构知识产权的基础上进行宣传和推广。

总的来看，监管机构与金融机构之间的日常往来交互最紧密，也是增强涉农金融机构风险管理强有力的外部力量。因此，建议监管机构从整体上加强对农村金融发展现状和趋势的研判，从而提前把握好监管创新的步伐，以监管促创新、促发展。

二、扩大资本引入，增强创新意愿

事物发展的根本动力是事物的内因，这对推动事物的发展有着关键性的作用。实现农村金融服务创新进一步发展，就要求在原有农村金融机构的基础上，坚持把民间资本引入农村金融市场，发挥其金融服务主力军作用，进而创新管理体制、革新激励机制，为金融服务创新夯实基础。

首先，推动农村金融体系的不断完善，积极引入各类资本的参与。民营资本可以认为是是经济学中所谓的"理性人"。要借助当前对民间资本松绑的契机，放宽资本准入限制，放手村镇银行、小额贷款公司等民间资本的发展，让各类资本在开放的市场大环境下适度竞争，优势互补，最大限度发挥资本的积极性和创造性，稳步有序地推动民间资本设立金融机构，营造良性健康发展的普惠金融环境，丰富农村金融资本的产品和服务，打造"鲶鱼效应"下各路资本充分释放活力的新气象，进而去打开农村金融体系在借贷业务以及支付业务的新格局。

其次，要打造以"自主经营，自担风险，自我约束"为管理方向的农村金额机构。通过改造农业发展银行为商业银行，扎根乡土，服务农村经济，对其原有的政策性业务进行颠覆性的改革，实行市场化经营管理，助力农村中心村、中心镇等基础设施现代化建设。同时加快农村信用社商业化和邮储银行商业化经营的转型进程，完善配套办法和针对性的监管措施，增强抵御市场风险能力，实现农村金融可持续发展。

（一）激励银行家良性竞争，提高水平

我国目前只有人民银行才拥有对银行业金融机构定价的特权，比如央行对银行业存款的定价。这种制度最大的问题在于未能充分发挥市场的作用，未能催生出一批合格的适应现代化金融体系的银行家。正因如此培养更为专业的银行家越发显得重要。建立科学有效的激励、约束机制，形成多头竞争，共同促进的市场环境，通过竞争不断激发银行家的创新力，是完善当前金融市场不可或缺的命题。一方面，优化薪酬管理体系和薪酬结构，在原有的工资和年薪制度基础上，建立更加完备科学的绩效考核方案，使银行家的职位与薪酬同绩效、应对风险等一系列的管理能力相匹配。此外，财政部和监管部门尽快出台股权激励的法律法规和指导方案，"疏而不堵"，科学完善对银行家股权激励的措施。另一方面，国家应加强对银行人员的范化培训，提升银行人员的硬本领，为我国农村金融的产品与服务的创新水平和能力注入新鲜血液。

（二）释放员工活力，推动全员创新

金融机构的创新精神不仅表现在银行家自己，也更全面地表现在内部员工的创造性、积极性以及主动性。当前社会的各个行业当中一个重要的发展方向就是实现全员创新，而基层员工的创新实践对于整体创新有着积极的推动作用。根据激励对象的范围不同，结合国内外银行业激励经验教训以及我国社会主义制度的特殊性，结合农村金融产品特征，激发全员智慧，打破传统思维束缚，科学界定各部门员工创新成果，形成"人人想创新，人人敢创新"的新局面。放宽视野，系统规划，全盘思考，健全全员创新体制。同时，聚焦优势创新资源，完善内部创新评价机制，设立必要的创新风险基金，由单一化向差异化、多元化的方向发展，多维度实现对创新人员的持续激励。

（三）加大专业金融人才的培养

要想搞好农村金融服务工作，推动农村经济的更好发展，关键在于专业金融人才，加大专业人才的培养是农村金融服务创新工作高效开展的保障。政府要鼓励那些有能力、素质高的人才深入农村金融工作，从政策上给予一定的支持。农村金融机构要加大创新型金融人才的培养，为农村金融服务创新培养一支专业的队伍。

三、优化外部环境

（一）改善农村信用环境

市场经济的发展离不开信用的支撑，市场经济的运行需要金融，金融的存在也需要有着良好的信用。改善农村信用环境，优化农村信用体系，有利于降低农村金融交易成本、提高农村金融交易质量；有利于促进金融系统的良性循环、促进农村经济的稳健运行。所以，建立良好的农村信用环境对于整个市场而言是十分重要的。

首先，完善农村信用环境的法治制度。目前，我国农村金融服务仍旧处在"关系型"契约阶段，也就是我们通常所说的"熟人关系"，这种在日常生活中形成的、并逐渐转化成相互依靠的关系，慢慢发展成了农村信用的主要形式，这种"关系型"信用具有规模小、范围窄、不稳定等特征。但随着如今市场经济的不断发展，不同地域不同人群之间的关系越来越紧密，这就对资源优化配置和组合提出了更高的要求——空间更大、范围更广，这样的要求也为信用市场创造了更大的空间。由于农村农户和农村企业的信息不对称，导致了双方交易成本较高。为使农村经济主体都能得到真实完整、准确无误的财务状况和信用情况，就必须发挥出农村信用中介组织的作用。为进一步保证农村良好的信用环境，就需要有关司法机关完善立法，使农村信用有法可依，并对农村信用中的失信行为及时做出严厉惩罚。

其次，要建立良好的农村信用信息平台。一个良好开放的信息平台有助于构建优质的信用市场环境，保证农村交易的有效进行。当信用市场中的信用主体能够做到诚信守约、言而有信时，各个交易主体就能十分方便地获取需要的信息，不仅可以降低信息获取成本，还能降低交易违约率，也会进一步激发市场活力；当信用主体不守承诺、出现违约时，就会使交易成本升高，违约风险上升，从而减少市场交易。农户联保贷款制度，从某种程度上体现了农村信用市场环境的实现状况。农村的市场空间并不是很大，信息流通较为顺畅，因此，可以建立相应的违约惩罚机制，在这种机制下，如果农户失信，就不会再得到其他农户的信任，同时也很难再获取其他农户所提供的各种形式额信用担保，这样如果农户失信就会对自身造成较大损失，进而促使每个农民都能够守约履约。所以，在农村建立一个储备农村经济主体信用数据的信息平台，并不断完善、丰富其数据，使其在农村范围内得到广泛流通，就能够使农村信用市场环境得到一定程度的净化，这有利于构建一个良好的农村信用环境。以中央银行为主体，收集各种信用信息，拓宽农村信用渠道；各县级人民银行要为农村企业和农村农户建立良好的信息获取平台，通过征集并筛选各类农村主体的在信用方面的众多信息，建立信息数据库，推动农村各金融机构信息系统的相互联系与相互沟通。同时，要推动建立农村信用信息有偿共享制度，完善农村农户和企业的信用档案管理制度。

再次，要修改抑制农村金融发展的政策。与如今农村金融发现实际不相符的政策一定程度上会对农村金融服务创新形成制约，进而不利于农村生产力的提升。例如，在农村金融方面长期以来讨论的一个问题就是，农村宅基地使用权和房屋产权不能抵押，不能自由买卖，流动性相对较差。这种抵押难、变现难的问题在很大程度上限制了农村经济的运行，抑制了农村金融的发展，从而对农民收入的增加造成很大的影响。在人民银行发布的《贷款通则》中指出，金融机构发放信用贷款的行为一般得不到支持；另外，金融机构普遍把抵押作为是否发放贷款的首要条件，这更限制了农村金融的供给。所以，为增加农民收入、建设农村经济、改善农村金融的发展，就需要集中力量促进农村金融服务的创新，对现行的一些不合时宜的政策做出修改，使农村的各类资产得到相应的保护，从而真正解放农村生产力。

最后，要提高简政放权、优化服务的力度。为提高办事效率，减少交易成本，金融机构可以将抵押质押的办理登记手续集中到同一部门；另一方面，要加快转变政府职能，深入推进简政放权，为经济发展提供良好的制度保障。

（二）加快农村资源的自由流动

自由流动可以创造更大的财富，可以节约更多的资源。加快资源的自由流动，需要放宽对农村宅基地、农村房屋的流动限制，需要优化各类生产要素的自由组合。然而目前，农村的土地使用权和房屋产权均不能自由买卖，其流动性受到了诸多限制；同时，各种户籍政策也束缚了农民工的自由流动，这些都不利于农村经济的发展。因此，政府要发挥其作用，对农村经济体制做出相应改革，赋予农民相关的财产权利，提高农民资产的流动性，更不能通过强拆、强征等方式掠夺农民的资产。这样，资源流动将会实现新的突破，能够有力改善农民的生活。

（三）建立强制性资金回流机制

在农村资金存在短缺的情况下，仍然有一部分资金回流到城市，这就更加加剧了农村在资金方面的紧缺。而资金短缺必然会导致农村经济发展的动力不足。资金都具有逐利性，而在市场化的条件之下，"三农"相对其他领域存在着较高的市场风险，这一定程度上导致了资金的缺乏。通过传统的行政手段和财政手段并不能够有效的推动资金流向农村，必须要建立起强制性的资金回流农村的机制，这显得尤为重要。一方面，市场要扩大农村资金供给总量，另一方面，要优化农村资金供给结构；对监管部门来说，应当制定较为具体的考核指标，通过制定强制性的指标来推动农村金融机构的资金回流；对政府部门来说，要结合当地特色和实际情况，建立农业风险补偿机制，同时也可以提供一定的财政补贴。

（四）创新农村金融支付结算渠道

随着互联网的快速发展以及信息技术的广泛应用，金融产业与各种先进的信息技术之间的关系越来越紧密，二者出现了相互交融的趋势。电子商务的发展应势而来，与传统银行有着相似的信用中介功能的网络银行也在悄然兴起，这创新了金融支付结算渠道，降低了资金需求者的交易成本和金融机构的运营成本。因此，我们应当充分的利用当前先进的信息技术，例如互联网、云计算、大数据等，利用这些先进的信息技术来扩大农村金融机构服务范围，重点聚焦于创新农村金融支付结算渠道，从而实现农村经济的繁荣与发展。

（五）创新农村金融风险分担机制

创新可能会带来一定的风险，因此，各类金融机构在对农村金融服务进行创新的过程中，相关的监管部门也需要不断的加强对潜在的金融风险进行防控，通过控制"杠杆率"等核心指标来降低风险。同时，要不断探索合理有效的风险共担机制，实现金融需求主体与农村金融机构等多个主体共担风险，这有利于创造出个性化、多样性、便利化的金融服务，从而不断满足农村金融的需求，推动金融能够更好的服务于农业、服务于农民、服务于农村。

四、加快探索和构建推动农村金融服务创新的长效机制

一是要进一步发展和培育多层次农村金融市场。要充分发挥政策性银行在支持"三农"发展中的重要作用，深入推进农村信用社改革。鼓励和引导社会资金投资监理村镇银行、农村资金互助社等新型农村金融机构。鼓励和引导大型银行积极开展农村金融业务，参与农村金融市场的竞争。鼓励和引导各类金融机构设立专门针对农村金融服务的部门。

二是加强信息沟通和监测评估。对于农村金融发展要弄清底数，同时要加强金融机构之间的交流、学习，在借鉴好的经验和做法的基础上，不断推动农村金融服务的创新，并加强针对性的研究和分析。

三是要更加注重政策的宣传和解释。对于国家的相关政策和要求要进一步加强宣传、解释和说明，通过多种渠道、多种方式，向广大的民众报道农村金融服务创新的最新成果和相关的工作动态，以及先进的经验和典型案例，形成农村金融服务创新的良好氛围和环境，让农村金融服务创新得到更为广发的关注，实现更好的发展。

五、总结与展望

1. 总结

自党的二十大以来，我国不断加快和推动金融市场的发展，已经逐步建立了多层次、广覆盖、差异化的金融机构体系，在发展过程中许多农村金融机构也逐步明确了自身的市场定位和经营方针，为农村经济的发展提供金融支持。但是，目前农村金融仍然是我国整个金融体系当中最为薄弱的一个环节，城乡金融资源之间配置失调的状况仍然没有得到根本性的改观，当前农村金融的供给已经无法满足日益增长的农村金融的需求，制约了农村经济发展以及农民收入水平的提升。如何采取有效的措施，推动农村金融的发展，提升农村金融服务质量和水平，从而推动农民收入水平的提升以及农村经济的发展，已经成为一个亟待解决的重要问题。基于此，本文重点针对农村金融服务问题进行研究。首先分析了当前我国农村金融服务的发展现状，通过构建农村金融服务指标体系，对当前我国农村金融服务发展水平进行测度。随后通过构建实证模型从农村经济发展和农民收入提升两个方面分析了发展农村金融服务的必要性，最后提出了农村金融服务创新的路径及对策建议。通过本文的研究，一方面有利于完善农村金融体系，推动农村金融发展，对于农村资金配置的效率、农业生产率的提升以及农村经济的发展都具有显著的推动作用。另一方面，对于农业现代化的发展、农村经济结构调整和发展转型也具有较强的指导性意义。

具体来说，本文主要研究结论有：

（1）基于大量的数据和案例对当前我国农村金融发展的现状进行了分析，研究发现总体来看当前农村金融规模快速增长、质量稳中有升、监管持续完善、配套措施稳健有效，为长远健康可持续发展奠定了坚实基础。由于国家的大力支持和各方通力协作，我国农村金融服务水平总体上处于相对领先水平。但也不能盲目乐观，还要看到农村金融服务依然存在一些改进和提升空间，特别是经营机构市场化程度不足和风险管理水平有待提升是制约未来发展主要因素。基于此，本文建议在推动市场化经营、提升风控水平、有序推进产品创新、提高配套支持力度等方面发力，进一步促进农村金融发展，为落实国家战略做出更大贡献。

（2）通过综合现有文献的研究成果，并结合当前我国农村金融发展的实际情况，从农村金融的渗透性、可获得性、使用有效性3个一级指标及若干二级指标创新性的构建了测量我国农村金融发展水平的指标体系，并运用主成分分析法对当前我国农村金融发展水平进行测度。研究发现：我国农村金融发展在探索中前进，在各阶段并不是一直向上的，有诸多波折，但整体上农村金融服务发展水平在不断提升；东部、中部和西部地区农村金融发展水平存在着较大的差距，东部地区最高，西部地区最低；政策指引在农村金融发展水平提升上起到积极作用，但也要注意政策引导方向和评价体系合理性。因此，政策支持应合理适度，不能急功近利，应着眼于农村金融的长远健康发展。

（3）基于我国 26 个省市 1995–2019 年数据，通过构建扩展的 AK 模型分析农村金融服务发展对农村经济增长的影响，研究发现：一是我国农村金融发展能够显著的推动农村经济的发展，但是这种推动作用呈现"倒 U 型"特征，即随着农村金融服务水平的变化，其对农村经济发展的推动作用是先增强后减弱。二是我国不同区域发展差异较大，导致农村金融对农村经济增长的影响也存在不同：东部和中部地区农村金融规模和金融效率能显著促进农村经济的发展，且东部地区的促进作用更显著；西部地区农村金融规模能够促进农村经济发展，但效果不显著，农村金融效率会抑制农村经济的发展，说明当农村金融规模较小时，贷存比过高不利于农村经济的发展。

（4）基于我国 26 个省市 2001–2019 年的数据，通过构建面板门槛回归模型研究农村金融服务对农民收入的影响，研究发现：农村金融服务发展水平能够显著的推动农村居民的收入水平，但是农村金融服务发展对农村收入增长的影响并不是线性的，而是存在显著的门槛效应。

（5）针对当前农村金融有效供给不足的问题，本文认为农村金融服务必须要围绕供给侧进行改革创新。基于此，本文提出农村金融服务创新路径应当遵循良性互动原则、需求导向原则、风险可控原则以及完善配套政策原则，同时本文还从金融服务提供者角度出发，从组织创新、模式创新、产品创新三个方面提出了农村金融服务创新路径的 13 条政策建议，为政策制定者以及市场参与者提供有益参考，同时也丰富了农村金融发展理论的研究。

（6）在全文理论和实证研究基础上，本文最后从政府、供给、环境三个角度提出了推动农村金融服务创新的对策建议。具体来说，政府层面，要加大财政政策、货币政策的支持，完善监管政策；供给层面，要激励银行家进行良性竞争，提高水平，释放员工活力，推动全员创新；外部环境层面，要改善农村信用环境，加快农村资源的自由流动，建立强制性资金回流机制，创新农村金融支付结算渠道，创新农村金融风险分担机制。

2. 展望

（1）在数据可得性方面，由于本文数据使用量庞大，单一数据源难以满足需要，需要多个数据源支持，然而多个数据源难免会有统计口径不一致的情况。本文虽然在最大限度上做了统一，并进行了严格有效的校对，但其中也难免会有一定的误差，这可能对模型结果造成稍许影响。后续如果有更为统一的数据源、有更为有效的研究方法，作者仍将会进一步分析研究，力求将相关问题的研究做深做实。

（2）本文在运用门槛效应模型时，分别得出了具体农村金融发展水平及经济发展水平的门槛值，由于现有技术水平的局限，该值为相对值，只能衡量发展水平的高低，不能说明当前发展水平与门槛值的距离，也不能得出当前发展水平到达门槛值所需的时间。将来如果适当的方法出现，合适的数据可得，作者将对该问题进行进一步探索与研究。

（3）本文从三个层面提出了农村金融服务创新路径，具体一定的创新性，同时还提出了推动农村金融服务创新的对策建议。由于笔者能力有限，对有关问题的分析可能还缺乏一定的深度，在实践当中的应用也需要进一步探讨。未来，作者将继续加强有关问题的研究，增加调查研究分析，从而使得提出的对策建议能够更具有针对性，更容易落地。

第七章　金融创新中的风险防范

金融创新的源头主要有两方面：技术创新和制度创新。金融科技为金融业的发展带来了深刻的变化，有些变化甚至是颠覆性的，由此也产生了新的风险。主要是技术的复杂化与机构或个体的道德风险相结合，会触发系统性风险，偶然性和破坏性更大，难以监管。同时，科技公司和金融机构一样，都有"大而不能倒闭"的问题，由此形成了单个机构的脆弱性。在制度创新方面，自贸区和对外开放是最本质的，这必然带来国际金融市场风险的传递，以及国际资本造成的房地产和金融市场的波动。因此需要在金融中心建设的基础上下功夫，比如法治与信用秩序、治理结构创新以及提升对风险的预警能力。

第一节　金融科技创新与风险控制

一、金融科技的概念与内涵

（一）金融科技的概念

金融科技至今尚未有统一的定义。金融稳定理事会（Financial Stability Board）将金融科技界定为："技术带来的金融创新，它能创造新的业务模式、应用、流程或产品，从而对金融市场、金融机构或金融服务的提供方式造成重大影响。"它包括两方面内容，一是创新性科技，如大数据、云计算、人工智能、区块链等。目前，金融科技被较为广泛地应用于下列领域：支付和清算、融资、保险、投资管理和市场基础设施。二是新的金融业务模式。巴塞尔委员会将金融科技业务模式分为支付结算、存贷款与资本筹集、投资管理、市场设施等。比如，在银联之外诞生了第三方支付和网联；银行这一信用中介之外出现了P2P信息中介；各类交易所市场之外出现了股权众筹；IPO之外出现了ICO；法定货币之外出现了虚拟货币和数字货币；征信（央行征信中心）之外出现了大数据征信（信联）；传统理财之外出现了互联网理财、智能投顾、各类大资管等；还有互联网保险、网络小贷、现金贷、助贷机构等。

（二）金融科技的内涵

1.去中介化

去中介化，突出的标志是迅速扩大的证券化金融资产规模。金融科技降低了从事金融业务所要求的专业知识、基础设施等门槛，金融大众化趋势越来越明显。传统上必须依赖金融机构才能获得的金融服务，现在可以由非金融机构或者个人提供。以前，银行、证券交易所是筹资的主要渠道，现在，P2P、众筹以及在我国被取缔的首次代币发行也可以为客户提供融资。过去占主导地位的以交易所为基础的经纪人，如专业经纪人、场内经纪人，逐渐让位于新出现的中介机构，后者也能为证券交易提供交易场所和流动性。原属于金融机构的传统金融业务向新入行的非金融机构分流，后者利用自己的创新技术向客户提供低成本的产品。

区块链的出现，使支付不需要借助传统的金融机构或者中央银行作为中央对手方即可在客户之间直接完成。为了获得更好的回报，消费者可以借助金融科技，自动在不同的存款账户或互助基金变换。

2. 金融市场信息不对称加剧

随着互联网、大数据等新技术的应用，金融市场原来存在的信息不对称得到改善。比如互联网融资平台使不同地方的交易者能够便捷地了解市场需求，同时也能以便捷的手段发放贷款。由此，大大降低了金融交易成本，使得金融普惠到更多的个体和更小规模的企业。但是，金融科技自身也带来了新的信息不对称问题。这几年P2P等互联网金融平台风险爆仓就是例子。由于一开始金融科技在分业监管下处于野蛮生长状态，互联网金融平台的运作缺乏监管，在复杂的技术包装下，外界很难看清其虚实。

二、金融科技创新的潜在风险

金融科技带来了更多的金融普惠性。线上支付更加便利、迅捷，并且降低了成本，让更多的人可以享受到理财、投资和融资的金融服务。例如，亚马逊2017年推出的Amazon Go就是把个人生物特征识别与云计算等技术结合，无须载体，可直接完成支付；区块链技术准确实时地记录交易者的身份、交易量等关键信息，从而降低交易中的虚假信息和道德风险。不过，技术从来都是一把"双刃剑"。各类新技术在帮助解决传统金融信息不对称问题的同时，也带来了利用技术复杂化欺骗消费者、算法黑箱、科技公司个体脆弱性等问题。

（一）技术复杂化叠加道德风险

金融机构利用金融科技不断地创新复杂的金融衍生产品，加剧了金融市场和金融产品的复杂性。"金融体系在自身信息优势和投资者盲从条件下，可以扩展营销攻势，加剧信息不对称，急剧加速金融风险膨胀。"

信息不对称是客观存在的，但是一旦叠加道德风险，就容易引发系统性危机。经验事实表明，金融体系往往扮演了金融风险及金融危机的始作俑者，而其他主体可能只是一个外部助推因素。有研究表明，商业银行的内部欺诈风险是占比最高的操作风险[2]。而金融科技的发展，使这种个体操作带来整体危机的风险更大了。

（二）单个机构的脆弱性增强

金融科技的影响已经从支付、身份管理、征信、信息安全等金融设施领域逐步深入金融资源配置等核心业务环节。金融科技业务发展有赖于先进的技术和交易平台系统，交易频率以及交易量迅速攀升，如果出现技术漏洞或编程错误均会对金融市场产生巨大影响，衍生新的系统性风险。如果该金融科技企业规模足够大，一旦破产，风险就会迅速传递至与它有关联的企业。

出于成本和技术的考虑，越来越多的金融机构和金融科技公司将云计算、数据存储等服务外包给第三方服务机构。而这些涉及数据的外包服务是金融基础设施的一部分，累积到一定程度会形成系统重要性，数据泄露或外包商的倒闭可能危及整个金融系统。

三、金融科技创新的国际监管经验及启示

（一）金融科技创新的国际监管经验

美国金融科技监管秉持柔性监管理念，将功能性监管与限制性监管相结合。2016年，美国货币监理署发布《货币监理署：支持联邦银行系统负责任的创新》白皮书，指出负责任的创新即是创新或改良金融产品、服务和流程，以符合成熟风险管理及银行整体商业战略方式，满足消费者、企业和社区不断变化的需求。

英国金融行为监管局于2016年启动监管沙盒，为金融科技企业减少合规成本，为监管当局追踪金融科技发展提供便利。英国监管沙盒包括大量企业、行业数据和消费者真实反馈的信息，有助于初创企业完善创新产品或服务，缩短产品投放市场的时间，吸引更多投资和降低监管风险。

香港金融科技沙盒监管特点包括：①实行分业监管。香港金融管理局负责管理银行业及其科技支持企业的金融科技监管沙盒，申请进入香港金融管理局沙盒测试的主体是银行及其伙伴科技公司的银行相关业务项目。香港证券及期货事务监察委员会负责管理证券业监管沙盒，证券及期货监管沙盒的设立是为符合资格的企业在推广金融科技业务之前提供受限制的监管环境测试。香港保险业监管局负责管理保险科技沙盒，申请加入保险监管沙盒的主体是计划在香港推出保险科技及其他科技项目的保险公司及其协作科技公司。当保险机构对于金融科技业务合规性产生疑问时，香港保监局将从促进保险科技发展的角度考虑是否放松一些监管要求。②沙盒测试柔性空间较大。香港金融监管机构均未针对沙盒测试设定具体流程，也未列出沙盒框架下拟放宽的监管规定清单，而是建议金融机构自行联系合适的沙盒监管机构。③混业金融企业可以参与多沙盒测试。跨业态金融科技企业可以申请最匹配的沙盒测试，同时请求主要监管机构协助联络其他监管机构，便于同步使用其

他沙盒。

（二）金融科技创新的启示

区块链、云计算、大数据、人工智能等技术的应用，为金融创新和发展带来了新的机遇，但一些新技术被扭曲、大型技术公司风险高发等现象也给金融安全带来巨大挑战。金融科技监管需要平衡好创新和风险防范的关系。一方面科技手段将被更多运用在监管中，另一方面对于大型科技公司的金融业务须更加严格监管。

金融科技的四大代表性技术在风险管理场景下的应用深度有所差异，侧重领域也各有不同，且存在一些交叉。云计算技术为海量数据的运算能力和速度提升带来了突破；大数据技术主要应用于互联网金融的信用风险管理领域，解决信息不对称问题；人工智能技术是在大数据技术的基础上，主要解决风控模型优化的问题；区块链技术主要应用于支付清算等操作风险管理中的技术安全领域。

金融科技监管还应加强国际协调，在不断深入对外开放的过程中，增强与各国尤其是美国、英国、日本的合作。

第二节　金融制度创新与风险控制

当国内金融与国际金融市场的隔离门打开一定通道时，金融市场会打破原有的静态平衡，其他国家或国际市场上的金融风险更容易传递进来，金融风险会更具有国际传染性和突发性。同时，更多的国际金融机构入驻，金融衍生品的开发、金融机构之间的竞争也会加剧。当原有的国内垄断被打破后，原有的机构效率和理念会遇到真实的挑战。之前积累的信用风险更容易显化，金融泡沫破裂的风险加大。再靠传统的静态环境下的以行政为主的监管手段已经落后于形势，当务之急是大力促进金融制度创新。一方面完善法治治理，包括提高法制和司法独立性；另一方面，进行金融治理机制的创新，促进金融业组织的生长，保护金融消费者，才能在开放环境中提升免疫力、完善系统性金融风险的控制。

一、我国金融制度改革历程

金融制度是国家用法律形式所确立的金融体系结构，及组成这一体系的各成员（包括银行和非银行金融机构）的职责分工和相互关联。金融制度在长期发展中逐渐形成，并能演化成复杂而又结构清晰的系统。金融制度是由上层、中层和基础层构成的完整制度体系，上层制度指的是金融活动规范和金融交易规则；中层制度是指构成金融体系的金融机构和监管机构等；基础制度是指金融活动与金融交易参与者的行为准则。纵观改革开放40年来，我国金融制度改革经历了四大阶段，具体如下。

1.1978—1994 年：金融制度市场化改革阶段

1978 年开始一直到 1994 年是第一阶段，该阶段金融改革目标在于建立独立于财政的市场化金融机构体系，旨在创造与经济体制改革相适应的金融环境。该阶段金融体系中，监管体系主要由中国人民银行牵头；银行系统包括四大国有商业银行、各类股份制商业银行以及各地的城乡信用合作社；非银行业金融系统包括证券公司、保险公司、信托投资、基金公司和财务公司。但除了成立了很长时间的银行系统外，其他新生的金融机构的业务发展还十分缓慢，市场也并不活跃。

该阶段，金融渠道逐步取代财政渠道成为国家对国有企业提供资金的方式，无偿的拨款转化为有息的贷款，国家把资金分配的渠道由财政系统转变为银行系统，金融部门在国民经济中所起的作用日益重要。在国家实行财政拨款转为银行贷款后，为提高国有企业的资金使用效率，我国在资金的使用过程中嵌入了一些硬性约束机制。但由于国有企业的预算存在极大的伸缩空间，资金有偿使用这一机制并没有能够有效地提高国有企业的经营效益。国家为了保证国有经济产出任务的顺利完成，逼迫我国的国有金融机构继续承担原先由财政部所扮演的国有企业资金提供者的角色。这种情况一直持续到了 20 世纪 90 年代中期，我国的国有企业改革也导致了国有银行大量呆坏账，累积了较高程度的金融风险，金融制度在此时的改革已经不可避免，亟须加快市场化转型的步伐。但改革的低收益和高成本使得金融制度的改革只能在政府强制主导下进行。1994 年中国政府主导的国有商业银行的商业性业务和政策性业务的分离，并没有能够成功地使两者在各自的路径上获得良好的发展，也证明了金融改革的任务之艰巨。

在这个阶段，我国民营经济得到高速发展。20 世纪 80 年代，我国民营经济的产业总值占整个国民经济产业总值的比重以每年 2% 的速度增长，到了 1992 年，更是突破了 50% 的大关。然而当时，由于国有企业对大量金融资源的垄断，民营企业融资难的问题日益凸显，从而造成了民营经济的发展瓶颈，当时金融制度改革理应顺着有利于民营经济的方向发展。当时也出现了一个较好的时机————证券市场的开设，这是开发利用增量（剩余）金融资源的机会。按照我国经济体制改革的逻辑和目标来看，增量的金融资源应当由国有和民营经济共享，或者根据市场的逻辑以金融资源配置的效率原则来调节增量金融资源的分配。但在当时国有企业经营进退维谷的情势下，大量的增量金融资源再一次充当了国有企业救命稻草的角色。只是这次成本承担的主体由国有金融机构变成证券市场的中小投资者。这是因为我国证券市场在设立之初的功能定位于为国有企业进行融资，而不是定位于为民营经济的可持续发展提供支持的基础性金融制度。

2.1994—2003 年：金融制度改革阵痛阶段

1994—2003 年是第二个阶段。在这段时间里，为了进一步加强金融监管的专业性，提高金融监管水平，金融监管系统由原来的中国人民银行发展成为由证监会、银监会和保监会三家专业监管机构以及各类自律性金融组织所构成的金融监管体系。银行方面，除了四大国有商业银行外，政策性银行如国家开发银行和农业发展银行相继成立，股份制商业银行得到进一步发展，地方性商业银行也纷纷建立，包括农村信用社、其他存款贷款类金融机构也如雨后春笋般在全国各地铺开。股票证券、保险、基金等金融机构也借着经济发展的东风获得了迅速的扩张。外资银行在2001年中国加入WTO后加快了进入的步伐。2002年11月7日，我国颁布了《合格境外机构投资者境内证券投资管理暂行办法》，在QFII制度下，合格的境外机构投资者被允许把一定额度的外汇资金汇入并兑换为当地货币，通过受监管的专门账户投资我国证券市场，为我国证券市场的进一步发展增添了新的动力。概括来说，此阶段我国金融系统出现了更为多元化的金融市场活动主体，产生了许多如金融资产管理公司、汽车金融公司和各类基金管理公司。同时，伴随着金融市场的进一步活跃，我国的金融体系摆脱了之前空有机构而没有市场的困窘境地，初步建立起了独立于财政体制的具有市场化特征的金融体系。

这一阶段，政府实施了以调整国有银行经营策略为主要内容的金融体系和制度改革，包括：通过颁布《中央银行法》确立了中国人民银行作为我国中央银行的制度安排；在颁布《商业银行法》后将四家国家专业银行改造成为国有商业银行，同时还成立了国家开发银行、中国进出口银行等三家政策性银行；将城市信用社改建为管理方式更现代的城市商业银行；1998年发行了0.27万亿元的特别国债，以发行国债的方式为各个国有银行筹集资本金；成立了四家金融资产管理公司，承接管理四大国有商业银行的不良金融资产，为国有银行的上市做准备。

此阶段金融制度改革面临一个突出问题：基于以牺牲金融发展来支撑经济发展的模式与政府想要维护金融稳定的想法相悖。1992—1993年，金融机构的资金大量流入股市和房地产市场使得资产价格出现了严重的泡沫化，从而也引发了金融机构自身的危机。1993年国家对宏观经济实行了紧缩的政策，国有商业银行开始逐渐加强对贷款发放的管控，"惜贷"现象逐渐成为一种普遍存在。直至1998年，国有商业银行的经营重点才因为国家对国有商业银行不良金融资产的剥离和国有商业银行从欠发达地区特别是农村地区大量撤出机构而发生显著的变化。特别是在亚洲金融危机之后，国有商业银行撤并机构的情况和数据都证明政府对于以牺牲金融的发展来换取经济增长这种模式的改变。正是从这个时候开始，国有商业银行的惜贷造成了大量的信贷资金额存差。在1998年之前，国有商业银行一直保持着信贷资金额借差，而在1998年则首次出现140多亿元信贷资金额存差，随后信贷资金额存差逐年扩大，到2004年底则增加到了3.7万多亿元。研究表明信贷资金额存差是国有银行信贷发放行为和存款行为的一个逐渐分离均衡点，是一种非常巧妙的制度设计，但这种制度设计却加剧了民营经济的融资难问题。此阶段，国家开始加大长期性国债的发行，而长期性国债的最主要购买者就是国有商业银行，国有商业银行用于购买巨额国债的资金主要就是其经营上存在的巨额信贷资金额存差。通过国债交易，国有商业银行实现了利用信贷资金额存差的盈利目的，国家也从中获得了财政性支出的资金来源。这看似是一个双赢的结果，但是这种金融信贷资金向财政资金倒退式的转化是一种逆市场取向行为，真实反映了我国金融制度的结构性矛盾。金融系统积累的大量信贷资金额存差通过购买国债被转化为政府投资，使得民营部门的投资需求长期被抑制以及民营部门极度缺乏金融支持。这不仅仅是政府投资对民间投资的一种挤出效应，而且形成了一种相对稳定的替代关系。这是金融改革过程中，中国金融制度变迁的试错性和路径依赖特性的表现，也是中国经济反复出现"国进民退"现象的原因所在。深究根源，这正是金融制度改革在达到下一个均衡点之前的阵痛过程。

3.2004—2010 年：金融制度市场化改革的深水区阶段

2004—2010 年是第三阶段，我国的金融制度改革进入了市场化的快车道，主要表现在国有商业银行企业化运营的改造方面，其初衷在于提高各类金融资源的配置使用效率，进一步增强国有商业银行自身的经营管理能力和"造血"能力。此阶段金融改革的主要任务是完成国有商业银行的企业化改造，使其具备按照市场规律办事的经营管理能力和现代化的企业组织结构。相应的金融制度改革可分为三步：第一步，完成政府和银行之间按照出资额比例为限度风险共担、利益共享的有限责任制度。实现这一步骤的主要措施是通过国家向银行注资的方式剥离国有商业银行的呆坏账，以达到商业银行运营所要求的银行总资产与其所欠债务的比率。第二步，进一步加强国有股份制商业银行的内部组织管理机制和业务运营机制的建设，建成现代化的良好企业治理制度。主要举措是通过向国有商业银行引入各种具有资质的投资者，在国有商业银行中构建董事会和股东代表大会制度并由董事会集体商议的方式来聘任和招募经营管理人员。第三步，进一步完善以第三方专业监管机构为主的监管制度。强化以金融机构资产负债率为主要内容的专业化监管模式。2010年国有四大商业银行的全部上市是这一阶段金融制度改革完成最具有标志性意义的事件。虽然这次国有银行的市场化改革看似成功，但这一阶段的中国金融制度改革的目的是为了摆脱过于强大的行政干预，但事实上又不得不从行政干预开始，而且将在今后很长一段时间内受到行政干预的影响。上述的事实表明我国金融制度改革存在路径依赖于政府的问题。

4.2011 年至今：支持实体经济金融制度改革新阶段

反思 2008 年金融危机（曾刚，2017），全球金融监管放松所带来的金融业繁荣，并未如愿带来实体经济同样的增长，反而导致金融机构甚至是实体企业自身的脱实向虚，经济结构严重扭曲，最终引发严重的资产泡沫和次贷危机，反倒给实体经济造成了严重伤害。

2011 年至今，中国金融行业发展表现出 3 方面特征：①金融业规模快速扩张，远远超过实体经济的增长速度，引发了资产价格泡沫的风险；②在金融创新加速的同时，监管制度的完善相对滞后，导致套利业务盛行，大量风险游离于监管之外，特别是互联网金融的野蛮增长，P2P 持续"爆雷"加大金融风险；③金融机构过于关注短期收益，对实体经济（尤其是对中小企业）的支持力度明显减弱，越来越多的资金投向金融市场相关领域，脱实向虚越发严重。以上种种迹象，均意味着金融繁荣与实体经济发展的背离，由于缺乏实体经济发展做支撑，金融业依靠"自娱自乐"带来的繁荣必然伴随着系统性风险的快速积累。新形势下的风险集聚呼唤金融制度改革，引导金融避免内部空转，而是实实在在支持实体经济发展。

为此，中国银保监会近几年连续督促银行业金融机构强化"两增"和"两控"目标的考核。其中"两增"指银行业金融机构全年努力完成单户授信总额 1000 万元以下小微企业贷款较年初增速不低于各项贷款较年初增速，有贷款余额的户数不低于年初水平。"两控"指合理控制小微企业贷款资产质量水平和贷款综合成本，力争将小微企业贷款不良率控制在不高于各项贷款不良率 3 个百分点以内。中国人民银行于 2018 年 4 月发布《中国人民银行关于加强宏观信贷政策指导推动金融更好地服务实体经济的意见》，引导银行业金融机构回归本源，防范风险，增强服务实体经济的能力和水平。面对互联网金融的野蛮增长，国务院办公厅于 2016 年 10 月 13 日发布了《互联网金融风险专项整治工作实施方案的通知》，旨在规范和净化互联网金融市场的运营环境，降低互联网金融平台的借贷风险，取得了阶段性成果（陈松，2020）。面对全球经济的持续疲软，中国通过金融制度创新支持实体经济发展和支持小微企业的改革方向短期内不会改变。

二、金融制度改革与创新带来的风险

中国经济的快速发展催促中国金融制度改革和创新，以适应和满足新时期的要求。如前所述，金融制度的改革和创新也是一个不断试错的过程，中国金融实体和金融监管机构需本着审慎原则，时刻关注金融制度创新所带来的风险，具体可参考以下几个方面。

（一）金融制度创新本身自带试错性风险

国家政府对于新的制度安排的预期成本 / 收益等相关信息认知不完全，只能采取"摸着石头过河"的方式。换句话说，如果成本 / 收益能够达到国家政府的预期，政府就会继续将这一制度创新推行下去，以取得制度供给的持续收益，并且实现收益最大化。反之，如果新的制度安排所产生的问题和风险大于实际收益，或者说，当制度创新所导致的成本 / 收益与政府的主观预期不相符甚至背道而驰时，政府一般会就将这一创新的制度安排从制度供给中删除，甚至不惜走回原有的制度路径。事实证明，这其实是一种极不科学的制度安排方式。通常在这种不断试错的过程中完成制度创新，会耗费巨大的制度创新成本。这种制度创新的试错性特征也意味着我国金融制度创新，一直是在金融制度市场化深化与市场化压制之间有意无意地寻找平衡点，实际上选择的是一条金融约束的改革发展路径。针对以上问题，实际上我们应该根据金融改革面临的主要问题，进行一个完整的金融制度规划，增加制度实施的科学性，逐步落实各种金融制度，以求金融制度结构的均衡化发展，或者可以开展由点到面的区域性金融改革试点工作，这样有利于降低制度变迁的试错成本。我们要尽量避免采取"一步走"或者"一刀切"式的制度安排方式。因为这种看似有效率的制度安排方式，其实际所产生的风险和成本远远高于其所带来的收益，事实证明是制度安排的低效率或者无效率。

（二）国际金融风险更容易传染到国内市场

伴随金融制度的改革和创新，中国金融市场国际化进程加快，如沪港通、深港通。国际金融市场的波动更容易传染到国内，如果中国抗风险能力弱，就有可能造成国内金融系统波动，引发系统性风险。

国外渠道可以细分为四条子路径，其中两条是通过国家之间的贸易路径进行传导，即直接贸易路径和间接贸易路径。由于国内系统性金融风险的爆发，使得本币贬值，经过直接贸易路径，导致国内出口增加、进口减少，导致国外外汇储备减少，赤字增加，从而将风险传导至其他国家；经过间接贸易路径，使得国内的国民收入下降，市场需求减少，进口减少，使得国外出口减少，国际收支恶化，引发风险。另外两条是通过国家间的金融往来路径进行传导，即直接金融路径和间接金融路径。由于国家系统性金融风险的爆发导致投资性资本外逃，市场流动性降低，经过直接金融路径，相关金融机构向与本国有直接金融往来的国外金融机构进行拆借或者国外金融机构的直接撤资行为等，导致此国家受到影响；经过间接金融渠道，相关金融机构向与本国有直接金融往来的国外金融机构进行拆借以及国外金融机构的直接撤资行为等，导致与本国金融往来的第三国受到影响，引发风险。

当资本被允许自由流动时，套利和套汇交易等短期跨境投机资本流动将大量存在。从国际经验的角度来看，资本账户开放将加大国际资本短期流动，短期资本流动的最大特点就是快进快出，其目的在于短期套利。大规模具有短期性、流动性、隐蔽性及投机性特征的游资流入境内后将抬高国内资产价格，造成金融资产泡沫化，资金获利抽离后金融市场将出现大幅波动。

海外长期资金主要以证券投资、国际借贷以及直接投资三种形式流入。当国际借贷资本大量流入国内证券市场时，会加剧证券市场的波动，产生经济泡沫，冲击国内金融市场的稳定。

随着金融账户开放进程的推进，国际资本尤其是短期投资资本流入一国证券市场和房地产市场明显增多，这使得资产泡沫膨胀且风险增加。当国际资本以抛出资产的方式流出并使得该国资产供给增加和价格下降时，会引起资本市场动荡和投资者的悲观预期。

墨西哥于1994年放开资本市场，当年50多家外国银行和保险公司赴墨西哥从事证券投机；当美国利率一上升，大量资金外逃，金融市场行情暴跌，爆发金融危机，引发了的通货膨胀率高达 50%。

（三）人民币汇率风险加大

金融账户开放对外汇市场的影响表现在以下几个方面。首先，国际资本的大量流动会导致国际收支整体失衡或结构失衡。其次，金融账户开放使得一国外汇储备大幅度波动，从而导致外汇占款和货币供应量大幅波动。再次，大量资本流入或流出本身会加大人民币升值或贬值的预期，形成对人民币汇率制度的冲击。最后，短期资本突然逆转风险加大，当国际短期资本突然逆转流出时将导致该国外汇储备骤减，在外汇市场表现为外币需求增加、本币供给增加，这将加剧汇率动荡和外汇市场风险。

在金融账户开放的背景下，汇率变动对金融账户的影响可从预期效应和成本效应两方面理解。预期效应是指本币升值（或贬值）预期会导致资本流入增加（或减少）以及资本流出减少（或增加）。成本效应是指本币升值（或贬值），即境外资本进入本国成本上升（或下降）导致资本流入减少（或增加）以及资本流出增加（或减少）。稳定的汇率有利于金融账户的平衡，但如果汇率波动剧烈，则会引起市场的不同预期和投机动机，导致短期资本流动增加并同时削弱直接投资的作用。

三、金融制度创新的风险防范途径

防范风险不能靠对外抑制，而要靠对内提升自身实力。

（一）加强金融法治与信用秩序建设

金融市场的创新与发展需要规范的交易环境。而法治实现的效率取决于法律实施的交易成本，也就是说，法治的实现不是无成本的一张法令，而是具体的利益当事人之间的博弈。如果没有一个各个利益团体都必须平等遵守的法治规则，法律是难以实施的。法治不健全，金融机构和消费者的投机欲望就会增强，监管难度就会加大。加上金融市场天然具有信息不对称性和专业性特征，道德风险的概率就会增加。

目前，我国尚未建立完善的金融法律体系，致使出现金融机构发展不平衡和无秩序竞争。美国、英国等成熟金融市场对各类金融业务的监管体制相对健全，体系内各类法律法规协调配合机制较为完善，能大体涵盖接纳互联网金融新形式，不存在明显的监管空白。对于互联网金融市场这一新渠道业务，美国政府从宏观到微观建立了相对完整的信用风险管理体系。根据互联网金融特点迅速补充出台相关政策法规，如《爱国者法》《电子资金转移法》《诚实借贷法》《网络信息安全稳健操作指南》《国际国内电子商务签名法》《电子银行业务——安全与稳健程序》等法律规范，构建严密的监管体系并建立互相协作机制。充分结合现有征信体系，促进信用信息双向沟通。

美国注重和完善风险管控体系，特别是 2008 年金融危机之后，更加重视对金融市场信用风险管理体系的完善。英国利用市场化的征信公司建立了完整的征信体系，可提供准确的信用记录，实现机构与客户间对称、双向的信息获取；同时与多家银行实现征信数据共享，将客户信用等级与系统中的信用评分挂钩，为互联网金融交易提供事前资料分享、事中信息数据交互、事后信用约束服务，降低互联网交易不透明风险（陈秀梅，2014）。

借鉴国外经验，我们在建设国际金融中心时，也应该构建完善的金融行业信用制度体系和金融市场产权制度。对于金融行业信用制度体系首先需建立健全金融行业信贷信息登记咨询系统，其作用表现在：①可提高借贷人相关信息的透明度；②为金融债权提供信息咨询保障；③为金融机构进行日常信贷业务办理工作提供便利，有助于信贷业务管理工作水平的提高；④增强企业和个人的信用观念，规范企事业单位和个人的信用行为；⑤为各金融监管单位的金融监管和货币信贷政策提供有力的信息支持（窦俊祥，2000）。其次，需要推广完善信用评级制度。信用评级是现代市场经济中不可缺少的重要组成部分，对金融机构而言显得尤为重要。我国信用评级制度的建设应当先由政府大力推进，待到时机成熟再由市场来主导。信用评级制度的推广和完善，对于信用制度体系的建设和金融制度的创新是相当重要的一环。对于完善金融市场产权制度，需要遵循两条基本原则，即有效性和经济性原则。有效性要求金融市场产权制度必须被金融市场中的各个成员所接受和遵从；经济性则是指金融市场产权制度建设带来的收益必须大于制定及维护它的成本。这两个原则决定了市场化过程中各类产权制度建设必然是一个长期的渐进过程。

（二）完善金融监管制度

金融制度的创新虽有风险，但如果有一套完善的金融监管制度可以约束，其风险可以控制在可接受的范围以内。但目前情况来看，我国金融的各方面监管尚处于起步阶段，无论是监管手段还是法律规章都很不完善。因此，当前我国金融监管的首要任务是建立一套科学规范的金融监管制度，加强对金融机构和市场动态的监管，防范可能产生的金融风险。一个好的监管制度安排应该既能满足应对传统遗留问题和实际情况的需要，又能考虑到将来可能发生的情况。为此，对当前完善我国金融监管制度，可从以下几个方面考虑：①进一步完善以央行、银保监会和证监会等依法监管为基础的金融监管机制，不断提高其专业化的监管水平，厘清这些监管部门之间的关系，明确监管范围和职责。②努力改进金融监管手段和方式。在明确监管目标的基础上，必须着力更新监管的手段和方式。③建立防范系统性金融风险、维护经济金融安全，以及金融风险的早期识别、预警和处置机制。④建立健全金融监管的协调机制，逐步从机构性监管转向功能性监管。⑤完善金融机构内控制度和行业自律制度。⑥加强中央银行与金融监管机构之间的信息共享机制。⑦加强国际层面上的监管合作，搞好金融机构监管的合作与协调，防范和抵御外来风险。

（三）加强行业自律组织的建设管理

行业自律组织是介于政府和企业之间的具有桥梁作用的非营利性社会团体，以实现行业会员的共同利益为宗旨。目前，我国金融行业领域的自律组织主要有银行业协会、证券业协会、保险业协会、期货业协会以及2013年成立的中国互联网金融行业协会等。这些协会的成立让不同类别的金融机构拥有了独立的自我管理、自我服务、自我约束、自我监督机构，也拥有了向监管机构及政府进行利益诉求的代言人。充分发挥金融机构行业自律组织的作用，将为金融制度创新创造宽松的、互利共赢的、公平开放的行业环境，为金融制度创新提供便利和引导。通过进一步发挥行业自律组织以下几方面的作用将有助于把控金融制度创新所带来的风险。

1.进一步加大行业自律组织的独立性和自主权

从目前我国金融行业自律组织实际作用的发挥看，由于面临着登记管理机关和业务主管单位的双重管理，金融行业自律组织仍然具有很强的官办性质，与监管机构的行政关系未完全脱离，行业自律机构的工作很大程度上是为了配合监管机构的工作开展，是对监管部门政策的进一步传达和落实，成为监管部门进行监督管理的又一个办事机构。这种非完全独立的角色定位，使其并不能充分发挥行业利益代表人的职责，同时在监管部门的指导下工作，也无法体现出其独立的对行业会员的监督和约束作用。因此，要进一步妥当处理好金融监管部门与金融行业组织的关系，明确各自的职责边界，让金融行业自律组织具有更强的独立性和自主权，而不应该受到来自监管部门的干涉，使其能真正发挥出金融行业第三方组织代表会员利益、服务会员、监督约束会员、保障金融市场秩序的作用，这样行业自律组织才能客观地评判金融制度创新风险及其大小，发挥牵头防范金融制度创新风险的作用。

2.进一步发挥行业自律组织的监督约束作用

金融行业自律组织既是会员的服务机构，也是监督约束会员、维持金融市场秩序、保证市场公平竞争的中间机构。目前，金融机构行业自律组织在发挥对会员的监督约束作用方面存在缺失，一方面行业协会对会员的监督约束不严格，也缺乏必要的惩戒手段，另一方面行业自律组织地位不独立，并没有很好地代表会员的利益，使得会员对行业协会的监督约束重要性及权威性认识不够。因此，行业自律组织一方面要强化其对会员的监督约束作用，建立起严格的行业自律规则，让所有会员入会时就要明确严格遵守行业自律组织建立的规则，另一方面要对违反行业规则的会员机构给予严厉的处罚，以便真正地推动公平竞争、维护市场秩序，进而推动金融制度创新的流程优化。

3.进一步发挥行业自律组织真正为行业代言的作用

各金融行业协会由入会金融机构共同组成，会员大会是其最高权力机构，行业自律组织是会员金融机构的代表者，其所从事的一切活动最终是为了维护和保障会员机构的利益，服务于会员的需求，但目前金融机构未能真正将行业协会作为其服务的中间机构和代言人，行业协会也未能够真正站在会员的角度服务会员，因此，行业协会要真正站在服务会员发展的原则和立场上创新服务内涵，用一流的服务为会员创造价值，逐步构建起会员、监管机构和行业组织三者共赢、和谐发展的良好局面，这样在金融制度创新和风险控制方面才能发挥更为出色的牵头作用。

（四）推进治理结构创新，完善国际金融中心共治化水平

伦敦和纽约是全球性国际金融中心，它们的管理有个共同点，即共治。据有关研究（朱文生，2010），两者的领导体制机制有如下特点。

伦敦金融城政府是世界上最古老的市政地方自治主体之一，是世界上唯一一个专门的金融区域地方政府。根据《约翰国王大宪章》的规定，伦敦金融城政府由以下机构和个人组成：伦敦金融城市长，参事议政厅，政务议事厅，选举产生的市政委员会委员、"城市管家"及各部门主管。金融城内众多公司及从业人员对伦敦金融城政府运作有选举权和发言权，参与金融城的决策管理。伦敦金融城政府主要进行基础设施维护、战略性经济规划、营造良好环境、建立和维持与各级政府及监管部门的良好关系等工作。伦敦金融城行政区划及政府组成了区域联合体，提高了区域内自治政府的行政能力和绩效，提供了更好的管理和公共服务，有利于伦敦金融城维护其全球金融中心的领导地位。

为巩固纽约国际金融中心的领导地位，纽约市政府采用市场化方式确定纽约国际金融中心的城市管理者。由纽约市长任命纽约城委员会，它是民间商业合作组织，由纽约金融界、商界领袖代表组成。纽约城委员会工作目标是使纽约保持国际商业、金融的创新中心地位。委员会定期听取业界对重要经济、金融问题的反响，进行研究和政策制定，并为支持金融产业发展提供必要的基础设施建设。下设"全球竞争力办公室"，此办公室联合业界和政府领袖一起梳理和提升纽约的市场环境，包括改变高税制、签证管制和高诉讼成本等金融发展环境。

当前，浦东陆家嘴金融城有一定的业界自治和社区自治，但在金融中心建设和管理方面，行业协会和各界精英的参与还有待完善。制度经济学强调"共有信念"。青木昌彦的研究表明，社会是由相互制衡的"域"构成。如果共有信念不改变，单个域的变革是难以持续的。我国地方政府在推动经济发展上做出了巨大贡献，但同时也导致了重复建设、GDP导向而置环境不顾等严重问题。如果地方政府的政绩意识不改变，或者说没有科学的政绩考核标准，势必导致在社会制度建设领域出现同样的结果。

改革开放40多年来，我国的经济社会发展水平取得了举世瞩目的成就，生产力水平得到了极大的提高。但是，我国的金融发展水平相对于国民经济的发展水平来说还是有很大的差距，无法完全满足我国经济社会发展的需要。继续深化我国金融改革，实现新的金融制度创新就变得十分迫切。但金融创新也会带来相应的风险，金融市场主体和金融监管部门应当未雨绸缪，在推进金融制度创新的同时，控制好相应的金融风险，稳步前行。

第三节　金融产品创新与风险控制

金融产品创新既可指在金融领域内通过各种金融产品要素的重新组合和改变所创造或引进的新产品，也可指金融机构为适应市场需求，创造、引进或开发新的金融产品。金融产品创新就是金融资源的分配形式与金融交易载体发生的变革与创新，也是金融资源供给需求各方金融要求日益多样化、金融交易制度与金融技术创新的必然结果。

金融产品创新是一柄"双刃剑"，既起到分散金融风险的作用，也能导致新的金融风险的产生和扩散。加强对金融产品创新风险的识别、建立有效的风险管理模式和风险防范体系，已成为金融产品创新过程中必不可少的重要环节。

一、目前我国金融产品的构成及创新演进

（一）我国金融产品的构成

目前我国金融产品的主要种类可分为传统银行类产品、投资银行顾问类产品和其他新兴金融产品（谭毅，2014）。

传统银行类产品主要是资产类产品，可分为资产业务产品、负债业务产品、中间业务产品。资产业务产品是指商业银行把资金使用权让渡给客户或者交易对手，并从中赚取利息收入的业务。如流动资金贷款、固定资产贷款、个人消费贷款、贴现、存放同业、买入返售资产、购买他行理财产品等。负债业务产品是指客户将资金使用权交付给银行使用的业务，如单位存款、个人存款、同业存款、卖出回购资产等。中间业务产品是指银行向客户提供的不收取利息而收取手续费的业务，不形成商业银行表内资产或负债，如结算、汇兑、委托贷款、代理业务、代收代付业务、理财业务等。在资产和负债业务中，商业银行是作为信用活动的参与方，而在中间业务活动中，商业银行并不作为信用活动的参与方。现阶段商业银行的金融产品已经突破了业务分类的界限，互相融合，体现在整合金融产品和组合产品中。

投资银行顾问类产品主要是金融机构为客户的财务管理、投融资、兼并收购、上市安排、资产和债务重组等提供咨询、方案设计等服务。在当前国内金融机构的发展趋势中，提高中间业务收入是重中之重，而投资银行顾问类产品正是金融机构创造中间业务收入的有效途径。

其他新兴产品主要指期货、期权、掉期等金融衍生工具。

（二）我国金融产品创新演进

近年来我国金融产品创新速度不断加快，产品种类持续增加，相较于传统产品而言，金融产品种类逐渐向着多样化发展，有很多具有很强代表性的产品被推出。但是我国很多金融机构的金融产品都存在同质化严重的问题，这导致我国在金融产品创新方面遇到比较大的困难，一家商业银行推出比较新颖的金融产品以后，其他银行就会推出类似的产品，为了保障市场份额不受影响，很多商业银行都存在复制金融产品的情况，使得商业银行无法形成规模效应，金融产品无法取得预期的效益，无法占据更多的市场份额（李亚男，2020）。

以下重点考察银行业资产业务产品、负债业务产品和中间业务产品的创新演进。

1. 资产业务产品创新演进

近20年来，银行业资产业务产品创新活动较多，但主要还是局限于信贷类产品的创新，比如抵押方式创新、贷款还款期限更为灵活、创新产品目标市场地位更明确、产品交易自助化和网络化等。从服务对象看，个人和小微企业信贷类产品创新较多，而且不仅限于核心业务，更多趋向于综合金融服务，这主要是因为人们对生活质量的要求不断提高，个人和小微企业生产经营活动逐渐增多。大中型企事业单位信贷类业务产品创新基本体现在营销方案上，主要根据企业自身情况量身定制，满足其多样化需求。公司客户金融产品创新不再是单一结构的信贷产品创新，而是产品整合创新以便提供综合金融服务为主。可以按行业进行细分，也可以根据企业自身情况量身定制营销方案。例如，中信银行现代服务业务金融，将市场按行业划分成现代物流业、教育服务业、医疗卫生业、新闻出版业、现代旅游业、文化创意业等。比如针对医疗卫生行业，中信银行可提供医院固定资产融资服务、大型医疗单位集团现金管理服务、依托医保结算的金融服务和金融IC服务等；针对文化创意行业，中信银行为拥有优质商标权、专利权、著作权、电影电视等版权的企业提供版权质押贷款。浦发银行的整合品牌"浦发创富"是国内银行业首个全面整合公司及投资银行业务、凸显个性化金融服务方案的金融服务品牌，其提供五大领域的产品服务方案，包括现金管理服务方案、企业供应链融资服务方案、投行业务服务方案、资产托管服务方案和养老金服务方案。

同业资产业务上，近年来银行业产品创新主要集中在同业福费廷、持有资管计划、持有信托计划、购买他行理财产品、买入返售信托收益权、买入返售资产、同业代付等，推出的创新较少，主要是近年来监管机构对同业业务严监管的背景所致。

2. 负债业务产品创新演进

银行业负债业务产品创新主要集中在存款和理财产品上，不再局限于传统的银行卡、储蓄存款、存单存折等业务，其核心基本是渠道创新或付息规则创新。央行逐步放开利率管制，存款利率浮动空间进一步扩大，各家银行都在积极创新存款产品，提高市场竞争力，适应外部环境变化。此外，存款受本身特性的限制，即组成要素期限和利率，功能仅为保值或增值，且具备一定流动性，同时考虑到经营成本问题，所以产品同质化程度较高，且不像资产业务产品那样丰富。当前主要的负债创新产品是职能通知存款及其同质产品，特点是在7天通知存款的基础上每满7天结息一次。银行业负债业务产品具有以下特征：①建立在单位基本结算账户通知存款的基础上开发的衍生产品，是传统存款产品的升级换代；②存款满7天可享受7天通知存款利率，7天结算一次利息，利滚利，是一种对活期账户资金的增值服务；③与活期存款具有同等流动性，资金可提前支取，随时支付，不受任何限制；④基础业务仍然是存款业务，基本不具有投资风险。仔细分析不难发现，该类存款产品计息规则与货币市场共同基金账户类似，前者每7天结算一次利息，后者每天结算利息，前者利率低于后者利率，前者基本无风险，后者低风险。

负债业务产品渠道创新主要表现银行业机构积极开发电子存款账户，其储蓄功能、结算功能、理财功能等基本与银行卡无区别。

3. 中间业务产品创新演进

近年来，银行业中间业务创新较为活跃，比较突出的特征是各类金融机构之间的业务互相渗透和融合。比如大力发展代理业务，主要包括代理保险公司销售保险单，代理基金管理公司销售证券投资基金，代理各类公用事业收取各种费用，代理政府部门支付各类补贴，代理企业应收账款管理等；资产托管业务，托管的资产有证券投资基金、券商募集资金、信托计划资产、股权投资基金、保险资产、企业年金等；担保承诺业务，主要有银行承兑汇票、保函、备用贷款、开立信用证、提货担保等。

银行业金融机构将传统的中间业务植入综合金融服务领域和个性化金融服务方案中，尤其是在互联网技术支持的背景下，各种产品之间的联系更加紧密，专业化程度更高，关联度更强。比如兴业银行的"随兴游"产品，是该行向旅游消费者推出的金融服务，其核心产品是个人旅游消费贷款，同时还包括了保证金证明、购买外汇、购买旅游保险等多项金融服务。兴业银行的"兴业通"向个人经营者、个体工商户、合伙人或私营企业主等成长型经营业主提供量身定制的金融服务方案，它集贷款融资、支付结算、理财计划、贵宾服务与专属认同于一体，具有全方位、多层次的综合服务特征。浙商银行的"票据池"业务，是集票据托管及托收、票据信息查询、票据质押融资等功能于一体的综合金融服务，并可按照与客户的约定为客户开通部分或全部功能。招商银行的"金福计划"，是该行为帮助企业吸引和留住人才而推出的员工福利规划与解决方案，提供金福计划方案设计、投资管理、辅助记账、信息披露等服务，按照管理模式的不同分为理财型金福计划和信托型金福计划。中间业务产品创新也不再是单一的产品创新，而是将各类中间业务更多地融入综合金融服务和个性化金融服务中。未来以客户需求为导向的金融市场、金融产品整合创新将不断出现，资产业务、负债业务与中间业务之间也变得越来越不可分割。

二、金融产品创新过程中的风险问题

金融机构在进行金融产品创新时，由于创新产品存在复杂性和不确定因素，会造成金融机构存在损失或无获利的可能性。风险控制是金融产品创新过程中需重点关注的环节。根据风险的属性，可以将金融产品创新过程中面临的风险分为信用风险、市场风险、流动性风险、操作风险以及法律风险。

（一）信用风险

金融机构的信用风险主要体现在客户购买金融创新产品后，未按规定履行合同从而给金融机构带来损失，与客户的信用级别、贷款质量及金融机构授信期限等密切相关。狭义的信用风险主要指交易对手无法偿付最终导致金融机构或债权人承担损失；广义的信用风险是指金融机构的信用或客户的信用受到不确定因素的影响，会发生实际收益偏离预期目标的情况。金融产品创新的信用风险多表现在信用卡透支或贷款等无法偿还，导致坏账和恶意贷款的产生。

（二）市场风险

市场风险主要指金融机构自身无法控制，但对金融机构运行环境有直接影响的风险，金融机构只能通过做好防范工作来规避市场风险。市场风险的种类有利率风险、汇率风险、股票风险、期限结构错配风险等，主要来自金融市场的快速变化，包括金融产品的供给与需求的变化、宏观经济政策的变化以及地缘政治格局的变化等。对金融机构来说，市场风险与创新的金融产品推广效果关系密切，创新产品能否满足客户的需求、能否在短时间内扩大市场份额，直接影响着金融机构研发资金的回收情况以及营销资源是否有效利用。

（三）流动性风险

流动性主要指金融机构提供足够的资金以满足客户随时提取现金的要求，主要包括资产的流动性和负债的流动性两方面。资产的流动性是指金融机构的资产能够迅速变现的能力；负债的流动性是指金融机构在需要资金时能以较低的成本获得。金融机构在进行金融产品创新时需考虑：当流动性供给无法充分满足交易对象的需求时就会造成流动性缺口；金融机构，特别是商业银行，流动性严重不足时就可能造成挤兑现象的发生。

（四）操作风险

操作风险是指对于创新的金融产品，由于金融机构职员的操作失误、道德缺失或内部系统设计的不完善等内部和外部因素，可能产生的直接或间接风险。操作风险可能由金融机构职员的不当操作造成，如故意提高审批额度、清算失误，也可能由客户的操作引起，如登录非官方钓鱼网站、密码过于简单、刷卡消费时被窃取信息等。某些金融机构对创新产品操作风险的管理也存在认识上的不足，这也会导致创新产品在推广和营销过程中可能形成风险。

（五）法律法规风险

金融机构面临的法律法规风险主要是指产品交易合约中的某些部分由于不符合法律法规从而使该合约失去法律效力，或可能受到监管质疑或处罚而给交易双方带来的风险。对于金融产品创新而言，产品本身的创新特性决定了其相关法律法规制定的滞后，创新金融产品极有可能突破或超越现有法律法规的界定或关注范围，是否仍然合法合规需要法律专家或监管主体的进一步论证，而论证又在很大程度上取决于专家判断，随机性和偶然性增强。相较于传统的金融产品，创新金融产品合法性和合规性的保障程度可能较低。

三、金融产品创新风险的控制措施

（一）金融产品创新需定位好目标客户，从源头上降低信用风险

我国居民偏好储蓄，投资和消费理念较落后，加上自身金融知识的不足，对金融创新产品通常持保留态度，偏好保守型风险较低的理财产品。商业银行应该承担起向民众普及金融知识的义务，为创新金融产品的推广创造条件，有效找到目标客户群体。金融机构在进行产品创新时，不可一概而论，要根据市场状况对客户进行分类。一方面可以从区域上来划分，特区及沿海发达地区金融市场较活跃，管制相对较松，可以推出灵活创新度较高的产品，而欠发达地区可以先从保守型产品入手。另一方面可以将客户按照年龄层划分，对于追求新奇的年轻客户可以通过网络营销或推出优惠活动来吸引；对于有投资能力且有一定风险承受能力的中年客户来说，可以适时推出收益可观但有一定风险、形式较新的金融产品；对于追求稳健的老年客户，则以保障性低风险的产品为主。金融产品的创新必须符合目标客户的风险等级，合适的创新金融产品销售给合适的客户，才能从源头上降低信用风险。

（二）完善内部创新管理机制，控制操作风险和流动性风险，并减少市场风险的冲击

要在金融市场中保持良好发展趋势，金融机构不能仅通过粗放式的资产规模扩张方式来实现，还应注重精细化管理，完善内部创新管理机制。金融机构应制定金融产品创新管理办法，明确相关部门的职责和创新管理的流程。完善创新管理机制是有组织有计划地实施产品创新的过程，包括根据创新需求适时调整内部组织机构设置，对操作风险较大的创新产品提前设立风险预案；建立创新评估和考评机制，及时有效地评估流动性风险，将流动性风险的监控纳入绩效考评。金融产品创新要坚持以市场需求为导向、以服务客户为中

心，建立与产品创新对应的配套服务体系，提高金融产品创新的效率。金融创新产品也是有周期性的产品，在产品开发中要注重时效性和推广应用性，这就要求金融机构对金融市场的需求变化快速做出反应，及时调整产品创新规划或流程，减少预料中和预料外市场风险的冲击。

（三）完善律法并加强监管以有效降低金融产品创新的法律法规风险

为了有效支持和监督金融产品的创新，相关政府部门和监管机构需做好以下工作：①加大对已经出台法律的执法力度，做到有法可依、有法必依、执法必严、违法必究；②对目前尚缺、无法可依的个别条款，要通过补充条款予以过渡，同时要对金融创新之后所涉及的法律条文适时进行修订，以适应金融创新有序发展的需要。

在金融创新活动中，管控金融创新风险是一项综合的、复杂的工作，不仅需要金融业各部门建立健全内部风险防护及评价体系，金融监管机构作为外部监管角色也显得尤为重要。为了适应新形势下的金融产品创新，金融监管部门应当实现3个风险监管理念的转变：①实现由微观审慎监管向宏观审慎监管与微观审慎监管相结合转变。2008年美国金融危机的爆发说明了以流动性为主要监管目标的宏观审慎监管的重要性。因此我国金融监管除了要重视金融产品创新业务的微观审慎监管，还应重视对金融产品创新所导致的金融机构流动性风险进行宏观审慎监管。②实现由事后处理向事前预防和前瞻性监管转变。创新与监管是一种追求平衡的博弈，目的是将金融创新作为金融深化发展的原动力的同时，利用金融监管将风险降到最低。因此为防止金融监管的被动性和滞后性所带来的金融风险，将创新活动纳入有效监管，应加强监管的前瞻性。③实现由机构监管向机构监管和功能监管并重转变。随着我国金融产品创新业务尤其是表外金融产品创新业务的不断发展，很多金融创新产品业务范围已涵盖证券、保险及银行等各行业，当存在银行表外业务创新产品的交叉业务时，仅仅依靠机构监管往往达不到预期效果，只有采取机构监管和功能监管相结合的方式，才能对金融产品创新实施有效监管。

（四）建立科学的人才管理机制，才能保证金融产品创新稳步推进

金融机构持续推进金融产品创新，需要建立科学的人力资源管理机制，包括但不限于优秀人才引进机制、人才培养机制、梯队建设机制、公平竞争机制、激励约束机制等。比如通过金融机构内部培养，对员工进行新业务和新产品的培训，充分挖掘员工的创新潜能和创新意识；通过外部引进，聘用掌握金融工程、风险管理、理财等知识，且业务能力较强的复合型人才。任何创新活动都是人的创新思维和创新能力的外部表现，人才的缺乏会制约创新的一系列活动，但单纯地建立创新考评机制，并不能充分挖掘员工的创新思维和创新能力，因此健全商业银行的内部激励约束机制对产品创新非常重要。金融产品创新超出个人能力之范畴，而表现为创新团队或创新组织的集体劳动成果，因此金融机构还需要

营造良好的人文环境，建立科学的人才管理机制。管理的本质是处理人与人之间的关系，管理的意义在于通过有效的管理机制，建立和完善各种规章制度，并使之有效执行。建立科学的管理文化，树立以人为本的全面发展观，充分调动和激励员工的主动性、积极性和创造性，增强自主创新能力，打造一支高素质的产品开发队伍，才能保证金融产品创新持续稳步推进。

第八章　数字金融与经济高质量发展

经济发展的核心动力源于金融，金融创新驱动经济高质量发展。数字金融是一种由互联网、数字经济和金融有机融合形成的创新性金融服务模式。数字金融突破了传统金融服务经济发展的障碍，金融覆盖面更广，金融服务成本较低，满足了更多人群对金融服务的需求。经济高质量发展对金融创新提出了新要求，而数字金融契合了这一要求，成为驱动经济高质量发展的重要动力。本章主要对数字金融促进经济高质量发展的理论与路径展开研究，首先分析数字金融与数字经济的关系，然后着重探讨数字金融驱动经济高质量发展的多元理论机制和多层实现路径。

第一节　数字金融与数字经济

一、数字经济的内涵与特征

（一）数字经济的内涵

1995 年，美国经济学家唐·塔普斯科特出版了《数字经济：智能网络时代的希望与隐忧》，书中正式提出了"数字经济"一词。唐·塔普斯科特被普遍认为是最早提出数字经济概念的人。在随后几年中，美国学者用数字经济描述美国信息高速公路普及化后，形成了"数字经济"的发展蓝图。

数字经济在国际上通常指的是数字化应用，类似于信息经济，比互联网经济范围更大。2016 年，在中国杭州举办的 G20 峰会上发布的《二十国集团数字经济发展与合作倡议》中有这样的内容，数字经济是这样一系列经济活动，以数字化的知识和信息为关键生产要素，以现代信息网络为重要载体，以信息通信技术的充分使用为提高效率和优化经济结构的重要推动力。这意味着国际社会广泛认同数字经济的概念。

数字经济主要有三种形式，见表 8-1。

表 8-1　数字经济的主要形式

数字经济的形式	主要内容
基础型数字经济	电子设备制造业 信息制造业 金融服务业等
融合型数字经济	电子商务等传统产业与数字技术结合形成的新型经济
新兴数字经济	移动支付 直播平台 网络众筹业务

（二）数字经济的特征

1.数字化特征

数字经济理论中，经济活动主体（个人、企业、政府等）通过经济活动行为（交易、经营、管理等）来获取经济活动结果（货币、商品、劳务等），可以用数字化信息来表示这个经济活动过程中的所有内容。人类在实实在在的物理世界中生存，虚拟世界由数字经济构建，物理世界与虚拟经济从微观层面来看，存在根本性的区别，物理世界由原子组成，数字虚拟世界由比特组成。计算机对信息的存储就是通过二进制实现的，简化为 0 和 1 的比特。虚拟世界和物理世界有对应关系，物理世界的原子可以被对应的二进制比特替代，这就是数字化的过程。所有双稳态的器件都可以表示由 0 和 1 构成的数字信号，这是大规模器件集群形成的基础。大规模器件集群的特点是大规模传输的稳定性、远距离传输的可靠性。简单来说，信息的大规模存储和传输的多种应用场景都可以用数字化的信息来应对，促进了信息要素可信性和利用率的提升，也促进了数字经济核心竞争力的提高。

2.网络化特征

在数字经济的发展中，互联网是必不可少的重要载体，其为数据和信息的交互提供了便捷渠道，互联网覆盖范围广，传输效率很高，这是其推动数字经济发展的主要优势。数字经济突破了地理空间限制，加快了社会的网络化进程，这非常契合经济全球化大背景对我国经济发展的要求。比特传输是现代互联网的本质，移动一个单位比特的速度和效率要比移动一个原子更快、更高，而且还有成本优势。只要传输数据可以通过移动比特完成，就没有必要运用硬件（磁盘等）。原子并不能同时被很多人使用，有越来越多的人使用原子，原子数量就会越来越少，但理论上对使用比特的人没有数量限制，而且比特的价值是随着使用者数量的增加而增加的，这可以用来解释互联网的长尾价值。依托互联网技术传递信息的成本可以忽略不计，出现区域链后，价值传输的成本也可以忽略不计。

3.虚拟化特征

大数据量的比特流由大量的比特汇聚而成，比特在比特流中是主流信息模式。在大数据量比特流的基础上，开始出现在线上存储和传输大规模数据，并对数据进行在线处理的现象，此时实体经济领域就表现出虚拟化发展趋势，即从线下转变为线上。线上经济突破了时空限制，节约了时间成本，而且也压缩了供需对接的成本，使得传统区位因素对实体经济的影响不再像以前那么重要。实体经济向虚拟化趋势转变后，经济分工越来越细化，合作越来越密切，企业经营成本中，开发设计成本所占的比例逐渐增加，在经营运行中采用生产外包模式的企业越来越多。例如，苹果公司（电子设备制造企业）和高通公司（集成电路制造企业）开始采用半虚拟化经营运行模式（生产与产品设计、销售分离）。再如，亚马逊网站完全采取线上数字化运营模式来经营 Kindle 产品业务，这样电子书交易就与实体书店或仓库几乎没联系了。此外，在数字经济背景下，传统教育也开始探索虚拟化经营模式，出现了线上教育、虚拟课堂等新兴教育模式。

虚拟化犹如一把"双刃剑"，虽然促进了线上经济的繁荣，但也影响了实体经济的发展，影响了线下消费。在数字经济发展中，寻求数字化转型并不是对所有行业都有利。如果某些行业转型后能够提高效率、增加收入、促进经济增长，那么就要积极转型，但如果某些行业实施数字化转型后对效率、效益及经济增长没有明显的作用，就不必勉强"赶时髦"。总之，实体经济在数字经济背景下要做好衡量与取舍，不要盲目转型。

4.非摩擦性

在当前的经济背景下，效率最好的经济模式当属完全竞争的市场经济模式。信息要素在数字经济中的利用率很高，在很大程度上降低了交易成本。这样一来，经济活动就突破了地理空间的区位限制，向全球范围蔓延和拓展，使人类的经济活动进入了完全竞争的经济时代，具有鲜明的非摩擦性。近年来，电商平台高速发展，规模极速扩大。传统线下实体经济中，消费者在消费之前往往要货比或价比三家，这样就增加了交易的时间成本，也影响了交易效率，而线上经济突破了这一障碍，更为便捷、高效。线上生产者从生产到销售的整个过程是被压缩的，这样才能快速回笼货币，最大化地获得利益。数字经济的兴起提高了企业的经济效益，促进了社会经济增长。此外，数字经济给人民群众的生活带来了极大的便利，仅凭这一点，我们也要肯定这一经济模式的存在。

传统经济学是一种稀缺经济学，数字经济学是一种富饶经济学，二者的性质、稀缺性完全相反。由无数个比特单位构成的数字经济的发展的前提是以比特为最基本单位进行思考，互联网时代割裂了原子和比特，使二者相互分离，而在数字经济时代，我们要将原子和比特放在一起，并对二者的相互关系进行逻辑思考。

二、数字经济发展的金融支持

（一）投融资支持

在经济数字化转型升级过程中，经济活动的各个领域都在大量运用区块链、大数据、人工智能等新技术，同时彻底改造了传统经济运营方法、流程和管理模式，这个过程伴随着创新，实现了升华，大大提高了经济数字化程度和数字化发展水平。当前，国家和地方政府积极推进经济数字化发展，并采取了重要的战略举措，如最具代表的"新基建"战略，即建设大数据中心、运用物联网等。地方政府为推行这些重大战略，投入了数十亿高额资金，金融业在这方面的投入力度尤为大，这些战略的落实需要全社会的广泛参与和积极配合。

目前，社会资金供给的主要渠道依然是间接融资，这是社会融资体系的一个主要特征。间接融资的主要金融机构是商业银行，这一机构在数字经济领域的实力是最强的，也是资金投入最多的"金主"。同时，直接融资在社会融资体系中也占有一定的地位，通过资本市场直接融资的企业主要是科创企业。在现阶段，有形资产少、风险高是我国初创技术企业和互联网企业普遍具有的特征，这些企业以传统信贷方式从金融机构贷款有很大的难度，而多层次资本市场的建立健全则一定程度上帮助这些企业解决了贷款问题，所以他们是采取直接融资方式的主要企业。

我国高科技企业、互联网企业可以从现有规则和自身发展现状出发，对上市方式进行自主选择，如主板、中小板、科创板、创业板等。我国数字经济随着科创企业的快速发展而实现了高速度发展。科创企业在我国发展迅速，除了有国家战略层面和制度层面的顶级扶持和人口优势以外，还有一个主要原因是我国多层次资本市场已经帮助科技企业将全生命周期的融资通道彻底打通，而打通的方式主要是 IPO（公开募股）和再融资。如果我国可以长期保持这些优势，那么科技产业有可能达到发达国家的水平。放眼眺望未来，在资本市场的投融资支持下，我国一系列大数据公司、光学公司、芯片半导体公司等都将得到快速的发展。

（二）先锋和引领

一个群体的发展速度、高度及水平往往由领头者所决定。数字经济的发展同样如此。数字化进程快、水平高的行业带动了其他行业的数字化发展，整个群体的前行步伐在领头企业的驱动下越来越快。金融行业本身就有很强大的数字基因，大量优秀人才集聚在金融行业，我们可以将金融业的发展史看作是技术发展与创新史。金融行业的数据可以称得上是一个天然数据库，科技基因充斥在金融行业的各个流程和环节中，数字化技术在金融行业具有很强的适用性，总能找到适宜的场景去发挥价值，而且效果都非常好。因此在数字经济发展中，金融业往往能发挥重要的先锋和引领作用。我国金融数字化发展水平在全球都是排在前列的，成功案例非常多，享誉国外的有支付宝、"零距离接触银行"等。我国数字经济在全球数字经济中也因为金融业处于领先地位而占据重要地位，因此，我国要进一步发挥金融业在数字经济领域的重要作用，引领数字经济继续大踏步前进。

（三）优化经济结构

数字经济的发展优化了经济结构，主要表现在以下三个方面。

第一，数字经济的发展促进了行业结构的优化。

第二，数字经济的发展促进了集约化经营水平的提升。

第三，数字经济的发展促进了科技的创新和行业科技含量的提升。

数字经济实现优化经济结构的功能离不开金融支持。《关于构建更加完善的要素市场化配置体制机制的意见》（简称《意见》）由国务院于 2020 年 4 月 9 日发布，《意见》中在关于推进技术要素市场发展方面提出要推动技术要素与资本要素的融合发展，积极探索多种投资和融资方式促进科技成果向资本的转化，如创业投资、天使投资、科技保险、知识产权证券化等方式，鼓励商业银行将更多的金融产品和服务提供给科技行业，促进科技行业的发展，金融机构可采取的融资支持方式有知识产权质押、预期收益质押等。贯彻落实这些举措有助于顺利优化我国经济结构。

（四）扶持数字产业

数字产业化发展水平很大程度上决定了数字经济的发展水平。我国数字经济目前处于起步发展时期，数字技术生产的产业化规模尚未形成，采用大数据、区块链的企业中不乏一些中小企业和微型企业，大规模采用这些新技术的国有企业并不多，我国尚未形成上下游、产学研等规模化和一体化的经济链接态势。因此，金融业要大力扶持数字产业的发展，具体可从以下几方面提供扶持。

第一，在金融"十四五"重点扶持发展规划中纳入数字技术产业，并大力扶持这一产业。

第二，将各种金融工具运用起来，开辟多样化融资方式（众筹、科创板等），从而为数字技术产业提供融资支持，解决这类产业发展的资金问题。

第三，为走向国际的数字技术产业优先提供金融产品和服务，大力支持国际化发展成效较好的数字技术产业，为我国数字技术产业的全球化经营和扩展提供良好的平台。

三、数字经济催生数字金融

数字经济既是经济发展模式的创新，同时也对经济各个子行业产生基础性、全面性的影响，它推动金融业深度变革，并加速数字金融的产生，使之更好地为数字经济发展服务，适应经济高质量发展的要求。数字经济推动了金融变革，催生了数字金融，主要体现在以下几方面。

（一）金融虚拟化

数字经济下的经济要素可以用数字表示，这一切都是在虚拟空间完成的，这给金融业的发展创造了很大的想象空间。

以商业银行为例，从电子支付到手机银行、网上银行、移动金融、直销银行等，都是数字化的直接体现。据中国银行业协会报告，银行业务已经突破时间、空间限制，线上银行、无人银行、虚拟银行已成为现实。例如，在2020—2021年的全民抗"疫"战斗中，工商银行依托云计算为客户提供全天候、不间断的"无接触"金融服务。

（二）金融智能化

在数字经济背景下，所有经济运行主体都有着较高的智能化程度，自动控制将在各个领域渗透。作为智能化的先行者、排头兵，金融机构的智能化程度提升很快。未来金融机构将对智能技术进行广泛、综合的运用，比如，通过运用智能机器人来减轻自然人的劳动，通过大量信息和自动化控制来提升决策质量与效率，从而全面实现运营智能化、服务智能化和管理智能化。

金融智能化在银行业、保险业、证券业等方面都有所反映。

1. 银行业智能化

中国银行业协会报告显示，金融科技在助力智能客服建设方面起到重要的作用，而且取得了良好的效果。未来各大银行将加快推进智能化设备投放，以开放务实的姿态主动融入互联网。

2. 保险业智能化

保险行业在智能保险方面的发展也取得了明显的成绩，行业运用大数据、人工智能、物联网技术对投保对象进行全程可视化监管，在销售、获客方面采用人工智能进行保险产品营销，这成为主要营销工具，而且对投保人实行精准化的时间计保，这种"新式武器"成功吸引了大量投保人。

3. 证券业智能化

目前，证券行业的智能化程度也比较高，证券公司在扩大市场份额、提升市场竞争能力、增加客户黏性的过程中将"智能投顾"作为撒手锏。证券公司运用数学模型、算法等方式为投资者提供高效、快捷、精准的智能化服务。

（三）金融普惠化

普惠金融依托数字经济的发展有了强大的技术支撑，金融机构可以通过数字技术解决业务发展中信息不对称、管理成本高、风险控制难等问题，从而将中小微客户、长尾客户作为优化客户结构的重要战略配置，多种措施并举来支持中小微企业的发展，满足中小微企业对金融服务的需求。对于银行业而言，在数字技术的影响下，数字银行服务的覆盖面正不断扩大。

四、数字经济与金融的融合理念

数字经济是一种创新型经济模式，是经济高质量发展的重要产物。而且随着数字经济的不断发展，数字产业有大量的、多元化以及个性化的金融需求，数字经济和经济高质量发展对金融服务业提出了很高的要求。在数字化经济背景下，数字技术和金融的融合成为大势所趋，二者能够融合除了与大环境的驱动有关，根本上还是因为二者的发展理念相通，这是二者得以融合与协同发展的重要前提。具体来说，二者的共同发展理念是"协调、创新、开放、绿色、共享"，这五个理念是金融的未来发展方向，也是引领数字经济发展的重要指向标。二者只有在共同发展理念的科学指导下，才能实现更加自然与持久的融合。下面具体分析这五个发展理念。

（一）融合发展之协调理念

各种经济要素（信息、资金、物流等）互联互通、协调发展是数字经济的重要特征，正因为有这个特征，整体经济效益才能达到最佳和最优化的程度。数字经济的发展，客观上要求金融业建立在金融效率这个中心基础上，将系统方法和动态方法充分利用起来，推动宏观经济与微观经济、经济数量与经济质量以及经济的动态化与静态化等多层面的协调与统一。

（二）融合发展之创新理念

数字经济是传统经济模式革新的成果，本质上就是一种新兴的经济模式。从这一点来看，金融业要将多种新兴技术方法充分利用起来，发挥对行业内部要素创造性重组和变革的驱动作用，更好地为数字经济这个新兴经济模式的成熟发展服务。

（三）融合发展之开放理念

数字经济这个新的经济模式具有完全开放性，在数字经济视域下，经济发展是没有国界的。这就对金融服务业的开放式发展提出了一定的要求。金融服务行业的开放发展要先具备基本的前置条件，要审时度势，要小心谨慎，要循序渐进，在开发式发展中要对出现的各种问题都密切关注和及时处理。在金融服务业的开放式发展中，国内外的协调过程是长期的、渐进的，这是由复杂的历史与现实条件所决定的。在长期的协调过程中，数字经济与金融之间可能出现发展步伐不一致的问题，需要进一步磨合与协商。

（四）融合发展之绿色理念

传统意义上的绿色概念主要指节能、环保和清洁能源等，数字经济语境下的绿色有着更加广泛的内涵，绿色消费、社会责任等是最基本的，但不限于这些内容。数字经济的绿色发展对金融服务业的发展提出了相应的要求。要发展绿色金融，就要继续贯彻落实可持续发展战略，加强生态环境与经济的协同发展，对节能型绿色产业、新能源产业、保护生态环境的产业优先给予投融资支持，鼓励绿色消费。金融业的绿色化发展不是以牺牲自身经济收益为代价的，而是要达到一种平衡与协同，在绿色化发展中获取理想的收益。

（五）融合发展之共享理念

对社会闲置资源的最大化利用是数字经济共享的意义所在。对金融资源（金融数据资源、信贷资源和人才资源等）的优化配置是金融业共享发展理念的本质。在共享理念下，金融业通过金融工具向数字经济行业提供丰富的金融资源。例如，金融业通过众筹模式、互联网线上贷款等方式最大限度地助力科创企业和中小微企业发展，提高普惠金融、长尾客户的信贷获得权和金融享有权。此外，金融业还使用平台化运作方式使金融供需信息更加清晰、透明。

第二节　数字金融驱动经济高质量发展的理论机制

一、信用理论和信息不对称理论

（一）信用理论

信用是指以借款人对出借人的承诺、信任为基础，借款人在一定时间内获得借款的能力。信用包括授信人对受信人的信任、授予信用和偿还信用的时间限制两个重要因素。在现代社会，受信人在信用借贷期限内偿还借贷资金并付息是信用借贷得以发生的前提，借贷双方相互信任是建立信用关系的前提。在信用理论的基础上发展数字金融，资金供给者先对资金需求者的信用等级状况有一定的了解，然后转让资金使用权利，资金需求者在合约到期以后偿还资金和利息。一旦出现信用违约的情况，资金供给者就无法在合约到期后得到本金和利息这就造成了很大的信用风险。数字金融的规范发展中要注意防范信用风险，构建良好的借贷环境，防止大风险造成的经济损失，预防对经济增长的不利影响。

（二）信息不对称理论

信息不对称理论由 George Akerlof 在 1970 年提出，他认为在市场经济活动中，由于社会分工和专业化，各类交易主体对有关信息的掌握是不对称的，导致一些主体在交易过程中很难准确判断。金融体系中的逆向选择和道德风险问题就是因为信息不对称造成的。因为有信用不良者的存在，所以金融机构会严格审批贷款，审慎发放贷款，这就导致一些信用良好的借款人无法顺利快速地获得贷款，从而产生了逆向选择的问题。一些借款人获得贷款后，将资金用于高风险投资活动中，这对金融机构很不利，合约到期后他们无法偿还贷款和利息，道德风险问题因此而产生。

虽然公平信息披露不能完全消除信息不对称的问题，但是会降低信息不对称造成的不良影响。根据信息不对称理论，当前数字金融依托现代信息工具数字技术手段，采取大数据信用评估方法使客户信息高度透明，建立了信息沟通机制，有效预防了风险的发生，预防了对经济高质量发展不利的事件发生。

二、风险理论和金融脆弱性理论

（一）风险理论

实际收益与预期收益之间存在不确定的差异，就是所谓的风险，金融业中因为各方面原因而造成的实际收益和预期收益之间的偏差，就是所谓的金融风险。提供金融信息服务的数字金融平台经常出现不确定的潜在金融风险，需要按下列步骤去进行风险控制。

1. 风险识别

对数字金融服务平台的借贷流程予以明确，清楚哪些环节容易发生风险，预判关键风险因素，对风险识别指标体系加以构建。

2. 风险评估

运用大数据对风险的发生率进行评估，再结合平台自身的判断，在容易发生风险的环节做好防范。

3. 风险监控

构建风险控制指标体系，对指标变化进行严密监测，加强逐层管理，将风险发生率控制到最低。

4. 风险处理

数字金融借贷平台针对不同类型的风险采取不同的应付措施，将风险的损害性影响降到最低。

5. 风险报告

上述各个环节的相关工作都要进行报告，便于全方位分析风险控制，最终达到良好的控制目的。

（二）金融脆弱性理论

对金融风险成因进行分析，促进金融稳定的理论就是金融脆弱性理论，

1. 金融脆弱性的概念

下面从广义和狭义两个层面来解释金融脆弱性。

（1）广义概念。广义层面上，包括所有融资领域在内的风险集聚的高风险金融状态，指的就是金融脆弱性。

（2）狭义概念。狭义层面上，金融业因为具有高负债特征陷入困局的可能性更大，这就是金融脆弱性。

2. 借款企业

金融脆弱性理论的创始人明斯基在该理论中将借款企业分为下列三种类型。

（1）投机性借款企业

这类企业每一期的预期收人只能偿还到期债务利息，但长期预期收人比债务总量多。

（2）安全性借款企业

这类企业预期收入总额比到期债务本息多，任何一个时期的预期收人都能偿还到期债务本息，安全性高。

（3）高风险性借款企业

这类企业预期收入比债务总额多，但预期收入比到期债务本金甚至到期利息还少，直到最后一期的预期收入才能偿还每一期的到期债务。

3. 安全边界理论

在明斯基提出的金融脆弱性理论的基础上，克瑞格从银行角度研究了借贷市场的金融脆弱性，安全边界理论就是其在这个研究过程中提出的一个重要理论。他指出，银行利息所提供的风险报酬和收益保障就是安全边界，银行发放贷款，主要对借款人的借贷记录和信誉进行考核，而对未来收益保障关注较少。随着借款企业规模的不断扩大，其所经营的高风险项目短期内不会出现问题，银行根据企业以往的信誉决定提供贷款，这样就降低了安全边界，提升了金融脆弱性。

三、金融监管理论与大数据理论

（一）金融监管理论

在金融行业的发展中，风险无处不在，金融危机随时都会降临，为了预防金融危机造成的巨大经济损失，我们要加强金融监管，对金融体系的安全运行及金融市场的秩序予以维护和保障。金融监管理论就是在长期的金融监管实践中总结出来的科学理论。

1. 金融监管的概念

下面从狭义和广义两个方面来解释金融监管。

（1）狭义概念。在狭义层面，监管部门监督与管制金融机构的各种行为及过程就是所谓的金融监管。规定市场准入标准、业务范围、市场退出程序；提出金融机构的规范化经营要求、风险管控要求；出台与制定各种金融法律和制度；等等，这些都是狭义层面金融监管的范畴。

（2）广义概念。广义层面金融监管除了包含上述内容外，还包括金融行业协会的监管和金融机构的内部管控。

2. 金融监管的演进

从世界金融监管的发展来看，主要经历了下列几个阶段。

（1）第一阶段（1930年以前）。1930年以前，世界上普遍确立了中央银行制度，开始出现金融监管，当时中央银行主要通过货币管理政策来对银行业进行监管。

（2）第二阶段（1930—1970年）。这一时期，随着金融市场的逐渐失灵，金融行业的一些负面特性或现象被专家和学者发现，如机构的垄断、市场信息不对称、金融体系的负外部性等，学者们对金融行业有了新的认识后，便主张政府出面对金融行业进行干预和管控，学界也开始纷纷对政府监管金融机构的相关问题进行研究，目的是通过主张政府监管来促进金融体系的安全运行。

（3）第三阶段（1970—1990年）。这一阶段，金融自由化理论提出政府不要过度监管金融机构，要优先考虑金融效率，政府逐渐放松了监管，主要从对经营地域、经营业务、借贷范围以及利率的调整中体现出政府监管的适度放松。

（4）第四阶段（1990年至今）。进入20世纪后，金融监管又发生了新的变化，既不单纯强调金融体系运行的安全性，也不单纯强调效率优先，而是兼顾安全与效率，主张二者并重。对此，金融监管发生了如下变化。

第一，加强资本监管，对金融业的资产业务限制制度加以推行，将"最低资本充足率"的要求明确下来。

第二，加强功能监管，发挥行业内部的监管职能。

第三，加强纪律监管，将政府和市场两大监管主体的监管、约束有机结合起来。

第四，加强激励监管，出台激励方案，恩威并施。

（二）大数据理论

大数据是运用新数据处理技术来分析类型多、数量大、结构杂的数据，对事情发生的可能性快速进行预测，以一定的洞察力、判断力得出最终的预测结果。从根本上来说，大数据是对事物背后关系的深入挖掘。在大数据时代，每个主体既创造与传播数据，也接收和分享数据。大数据与金融业的契合性非常高，金融业所掌握的客户的数据是极其丰富的，而且这些数据时刻都在增加，增长速度可以说是爆发式的。在数字金融风险监管中，这些数据是主要参考因素，发挥重要作用，数字金融平台正式采用大数据来分析这些海量数据，为风险监管和防控提供便利。

在现阶段，商业银行掌握的用户数据是极其多的，但银行各部门之间缺少关联，阻碍了数据的快速整合，然而，如果银行能充分利用大数据，就能够深度挖掘与沉淀数据。此外，银行还可以参考现有数据，分析用户消费习惯和金融交易偏好，为其提供个性化和多元化的金融产品和服务，并满足更多新客户的需求。

四、金融抑制理论和金融创新理论

（一）金融抑制理论

如果说金融深化是一个问题的一个方面，那么金融抑制就是这个问题的另一个方面，金融抑制和金融深化密不可分。国家管制金融行业，影响了金融资源的配置效率，而金融资源配置效率低下又制约了金融行业的发展，从而形成了恶性循环，这是金融抑制理论的核心。金融深化是为了消除这个恶性循环而产生的。金融抑制理论和金融深化理论揭示了这样一个金融现象，发展中国家政府采取行政手段管制利率和汇率，为抑制金融经济发展，采取信贷歧视的方式来对待传统部门和私营部门。倘若金融抑制能够被消除，也就是采取金融深化手段，那么金融行业和社会经济都能得到发展。负投资、负储蓄、负就业、负收入等是发展中国家金融抑制的主要表现。金融抑制制约了社会主体对金融产品、服务的需求的满足，限制了社会发展。

资本市场不健全、银行寡头垄断、民营资本不易进入金融体系以及一些人为因素是造成金融抑制的主要原因，针对这些影响因素，国家必须加强金融改革和金融深化。例如，允许民营资本进入金融体系，推动数字金融和影子银行的发展，为小微企业和个人提供宽松的金融服务，放低准入门槛，使数字金融体系中的供求关系依照市场化利率来维持等，这对促进社会经济增长具有重要意义。

（二）金融创新理论

1. 金融创新的概念

下面从广义和狭义两个方面来解释金融创新。

（1）广义概念。广义层面上，对新技术和新方法加以利用，从而对金融体系的要素组合方式进行调整，并赋予该体系新的功能的过程就是金融创新。广义的金融创新包括金融相关要素的创新，如金融产品创新、金融机构创新、金融市场创新、金融制度创新等。

（2）狭义概念。狭义层面上的金融创新是指金融产品或金融手段的创新。数字金融就是狭义层面上的金融创新，是一种新的金融模式或手段。金融创新不会增加金融脆弱性，但会增加金融风险。

政府和市场都是金融创新的主体。通过金融创新能够稳定货币需求，在货币需求理论模型中，将金融创新理论纳入其中，可以验证金融创新对稳定货币需求产生的作用。货币需求总量及货币的需求量受很多因素的影响，其中金融创新因素起决定性作用。在通货膨胀时期，金融创新的决定性作用更为明显。

2. 金融创新效应

金融创新效应按经济效益划分，可以分为下列两种。

①宏观效应：对金融创新影响宏观经济变量的情况进行分析。

②微观效应：对金融创新影响微观经济变量的情况进行分析。

3. 金融创新理论的分类

金融创新理论以创新动因为参考依据，可以分为下列三种类型。

（1）供给主导型理论。这类金融创新理论又包含下列两类。

①交易成本理论：其核心思想是促使交易成本较低的各类因素中，金融创新隐私起到支配性作用和重要影响。②技术推动理论：其核心思想是金融创新主要得益于该行业对信息技术的广泛应用。

（2）需求主导型理论。这类金融创新理论又包含下列两类。

①需求推动效应理论：其核心思想是金融创新是在客户对金融产品、服务的新需求的刺激下实现的。②财富效应理论：其核心思想是金融业创新的主要动力来源于财富增长，财富增长使人们对金融的需求变得更多，使人们的金融交易偏好发生了变化。

（3）规避管制型理论。这类金融创新理论又包含下列两类。

①诱导约束理论：其核心思想是金融创新是金融行业采取的一种自卫行为，主要目的是缓解金融压抑，获取更多利润。②规避管制理论：其核心思想是金融机构创新是一种规避政府管制的举措，目的是获得更多利润。

综合上述理论，可以将金融创新的动力因素归纳为不完全市场、全球化与风险激励、代理问题和信息不对称、科技进步、交易和营销成本最小化、税收与监管制度六个方面。这些因素共同推动金融创新。为了保证金融创新的顺利实现，使创新型金融模式安全、稳定、高效运行，就必须完善金融制度，为金融行业主体提供公平、有序的创新环境。

五、二八定律与长尾理论

（一）二八定律

1909 年，帕累托通过实证研究发现社会财富不是按正态分布规律分布的，而是一种不规则的分布状态，其将这种分布称作"帕累托分布"。可以这样理解这种不规则分布，大部分社会财富掌握在少数人手中，穷人只拥有剩下的小部分财富，这就引出了"二八定律"的概念。二八定律是指 20% 的富人将 80% 的社会财富掌握在自己手中。在二八定律的影响下，传统商业银行认准富人作为自己的客户，把为富人提供金融产品和服务作为自己的主要盈利方式，并限制为中小客户提供金融服务，严重损害了大量中小客户的利益。

（二）长尾理论

长尾理论和二八定律是相对的，"积少成多"是长尾理论形成的主要原理。可以这样理解长尾理论，数量积少成多，当积累到足够多时，小市场扩张成大市场，虽然中小客户各自的需求是少量的、零散的，看似微不足道，但是 80% 的中小客户的需求集聚起来就是大需求，即长尾市场。

长尾市场的边际成本随着数字技术的发展不断降低，甚至可以忽略不计，中小客户群体数量庞大，"尾巴"变长也就提高了长尾效应。长尾理论与传统二八定律完全相反，前者否定了后者。我国有很多典型的长尾市场，金融市场就是其中之一，传统银行将服务重点放在少数优质客户上，而数字金融侧重于为长尾市场的广大中小客户提供零散、小额的金融服务，满足他们的理财需求和个性化融资需求，80% 的长尾客户扩大了数字金融机构的发展空间，增加了数字金融的覆盖面，由此产生了更广泛的影响，但同时这种创新也伴随着金融风险的增加。

第三节　数字金融驱动经济高质量发展的实现路径

一、宏观路径：助力产业结构升级，驱动经济高质量发展

从宏观层面来看，数字金融是通过助力产业结构转型升级驱动经济高质量发展的。

（一）数字金融助力产业结构转型升级

数字金融助力产业结构转型从以下几方面体现出来。

首先，完备的数字基础设施是数字金融发展的基础条件。数字基础设施的发展促使企业以数字技术为依托对管理模式进行优化，促进生产效率和信息化水平的提升，实现智能化发展，推动产业结构的现代化升级。

其次，信息服务业的发展是数字金融发展的重要体现。信息服务业随着数字技术的大量应用和深入渗透与制造业建立了紧密的联系，依托信息化技术提升了制造业的生产效率及自动化水平。信息技术产业与制造业相互促进，为制造业的转型升级提供信息技术支持。

最后，数字技术推动数字金融发展，而科技创新也是推动产业结构升级的重要动因。企业运用新兴技术能够降低获取信息的成本和市场交易的成本，同时促进交易效率和成功率的提升，而在数字金融方面，需要将现有技术充分整合起来，并继续面向企业层面去创造新技术和传播新技术，实现新技术在企业层面应用效果的最优化，帮助企业整合数据、提升智能化水平，为产业结构转型提供助力。

（二）产业结构转型升级驱动经济高质量发展

产业结构升级与经济增长之间的关系是经济学中重要的研究问题。中国经济进入高质量发展阶段后，产业结构转型升级被认为是未来推动中国经济高质量发展的重要引擎，有关学者基于多年来我国诸多省市的面板数据分析，并以"创新、协调、绿色、开放、共享"五大发展理念为指引构建了高质量发展评价指标体系，考察中国产业结构变迁对中国高质量发展指数的影响。结果表明，2000年以来的产业结构变动整体上推动了中国经济高质量发展。产业结构升级对经济增长存在"结构性红利"，能够通过促进经济系统资源的合理配置推动经济高质量发展。产业结构变动也促进了绿色全要素生产率增长率的提升，驱动经济高质量发展。

二、中观路径：助力行业创新，驱动经济高质量发展

从中观层面来看，数字金融主要是通过助力行业创新驱动经济高质量发展的。

（一）数字金融助力行业创新

实体经济是国民经济的命脉，但近年来我国实体经济金融化的问题十分严重。在高额利润的驱使下，越来越多的实体经济行业脱离主营业务，将大量资金投入金融、房地产等虚拟经济中。我国传统金融体系并不完善，在很大程度上抑制了实体经济的可持续增长。数字金融的出现弥补了传统金融的缺陷。数字金融依托大数据、云计算的高速发展，将科学技术与金融服务相联结，有效弥补了传统金融的弊端。同时，数字金融能解决有关行业在创新中遇到的资金难题，能有效发挥金融服务实体产业的作用，为降低行业创新成本，激发行业创新活力，促进行业创新升级提供机遇。

（二）行业创新驱动经济高质量发展

传统行业创新会令产品及设备的市场价格迅速下降，刺激实体经济对创新技术的投资。行业创新所诱导的新技术是高收益的，市场经济的逐利本性推动各个行业不断加大对新技术的投资以追求超额利润。由此，技术投资与资本存量迅速增加，产生明显的技术资本深化效应，促进了产出增长，推动经济迈向高质量发展。行业研发投资扩张有利于优化要素配置结构，且提升要素配置效率是经济高质量发展的重要来源。随着传统行业创新能力的不断提高，知识与智力密集度更高的数据要素大量积累，在与传统生产要素的融合中赋予其全新内涵，从而改善传统要素质量与配置方式。同时，这些数据要素还能衍生出更多高效的生产资料，提高要素的流动性与利用率，从而提高生产效率，促进经济高质量发展。

三、微观路径：助力企业转型与消费升级，驱动经济高质量发展

从微观层面来看，数字金融主要是通过助力企业转型与消费升级来驱动经济高质量发展的。

（一）数字金融助力企业转型和消费升级

1. 数字金融助力企业转型

我国目前正处在经济结构转型升级的关键阶段，以期通过经济结构转型增加经济发展的动力。进入 21 世纪以来，以移动互联网、数字经济、创新经济为代表的新经济发展拉开帷幕，很多企业都走向转型升级之路，以轻资产、大数据、共享经济为特征的企业模式成为经济发展的新引擎。

企业转型和新经济快速发展离不开资金的支持。新经济企业一方面没有庞大的固定资产或土地作为抵押品从银行贷款，另一方面，企业转型初期利润很少，因此企业转型的

过程中面临着"融资难"的问题。互联网科技与传统金融的深度融合为解决中小企业融资、推动企业转型升级提供了机遇。实证研究表明，数字金融的发展能够显著提高企业转型升级的积极性，数字金融的参与用户数目越多、支付功能越发达、保险功能越完善、信贷功能越有效，便会对转型的企业提供更为有利的帮助。

2. 数字金融助力消费升级

中国经济处于结构转型中，粗放式发展模式发生改变，居民消费增长将在国家 GDP 增长中发挥更重要的作用。消费金融是刺激和扩大消费并促进消费升级的重要工具，随着数字金融的发展，消费金融迎来了黄金时代，数字消费金融成为带动消费金融发展的主力，同时，消费升级也十分明显，并呈现出从物质向医疗健康、娱乐休闲、教育培训等方面转变的趋势。

数字经济时代，消费金融机构借助大数据技术收集了多种场景下个人、企业的各种行为数据，建立初步的征信账户并提供消费金融服务，随着数据的不断积累，这些数据将反馈到信用账户上扩充信用信息，进一步促进消费金融服务升级。数字消费金融企业在推动消费转型升级方面发挥了积极作用。

（二）企业转型与消费升级驱动经济高质量发展

1. 企业转型驱动经济高质量发展

目前，中国经济由原来注重速度的发展转变为更加注重质量的发展。党中央强调要推进国有经济布局优化和结构调整，着力完善市场化经营机制，激发企业活力，培育形成一批具有全球竞争力的世界一流企业。从产业经济学的相关理论来看，企业优化升级是经济发展的内在驱动因素。企业是经济中的微观个体，经济的高质量发展依托于企业的不断优化升级，促进企业升级是中国经济高质量发展的核心所在。

2. 消费升级驱动经济高质量发展

在经济高质量发展阶段，投资、出口、资源等对经济增长的推动作用逐渐减弱，居民消费正成为经济高质量发展的重要推动和引导力量。在关于消费结构与经济增长关系的研究中，学者大多认可消费结构与经济增长互为因果关系，即居民消费升级推动经济增长，而经济增长能够增加居民收入，拉动居民消费增长、促进结构升级。习近平总书记指出，"完善促进消费体制机制，要顺应居民消费新趋势，从供需两端发力，积极培育重点消费领域细分市场，营造安全放心消费环境，提升居民消费能力，引导形成合理消费预期，切实增强消费对经济发展的基础性作用"。消费需求的变化和消费结构的升级，对于贯彻新发展理念，实现经济向高质量发展的转变具有重要意义。

参考文献

许嘉扬著 . 农村金融 金融发展与农民收入 [M]. 北京：中国金融出版社，2022.01.

范文仲著 . 数字经济与金融创新 [M]. 北京：中国金融出版社，2022.06.

邱志刚著 . 金融风险与金融科技 传统与发展 [M]. 北京：中国金融出版社，2021.03.

任泽平，曹志楠著 . 金融模式 [M]. 北京：中国对外翻译出版公司，2022.04.

李奇璘著 . 金融边界与金融过度化 [M]. 北京：中国商务出版社，2022.11.

王丹著 . 宏观经济及金融风险预测研究 [M]. 长春：吉林出版集团股份有限公司，2022.09.

马广奇著 . 金融理论与政策 [M]. 上海：复旦大学出版社，2021.09.

田娟娟，陈岗主著 . 金融学 [M]. 北京：北京理工大学出版社，2021.04.

郭丹，李根红著 . 财政与金融 [M]. 北京：北京理工大学出版社，2021.01.

刘纪鹏著 . 金融强国之路 中国道路下的金融改革与创新 [M]. 人民东方出版传媒有限公司，2021.05.

徐慧贤，薛强著 . 金融理论与实践系列丛书 金融发展与高等院校金融创新人才培养模式研究 [M]. 北京：中国商务出版社，2021.11.

焦瑾璞著 . 金融交易导论 原理、机制与实务 [M]. 北京：中国金融出版社，2021.05.

卢亚娟，刘骅编 . 金融学案例精选 [M]. 北京：中国金融出版社，2020.12.

郝晋辉著 . 金融科技 [M]. 厦门：厦门大学出版社，2020.05.

李国平著 . 金融思维 [M]. 北京：中信出版社，2020.02.

黄金老著 . 金融科技 [M]. 沈阳：东北财经大学出版社，2020.08.

清华经管学院，数字金融资产研究中心主编 . 数字金融 未来已来 [M]. 北京：人民日报出版社，2020.12.

王鲁泉著 . 财务管理与金融创新研究 [M]. 吉林出版集团股份有限公司，2020.06.

梁凯膺著 . 金融服务营销 [M]. 北京：北京理工大学出版社，2020.04.

陈德智，毕雅丽，云娇著 . 金融经济与财务管理 [M]. 长春：吉林人民出版社，2020.04.

都红雯 . 互联网金融研究 [M]. 西安：西安电子科技大学出版社，2020.04.

吴忠群著 . 金融科普模式研究 [M]. 北京：知识产权出版社，2020.09.

贾凯威著 . 金融网络与风险传染 [M]. 北京：中国金融出版社，2020.08.

青岛英谷教育科技股份有限公司，济宁学院编著 . 金融企业经营学 [M]. 西安：西安电子科技大学出版社，2020. 01.

周晓明著 . 金融服务营销 第 2 版 [M]. 北京：机械工业出版社，2020. 02.

金仲文著 . 金融素养 [M]. 北京：人民日报出版社，2019. 11.

保劳格阿尔琼瓦德卡尔 . 金融科技 [M]. 北京：机械工业出版社，2019. 11.

周凯歌著，耿延超著，朱建洲著 . 智能时代的"企业新金融" [M] . 中国财富出版社，2019. 10.

陈琳著 . 金融发展与中国企业的国际化研究 [M]. 上海：复旦大学出版社，2019. 11.

谢平，刘海二著 . 金融科技与监管科技 [M]. 北京：中国金融出版社，2019. 09.

鄢丽敏，傅琳，孙甜著 . 金融理财规划实务 [M]. 长春：东北师范大学出版社，2019. 07.

白玮炜，石磊，李丹捷著 . 金融学理论与实训 [M]. 北京：对外经济贸易大学出版社，2019. 09.

顾晓敏，梁力军，孙璐著 . 金融科技概论 [M]. 上海：立信会计出版社，2019. 07.

卢祖送著 . 金融危机和金融监管 [M]. 北京：经济日报出版社，2018. 01.

李文超，胡丹著 . 国际金融 [M]. 成都：电子科技大学出版社，2018. 01.

冉湖，杨其光，鲁威元著 . 互联网 + 金融 互联网金融的革命 [M]. 北京：北京工业大学出版社，2017. 04.

王惠凌，廖飘霏著 . 金融基础 [M]. 北京：北京理工大学出版社，2017. 01.